한국
근현대사
개론

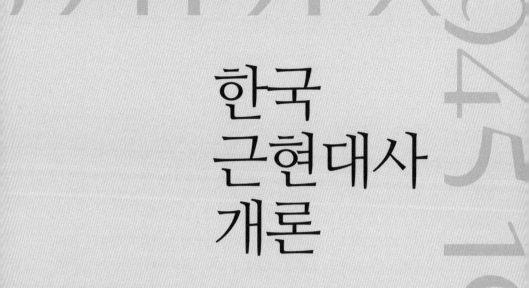

한국
근현대사
개론

조동걸 지음

역사공간

근래에 '한국근현대사'에 대한 논란이 일어나 시중 서가에 다양한 저술
이 나왔다. 그 여파로 교과서 파동까지 일어나 역사학자로서 마음이 많
이 아프다. 우리가 우리 근현대사에 대하여 관심을 가지고 책을 저술하
기 시작한 것은 오래된 일이 아니다. 해방 전에는 식민사학에 물들어 있
었고, 해방 후에도 그 여파로 근현대사에 대한 책이 나오지 못해 대학에
서 강의를 하지 못하였다. 그러다가 1960년 4·19혁명을 계기로 민주
화를 외치는 소리가 사회와 학문의 구석구석까지 전달되면서 근현대사
에 대한 연구가 활발해졌다. 이에 따라 연구 성과를 엮은 저술이 나오기
시작하였고, 대학에서도 차츰 근현대사 강의를 열게 되었다.

1960년대에는 우리 독립운동사에 대한 연구도 활발하게 일어나 다
양한 저술이 나왔다. 독립운동사 연구 역시 민주화 운동의 바람을 타고
성장해 갔다. 1980년대에는 현대사 연구 붐이 일어나 드디어 '한국근현
대사'라는 이름이 만들어졌으며, 이에 관해 연구하는 학자가 줄을 이어
학회도 생겨났다.

필자는 1960년대에 독립운동사 연구를 시작으로 한국근대사 연구에 몸담은 이래 오늘날까지, 우리 근현대사 연구에 50년 세월을 보냈다. 그동안 52권의 저서를 냈고, 450여 편의 논문과 논설문을 발표하였다. 그러므로 오늘날의 역사 논쟁을 보면서 할 말이 없을 수 없다. 그래서 이 책을 상재하니 여러모로 고쳐 주기를 바란다.

그동안 사소한 문제까지 조언해 준 서중석, 한시준, 최기영, 정용욱, 장석흥 교수에게 고맙다는 말을 전한다. 그리고 처음부터 편찬을 도와준 김용달, 황선익 박사에게 특별히 감사드리며, 도서출판 역사공간의 주혜숙 사장을 비롯한 관계자 여러분께 고맙다는 인사를 드린다.

2014년 3월 23일
양화진에서
조 동 걸

차 례

9장　10·26사태와 신군부의 등장

10장　민주주의 개혁과 통일시대의 개막

한국근현대사 연표

찾아보기

서 론

대학에서 한국근대사와 한국현대사를 강의하고 시중 서가에 진열된 한국 근현대사 저술을 볼 수 있는 것이 오래된 이야기는 아니다. 근현대사 서술을 포함한 한국 통사를 보기도 힘들었다. 1895년에 대한제국 학부에서 발행한 『조선역사朝鮮歷史』, 『조선역대사략朝鮮歷代史略』, 『조선약사朝鮮略史』와 1899년의 『대한역대사략大韓歷代史略』이나 『보통교과 동국역사東國歷史』에도 근현대사가 서술되어 있었는데 그 후의 저술에서는 보기 힘들었다. 특히 일제강점기의 역사서술에서는 근현대사라고 하면 일제의 침략사와 식민통치사가 되므로 의도적으로 회피하여 대부분의 역사 저술이 고려말 또는 조선후기까지 서술하고 끝냈다. 대학의 국사개설 강의도 그와 같이 고려말로 끝낸 경우가 많았다. 혹간 일본인의 저술에서 근현대사 서술이 있기는 했으나 내용을 보면 일본 제국주의의 침략을 합리화한 것이었다. 그리하여 역사는 적어도 한 세대는 지나야 객관적으로 고증할 수 있다고 하면서 근대사 또는 당대사는 연구 대상에서 제외시켰다. 그러한 연구 풍토가 오랫동안 지속되어 해방 후에도 식민사학에서 해방되지 못하고 있었다. 그러니까 모든 대학에 한국근대사 강의가 실시되지 못하고 있었다.

그때에 근현대사에 대한 언급이 있다고 해도 그것은 일제의 침략사와 식민통치사의 변명이었다. 그러한 모순을 지적하고 있는 저술이 나오기는 해도 모순을 벗어 던지고 서술한 저술은 나오지 못하고 있었다. 나왔다고 해도 모순의 지적이 총체적이지 못했고 정확하지도 않았다. 해방 후 군정하에서 진단학회震檀學會에 한국사 교재 편찬을 의뢰하여 이병도·김상기 공저로『국사교본國史敎本』이 나오기는 했으나 내용은 식민사학으로 얼룩져 있었다. 그래서 1948년 정부 수립 후 문교부에 들어간 손진태에 의해 출판금지를 당하고 말았다.

식민사학을 정확하게 비판하기 시작한 것은 1960년 4·19혁명 이후의 역사 서술이었다. 그때까지는 세상을 보는 양심과 정의가 바로 서지 않아 역사서술의 양심도 제자리를 지키지 못하여 식민사학을 바로 볼 수 없었다. 그때에 4·19혁명이 일어났고 역사학에서도 양심의 소리가 일어났다. 그리하여 이기백의『국사신론國史新論』에서 식민사학의 비판이 본격화되었고 아울러 한국현대사에 대한 서술도 비로소 시도되었다. 식민사학은 한일 양국의 동조동근론同祖同根論과 한국사의 타율성론他律性論과 한국사의 정체성론停滯性論을 기조로 하는데 그와 같이 의도가 불순했던 만큼 내용에서도 불순한 이야기가 많았다. 일본 학자뿐만 아니라 한국 학자의 저술도 크게 다르지 않았다는 데에 문제의 심각성이 있었다. 그래서 한국근대사와 현대사는 연구조차 막혀 있었다.

그때에 대학을 다닌 필자였으므로 역사학과에 다녀도 한국근대사와 한국현대사의 강의는 수강하지 못하였다. 다만 서양근대사와 중국근대사 수강을 통해 근현대사의 정신이나 양심을 더듬어 볼 뿐이었다. 그러므로 한국근현대사는 필자 자신이 개척할 수 밖에 없었다. 필자는 대학을 졸업한 후에 강원도에서 교직생활을 하여 강원도 향토사를 개발하면서 근대사를 정리해 갔다. 특히 1965년부터 춘천교육대학교에 봉직하면서 독립운동사 편찬위원회 상임조사집필위원을 겸직하여 매년 1,000매 전후의 원고를 작성하였다. 그런 가운데 많은 독립운동가를 만나 증언을 들었고, 백낙준白樂濬·신석호申奭鎬·김상기金庠基·홍이섭洪以燮 등의 선학으로부터 연구방법까지 듣는 배움이 많았다. 일제의 조선총독부를 중심한 역사는 한국근대사가 아니라 일본근대사이며, 한국근대사는 한국인이 주인이 된 한국독립운동사를 중심한 역사라는 관점이 수립된 것은 필자의 행운이었다. 그후 필자는 52권의 저술과 450여 편의 논문 또는 논설문을 발표하였다. 지금 돌아보면 내용이 산만하고 논리도 일정하지 않았다. 그러므로 그것을 마감하는 의미에서도 다듬을 필요가 있다. 그런 뜻에서 『한국근현대사개론韓國近現代史概論』을 만든 것이다.

역사연구는 역사 사실의 고증考證과 그의 해설解說과 미래에 위치할 성격을 분석하는 평론評論으로 이루어진다. 그래서 개론槪論이라는 말을 붙였는데 사람에 따라 평론을 기피하는 경우도 있다. 오랫동안 동양의 미덕으로 권장하던 술이부작述而不作의 전통에 매어 당연한 걸로 지켜 왔다. 그러나 그럴 때는 개론이 아니라 개설이라고 해야 할 것이다. 역사연구에서 평론을 강조하는 필자는 공저를 싫어한다. 하나의 책에서 평론의 기준이 다르므로 역사의 결론이 같을 수 없기 때문이다. 오늘날 시중에 나와 있는 공저의 역사 저술을 보라. 결론이 비틀비틀 거리고 있지 않은가? 근현대사가 비틀거리면 학문의 공해를 일으킨다.

평론을 중시한 개론으로 역사를 서술하니까 동학농민전쟁이라는 용어가 나오게 됐고, 3·1혁명이나 4·19혁명이라는 용어도 나오게 되었다. 거기에서 독자들이 가장 생소하게 느끼는 것이 3·1혁명일 것이다. 필자도 오랫동안 3·1운동이라고 했는데 그에 대하여 평론을 쓰면서 3·1혁명이라고 고치게 되었다. 혁명이라고 생각한 데에는 세 가지 이유가 있다. 첫째는 3·1혁명은 1919년의 정치·경제·사회·문화의 지배자인 일본제국주의를 물리치고 조선 스스로 만든 역사를 요구하고 있다는 점이다. 그래서 선언서 첫머리에서 "오등吾等은 조선朝鮮의 독립국임과 조선인의 자주민自主民임을 선언하노라"라고 했다. 그때까지 충성을 강요하던 일본의 덴노天皇와 총독에 대하여 조선의 나무꾼 갑돌이와 갑순이들이 자유를 외친 독립혁명인 것이다. 그러니까 선언과 시위와 동시에 대한민국임시정부大韓民國臨時政府를 세운 것이 아니냐? 임시정부란 무엇이냐. 정식정부를 세우기 위한 준비정부이다. 우리보다 폴란드와 핀란드가 임시정부를 세웠던 전례를 보면 임시정부는 단기간에 정식정부를 수립하고 해체했는데 한국임시정부는 27년간이나 존재한 기간이 길었다. 길었지만 그것은 한국인의 자랑이요, 희망으로, 정신적 지주였다.

둘째는 1910년대 독립운동의 이념이 복벽주의復辟主義, 보황주의保皇主義, 공화주의共和主義로 나타나고 있었는데 3·1혁명에서 그것을 모두 청산하고 주권재민의 공화주의를 지향했다. 그것은 그때 발표된 모든 선언서가 약속이나 한 듯이 같았다. 그리고 그때 국내외에서 나타난 임시정부들, 서울의 대조선공화국정부大朝鮮共和國政府, 평안도지방의 신한민국정부新韓民國政府, 상해의 대한민국임시정부가 모두 공화주의를 표방했다. 그것이 당연했던 것으로 생각하기 쉬운데 그때 복벽주의나 보황주의의 주장이 있었다고 한다면 역사가 얼마나 어지러웠던가를 상상해 보라. 그런데 과거를 청산하고 공화주의를 추구했다는 것이 여간 다행한 일이 아니다. 그리고 필자가 강원도 지방의 3·1혁명의 시위에 대하여 2년간에 걸쳐 자세하게 조사를 했는데 거기에서 새로 나라를 세우면 누가 임금이 되느냐는 소박한 질문이 많이 나왔고 그에 대하여 "임금없는 나라를 세운다"라고 역시 소박한 대답이 전파되면서 민중의 정치의식이 혁명적으로 변화했다는 것을 알았다. 그때만 해도 세계에서 임금 없는 나라가 미국·프랑스·러시아 등 몇

나라뿐이었으므로 당연한 질문이었다.

셋째는 파리강화회의에서 민족자결주의 원칙이 채택되어 폴란드·핀란드·보스니아·세르비아 등이 독립하게 되었으나 전승국의 식민지는 독립하지 못하였다. 그리하여 보스니아·세르비아·헤르체고비나 등은 민족문제를 봉합하여 하나로 묶어 유고슬라비아로 독립시켰던 것이다. 그뿐만아니라 인도·미얀마·베트남·한국 등 전승국 식민지의 독립 요구는 외면하고 말았다. 인도 같은 경우는 독립을 얻기 위하여 세계대전에 영국 깃발을 들고 싸워주었는데도 외면하였다. 그와 같이 제국주의적 계산을 청산하지 못하고 강화회의를 끝냈다. 그것을 한국이나 인도·미얀마·중국 등의 아시아 민족은 하나같이 용납하지 않고 세계개조를 요구했다. 선언서에서 "이로서 세계만방에 고하여 인류 평등의 대의大義를 극명하며"라고했지 않았던가. 그러니까 3·1운동이 아니라 3·1혁명인 것이다.

혹은 혁명이라면 정권을 인수하거나 세워야 하는데 그렇지 못했으니 4·19와 함께 "미완의 혁명"이라는 정치 논리의 주장도 있다. 그런데 3·1혁명은 일반적 민족혁명이 아니라 제국주의의 식민지 지배에 대한 혁명인 것이다. 그리고 어느 혁명도 일시에 달성한 경우는 적다. 프랑스혁명도 1789년에 시작하여 몇 번의 반동 쿠데타를 겪고 1848년 2월혁명으로대단원을 내렸다. 그러니까 59년의 기간이 필요했다. 그것을 보면 우리의 3·1혁명은 혁명의지를 달성하는데 1945년까지 25년이 필요했고, 1960년의 4·19혁명은 1993년까지 33년의 기간이 필요했으니 프랑스혁명에 비해서 길지도 않았다. 그러니까 미완의 혁명으로 규정할 이유도 없다고생각한다. 필자는 그러한 생각을 기회가 있을 때마다 주장해 왔는데 그래도 관례를 중시하여 호칭을 여러 가지 함께 사용해 왔다. 그런데 언제까지그럴 것인가? 언제까지라고 기간을 전망할 수도 없다. 그래서 이 책부터 태도를 명확히 하여 3·1혁명이라 했다.

그리고 한국사에서 언제부터 근대냐? 1860년부터이고 현대는 1945년부터로 보았다. 현대사는 당대사인데 오늘날과 같은 분단국이 시작된 것이 1945년 해방이고 그 외의 역사조건도 그로부터 이루어진 것이 많으므로 1945년을 기준했는데 후일 통일되면 그때부터 현대라고 말하게 될 것이다. 그날이 하루 빨리 오기를 빈다.

또 하나 이야기할 것은 우리의 나라와 민족의 이름을 무엇이라 부를 것인가의 문제이다. 나라의 이름은 왕조마다 달랐으니까 그때의 이야기는 그 이름을 그대로 사용하고, 전시대를 아울러서 가리키는 민족명은 조선朝鮮으로 하였다. 민족명에는 조선, 삼한三韓, 고려高麗, 한국韓國, 코리아 등이 있을 수 있는데 전례를 생각하고 장래를 전망했을 때 조선朝鮮이 좋다고 생각한다. 통일 후의 나라 이름은 한글로 '코리아'가 좋은데 그렇게 한다면 민족명으로 사용할 수 있는 것은 우리 역사 최초의 우리 이름인 조선이 적당하지 않은가? 그리고 식민지시기인 1910년부터 1945년까지의 이름도 조선이므로 그때의 이야기는 그대로 사용하였다. 남북이 분단되어 서로 적대관계에 있을 때는 남한에서 조선이라는 호칭이 부담스러워 사용을 꺼렸으나 남북이 서로 도우며 살아야 할 장래, 평화통일을 촉진할 장래에는 기피할 이유도 없다고 생각한다. 그리고 한국은 대한제국大韓帝國(1897-1910)과 대한민국大韓民國(1919-1948-오늘날)의 경우에 사용한 이름이므로 여기서도 그렇게 사용하였다. 역사의 호칭은 주관이 아니라 객관화되어 있어야 하므로 엄격히 구분한 것을 양해하기 바란다.

끝으로 근현대사 연구와 밀접한 관계가 있는 '현대 한국사학의 유형과 학자의 분류'를 소개해 둔다. 서술 형식으로 소개해야 하는데 항목으로 소개하여 이해가 쉽지 않을 수 있다. 그런데 이번 기회를 넘기면 『한국근대사학사』 또는 『한국현대사학사』의 출간을 기다려야 하므로 너무 오래 기다려야 하니까 여기서 소개하는 것이다.

1945년 이후 한국 현대역사학의 유형과 학자의 분류

1) 유심론 사학
鄭寅普 · 張道斌 · 洪淳昶 · 朴成壽 · 李命英 · 許東粲 · 朴永錫 · 崔昌圭

2) 문화사학
• 초기문화사학

金庠基 · 洪以燮 · 金聖七 · 金成俊 · 孫寶基 · 金哲埈 · 秦弘燮 · 韓炳三 · 李泰極 · 張師勛 · 李源均 · 蔡中默 · 閔泳珪 · 李光麟 · 千寬宇 · 朴秉濠 · 李萬烈 · 金京熙 · 崔永禧 · 金大商 · 李鉉淙 · 尹炳奭 · 韓榮國 · 韓永愚 · 李成茂 · 宋贊植 · 朴容玉 · 河鉉綱 · 鄭世鉉 · 柳永烈 · 金斗鍾 · 金貞培 · 李泰鎭 · 金鎭鳳 · 金杜珍 · 李倍瑢 · 申解淳 · 申嶸植 · 韓詩俊 · 崔起榮 · 金熙坤 · 金泰植 · 丁淳睦 · 盧重國 · 孫承喆 · 崔炳憲 · 宋基豪 · 金度亨 · 閔賢九 · 宋炳基 · 元裕漢 · 咸和鎭 · 鄭魯湜 · 尹慶老 · 李澤徽 · 元永煥 · 李洪烈 · 柳承宙 · 玄相允 · 鄭德基 · 鄭良婉 · 李章雨 · 琴章泰 · 權寧徹 · 全鎣弼 · 姜信沆 · 金永上 · 河宇鳳 · 丁淳佑 · 孫世一 · 金鍾園 · 趙芝薰 · 吳永敎 · 朴仁浩 · 薛錫圭 · 洪淳鈺 · 金文植 · 姜英心 · 趙東一 · 宋建鎬 · 李鍾殷 · 徐永大 · 梁銀容 · 宋錫準 · 崔俊植 · 金壽泰 · 金　鐸 · 申光澈 · 崔永浩 · 徐大肅 · 金京一 · 李炳天 · 韓昌均 · 李廷銀 · 趙仁成 · 李範稷 · 金正起 · 金宇鍾 · 李舜九 · 韓㦖熙 · 金　渙 · 李明花 · 李元淳 · 李海濬

朴杰淳 · 宋良巒 · 金成煥 · 鄭泳鎬 · 辛鍾遠 · 郭丞勳 · 張慶姬 · 車溶柱 ·
張承姬 · 張世浩 · 崔然柱 · 曹凡煥 · 許元基 · 李順子 · 김종순 · 黃秉晟 ·
고세현 · 洪性益 · 吳天錫 · 孫仁銖 · 韓基彦 · 車錫基 · 鄭晋錫 · 白淳在 ·
金基錫 · 康允浩 · 宋敏鎬 · 박상만 · 鮮于勳 · 金奎昌 · 金成植 · 박재광 ·
尹裕淑 · 金龍善 · 金相鉉 · 盧明鎬 · 邊東明 · 林采佑 · 秦星圭 · 曹永祿 ·
李相泰 · 裵祐晟 · 韓相權 · 金潤坤 · 崔永俊 · 鄭鎭憲 · 金世潤 · 洪承基 ·
金泳鎬 · 郭眞吾 · 孫艶紅 · 金基昇 · 高裕燮 · 李東洲 · 申榮勳 · 劉鐘烈 ·
全相運 · 朴商萬 · 康吉秀 · 張德順 · 金炳翼 · 金錫夏 · 金容稷 · 石宙善 ·
朴鍾鴻 · 金炯孝 · 黃沍根 · 李翼成 · 李家源 · 丁益燮 · 洪思俊 · 金東旭 ·
洪石影 · 吳隆京 · 金煐泰 · 柳在泳 · 黃浿江 · 趙由典 · 鄭明鎬 · 柳南相 ·
趙鍾業 · 印權煥 · 盧重國 · 崔珍源 · 李昊榮 · 朴魯埻 · 郭京子 · 張籌根 ·
丁範鎭 · 都守熙 · 金英夏 · 金和英 · 崔淳雨 · 柳承國 · 金鳳守 · 金忠烈 ·
閔泳珪 · 權英徹 · 徐在克 · 韓大善 · 柳宗旼 · 李明九 · 文璇奎 · 金尙億 ·
徐首生 · 朴泳洙 · 朴同玄 · 安春根 · 李弼相 · 任昌淳 · 朴焌圭 · 張文戶 ·
鄭炳昱 · 金益鎬 · 千惠鳳 · 丁仲煥 · 李秉烋 · 尹南漢 · 李石來 · 崔柄憲 ·
孫禎睦 · 權五恂 · 韓榮國 · 金約瑟 · 潘允洪 · 李東歡 · 蘇在英 · 金永上 ·
李載龒 · 張保雄 · 申一澈 · 崔東熙 · 李乙浩 · 沈喁俊 · 車勇杰 · 車文燮 ·
崔石雲 · 宋正炫 · 李元植 · 李鍾英 · 李相寔 · 鄭夏明 · 朴亨杓 · 金容圭 ·
李熙鳳 · 金秉燦 · 朴勝文 · 高其陽 · 崔槿黙 · 李章熙 · 金容郁 · 崔在京 ·
申解淳 · 元永煥 · 申基碩 · 金馹起 · 李洪烈 · 崔韶子 · 洪淳鈺 · 元裕漢 ·
金商翊 · 朱南哲 · 李圭晧 · 金承懋 · 兪門龍 · 崔完秀 · 鄭柱東 · 成耆說 ·
金一烈 · 金永達 · 蔡茂松 · 尹龍二 · 金貞玉 · 蘇在英 · 李東英 · 安晉吾 ·
李東林 · 李根洙 · 安輝濬 · 尹絲淳 · 鄭　圭 · 金美紗 · 金田培 · 金芳漢 ·
盧禎植 · 李筬衡 · 李鳳源 · 卞媛琳 · 全斗河 · 具壽榮 · 李春熙 · 朱海濬 ·

趙秉奎 · 金秉和 · 朱南哲 · 朱吉淳 · 姜信沆 · 金基昶 · 李大源 · 李淑眞 · 宋兢燮 · 宋 稶 · 權熹耕 · 崔夢龍 · 黃錦紘 · 李完栽 · 金鎭世 · 車溶柱 · 河岐洛 · 朴炳采 · 柳正基 · 廉武雄 · 閔丙山 · 全澤鳧 · 朴容九 · 文仁鉉 · 馬三樂 · 白淳在 · 崔炯鍊 · 李炳柱 · 柳璲鉉 · 梁榮煥 · 李馨載 · 金鎬逸 · 具範謨 · 丁原鈺 · 朴俊圭 · 韓榮煥 · 최이호 · 李宥善 · 白淳在 · 李應鎬 · 鄭在哲 · 尹一柱 · 趙鏞一 · 吳允謙 · 李謙魯 · 孫圭馥 · 崔明仁 · 吳天錫 · 崔永植 · 林采源 · 金秉喆 · 李龜烈 · 李慶成 · 李英澤 · 金亙東 · 白 麟 · 權桂淳 · 具滋均 · 金斗鐘 · 宋敏鎬 · 朴晟義 · 尹石重 · 姜煥國 · 金聶鎭 · 金囍喆 · 朴 珍 · 金正鈺 · 權彝赫 · 朴容淑 ·

• 종교문화사학

白樂濬 · 咸錫憲 · 朱在用 · 崔奭祐 · 閔庚培 · 李光淳 · 金龍國 · 崔東熙 · 金敎獻 · 李龍範 · 尹善子 · 金承台 · 柳洪烈 · 李英茂 · 徐京保 · 金良善 · 이종해 · 李敦化 · 吳知泳 · 李箕永 · 李 玉 · 安炳旭 · 金玉姬 · 金丁煥 · 李喜秀 · 裵宗鎬 · 李榮麟 · 金泰坤 · 金戊祚 · 徐閏吉 · 趙顯範 · 金成煥 · 吳尙俊 · 黃壽永 · 史在東 · 朴漢永 · 金芿石 · 林 泉 · 禹貞相 · 李載昌 · 洪淳鐸 · 金起東 · 李炳泳 · 李興燮 · 韓基斗 · 趙鏞一 · 李東林 · 李鍾益 · 李昌德 · 全世權 · 金煐泰 · 張秉吉 · 李春蘭 · 金雲學 · 李泉泳 · 柳炳德 · 金光日 · 朱明韻 · 文明大 · 강일구 · 金興洙

• 사회문화사학

李仁榮 · 吳章煥 · 韓佑劤 · 金容德 · 李基白 · 李佑成 · 黃性模 · 宋相庸 · 宋 復 · 趙東杰 · 崔光植 · 金三雄 · 鄭容郁 · 金泰永 · 都珍淳 · 張錫興 · 金正仁 · 金容達 · 朴贊勝 · 文叔子 · 金東哲 · 金惠淑 · 安智源 · 李道學 ·

李東碩・李杜鉉・羅絢成・李丙洙・丘秉朔・南興祐・洪在烋・崔仁鶴・
金泰坤・金光日・李符永・崔在律・金學圭・千在東・金美蘭・邊德珍・
金京秀・薛盛璟・河孝吉・金仁會・崔吉成・金洋坤・鄭益燮.

3) 사회경제사학

• 사회사학

李德星・曹佐鎬・李相佰・愼鏞廈・金泳謨・朴明圭・金榮範・權丙卓・
尹明淑・최수정・崔在聖・吳浩成・李鎬澈・玄圭煥・金弼東・李効再・
金三守・崔華星・崔以順・李琦烈・金峻憲・李完宰・宋秉基・孫弘烈・
愼奎晟・林英正・林基形・權斗榮・柳永博・鄭亨愚・閔成基・鄭㫌瀧・
朴順愛・宋柱永・金泰永・鄭昌烈・吳永模・鄭德基・金玉根・金相昊・
李吉杓・金宅柱・李文垣・尹炳旭・林仁榮・朴興秀・全秉翼・金錫禧・
郭東贊・金斗鍾・尹惠源・金智勇・金鎭鳳・崔淳姬・崔在錫・玄文子・
河相洛・金善坤・張東彎・李光奎・劉承源・崔在律・李章佑・金濟勳・
金容旭・金大商・夫貞愛・車俊會・車基璧・禹澈九・李承憲・黃明水・
林仁榮・鄭範錫・朴元善・白文圭・尹惠源・鄭忠良・李兒榮・李福淑・
崔承萬・卓熙俊・李奎昌・盧吉明・趙燦錫・曹永建・李炳赫・朴恩惠・
金捺子・金道洙・高昌鉉・柳時中・李吉鎭・李光信・金用濟・崔　喆・
金光彦・李在崑・崔正如・金約瑟.

• 역사주의 경제사학

崔虎鎭・李克魯・高承濟・崔泰鎬・趙璣濬・朴東卯・金俊輔・金潤煥・
金洛中・金熙泰・권태섭・朱宗桓・朱奉圭・朴九秉・朴準埰・李碩崙・
金仁植・李大鎬・林鍾國・崔文煥・朴玄埰・安秉直・양준호・裵英淳・

李春寧 · 成昌煥 · 李英俠 · 金柄夏 · 柳承宙 · 曺永祿 · 劉敎聖 · 姜晃熙 ·
都禹鉉 · 車軒權 · 李培鎔 · 吳致富 · 林鍾哲 · 李鳳來 · 安台鎬 · 吳相洛 ·
金光洙 · 吳海鎭 · 金大濬 · 丁炳然 · 徐相喆 · 辛勝夏 · 朴準埰 · 金峻憲 ·
黃大錫 · 朴圭星 · 閔丙彩 · 朴乙鏞 · 劉元東.

• 절충식 경제사학

申伯雨 · 윤자영 · 尹行中 · 李基俊 · 姜晋哲 · 朴榮圭 · 尹容鎭 · 金容燮 ·
金敬泰 · 林炳勳 · 安秉玲 · 尹根鎬 · 李常薰 · 金錫禧 · 文炳鍒 · 李碩崙 ·
孫兌鉉 · 金宗鉉 · 趙益淳 · 裵基完 · 崔柳吉 · 黃炳晙 ·

• 유물론사학

洪命憙 · 金錫亨 · 朴時亨 · 李能植 · 全錫淡 · 김사억 · 임건상 · 신남철 ·
김태준 · 洪起文 · 洪起武 · 李辰永 · 리종혁 · 주진구 · 허종호 · 정창규 ·
리광(철) · 류   정 · 정치건 · 홍중일 · 남종학 · 리명호 · 송두원 · 박금순 ·
류치영 · 오영일 · 리철홍 · 손영종 · 남일룡 · 한선홍 · 서국태 · 김유철 ·
최진혁 등 평양학자들.

4) 문헌고증학

曺佐鎬 · 蔡近植 · 許善道 · 서인균 · 김남천 · 이원규 · 김학무 · 민태원 ·
김도태 · 박태원 · 이석훈 · 李在浩 · 南都泳 · 변태섭 · 閔丙河 · 박병선 ·
김종범 · 이종영 · 최화성 · 홍매경 · 홍무경 · 宋友惠 · 申國柱 · 安啓賢 ·
申暎徹 · 高晶玉 · 趙潤濟 · 李秉岐 · 鄭寅承 · 성경린 · 윤희순 · 元朕玉 ·
김용준 · 이재병 · 金得滉 · 梁泰鎭 · 이융조 · 李淸圭 · 박용운 · 송호정 ·
손정목 · 최재석 · 김선풍 · 文明大 · 尹武炳 · 최완수 · 鄭영호 · 金正基 ·

朴賢緒 · 趙成都 · 정병욱 · 임형택 · 鄭萬祚 · 黃元九 · 成樂薰 · 金一根 ·

柳鐸一 · 尹絲淳 · 孫仁銖 · 全斗河 · 金載元 · 金元龍 · 洪英基 · 노대환 ·

宋南憲 · 김재경 · 고송무 · 홍승기 · 閔斗基 · 洪 焉 · 郭林大 · 김중희 ·

李存熙 · 김려칠 · 金興洙 · 李文基 · 李薰玉 · 노수자 · 진영일 · 이영화 ·

權大雄 · 趙湲來 · 任椿洙 · 배경한 · 梁寧祚 · 沈勝求 · 金成敏 · 董德模 ·

徐寅翰 · 趙峻皓 · 朴敏泳 · 權五榮 · 강영철 · 郭 積 · 金鍾園 · 구완희 ·

김석희 · 高其陽 · 이희봉 · 李相寔 · 具滋赫 · 申千湜 · 金毅奎 · 張東益 ·

許興植 · 朴昌熙 · 李進熙 · 이용범 · 文定昌 · 李康勳 · 李炳憲 · 李龍洛 ·

정진석 · 金尙德 · 金俊燁 · 金昌順 · 趙一文 · 申基碩 · 이재롱 · 閔賢九 ·

金正柱 · 金正明 · 丁堯燮 · 김호종 · 이동화 · 李海暢 · 崔 埈 · 고준석 ·

池明觀 · 심우성 · 洪思俊 · 崔常壽 · 金烈圭 · 申一澈 · 송춘영 · 李萬甲 ·

朴性鳳 · 김근수 · 李建衡 · 황상기 · 이성학 · 이한기 · 李春寧 · 朴九秉 ·

김윤식 · 李基文 · 朴 桓 · 張弼基 · 高英津 · 李剛秀 · 李延馥 · 심지연 ·

金光雲 · 朴光用 · 강인구 · 권계순 · 안휘준 · 高裕燮 · 李鍾恒 · 宋 敏 ·

方善柱 · 李熙德 · 崔淑卿 · 鄭영화 · 崔夢龍 · 任世權 · 權寧培 · 오영섭 ·

鄭濟愚 · 裵勇一 · 홍순권 · 박용진 · 최병헌 · 姜吉遠 · 안승주 · 심상훈 ·

金基雄 · 黃元九 · 趙明基 · 朴漢高 · 徐首生 · 李相寶 · 유승원 · 李基東 ·

李東歡 · 한상도 · 李鍾馥 · 韓永愚 · 鄭玉子 · 李銀順 · 文暻鉉 · 노태돈 ·

정기돈 · 李賢惠 · 전현수 · 강봉룡 · 이동연 · 천정환 · 사재동 · 주보돈 ·

韓相文 · 閔丙河 · 河炫綱 · 이순근 · 장병인 · 張日圭 · 洪榮義 · 李映珍 ·

金廷鶴 · 申奭鎬 · 辛東燁 · 金映遂 · 金永基 · 李三實 · 李順基 · 서굉일 ·

閔天植 · 方顯模 · 田元培 · 鄭鎭行 · 韓仁錫 · 韓相鎭 · 金泳鎬 · 곽동찬 ·

오영모 · 엄희섭 · 김석희 · 盧榮澤 · 洪承基 · 任昌順 · 崔承熙 · 鄭杜熙 ·

崔洪奎 · 金甲周 · 송항룡 · 金祥起 · 백미선 · 朴進穆 · 김성호 · 김기승 ·

權寧培 · 朴敏泳 · 呂運弘 · 이정규 · 黃龍國 · 최홍빈 · 金幸子 · 沈載錄 ·
박창욱 · 이지원 · 박 섭 · 이재화 · 현원복 · 박병채 · 金重烈 · 김원용 ·
손춘일 · 안 천 · 권오인 · 강윤정 · 김영만 · 권 립 · 안화춘 · 이홍문 ·
이덕희 · 최진옥 · 곽료원 · 최문식 · 강정숙 · 전택수 · 이완범 · 정영훈 ·
김상일 · 함성광 · 김달수 · 정욱재 · 김병곤 · 朴孟洙 · 이명화 · 박복래 ·
이경순 · 박양신 · 한규무 · 조성운 · 高成勳 · 정수인 · 신재홍 · 金源模 ·
조용만 · 柳永烈 · 全遇容 · 장규식 · 宋相燾 · 박희호 · 朴宗烈 · 趙 珖 ·
김기석 · 박태균 · 金雲泰 · 金翼漢 · 이덕일 · 김남일 · 李楠福 · 최문형 ·
장영민 · 류영철 · 황민호 · 朴魯昱 · 張熙興 · 김대길 · 韓相吉 · 최선혜 ·
安承俊 · 金德原 · 李炳熙 · 강대민 · 李炯基 · 김대식 · 곽승훈 · 변원림 ·
고영복 · 고 은 · 심재택 · 노용필 · 백미선 · 하정용 · 계승범 · 朴元浩 ·
이종욱 · 이개석 · 김영기 · 이일룡 · 김성균 · 형문태 · 신병주 · 박희선 ·
이재현 · 김현철 · 전덕재 · 이종서 · 최취수 · 李文源 · 金必子 · 李松姬 ·
이남석 · 양종국 · 이용희 · 김용기 · 남부희 · 방종현 · 방진수 · 韓哲昊 ·
조항래 · 김문경 · 千和淑 · 文昌魯 · 강세구 · 심우준 · 허태용 · 卞瑗林 ·
유영옥 · 차장섭 · 최성환 · 韓明基 · 김남일 · 강문식 · 曹永祿 · 河宇鳳 ·
李相泰 · 裵祐晟 · 한상권 · 김윤곤 · 최영준 · 정진헌 · 金世潤 · 金興洙 ·
金昌洙 · 蘇英珠 · 申一澈 · 柳浚弼 · 崔範勳 · 吳永敎 · 陳英一 · 金光男 ·
文喆永 · 정윤재 · 李弼永 · 李昊榮 · 정원옥 · 金靜美 · 채영국 · 김 택 ·
전봉관 · 김태웅 · 조우성 · 강옥엽 · 김민영 · 김종규 · 吳世昌 · 金康壽 ·
申芝鉉 · 禹樂基 · 朴奉石 · 李蘭暎 · 方東仁 · 崔長秀 · 김효동 · 金瑢俊 ·
金永基 · 白弘基 · 許興植 · 林奎孫 · 李樹建 · 尹庚子 · 李鍾明 · 黃雲龍 ·
朴龍雲 · 金九鎭 · 姜尙雲 · 金潤坤 · 李銀圭 · 周采赫 · 朴廣成 · 丘秉朔 ·
白鍾基 · 孫世一 · 趙容萬 · 柳佑相 · 梁在鬎 · 李邦錫 · 朴奉植 · 李基鐸 ·

전우식 · 홍영의 · 오경택 · 이근호 · 김정자 · 김의환 · 안희재 · 이범직

5) 진보주의 역사학

鄭奭鍾 · 李離和 · 方基中 · 徐仲錫 · 鄭泰憲 · 金仁杰 · 盧景彩 · 姜昌一 ·
朴慶植 · 姜德相 · 姜在彦 · 姜東鎭 · 李泳禧 · 姜萬吉 · 김정남 · 한완상 ·
박원순 · 이종걸 · 권내현 · 김연철 · 鄭昌烈 · 鄭在貞 · 안병욱 · 高錫珪 ·
李榮昊 · 具仙姬 · 李世永 · 정병욱 · 허영란 · 池秀傑 · 안병우 · 홍석률 ·
朴宗基 · 林大植 · 潘炳律 · 우동수 · 장　신 · 金度亨 · 李漢龜 · 姜錫和 ·
한상구 · 백영서 · 이승렬 · 김동춘 · 朱鎭五 · 南和淑 · 鄭然泰 · 金春善 ·
池斗煥 · 한상권 · 채상식 · 신주백 · 윤진희 · 金英美 · 趙誠乙 · 金泰國 ·
宋讚燮 · 김기협 · 李愛淑 · 李虎龍 · 이상찬 · 오항녕 · 權泰檍 · 한홍구 ·
하원호 · 都冕會 · 김점숙 · 신용옥 · 조형열 · 박한용 · 정해구 · 고　원 ·
하승우 · 이　훈 · 강판권 · 趙宰坤 · 변은진 · 田炳武 · 이신철 · 서의식 ·
박찬세 · 廉仁鎬 · 이남순 · 이수호 · 양미강 · 장석규 · 董宣熺 · 高英津 ·
김학민 · 申恒秀 · 윤해동 · 李智媛 · 이준식 · 임영태 · 백동현 · 李均永 ·
이윤상 · 김성보 · 이종석 · 안병용 · 임현진 · 장두환 · 어윤경 · 김백일 ·
김재용 · 박호성 · 장용경 · 이상록 · 이태훈 · 임헌영 · 조명근 · 황병주 ·
임현진 · 장완익 · 홍정완 · 허　은 · 김효순 · 鄭秉峻.

* 진보주의 역사학의 특징은 역사학의 민족성 · 민중성 · 민주성 · 실천성 · 통일지향성 · 대중화이
고 독립운동의 근대와 민주화운동의 현대와 평화통일의 미래를 기본골격으로 세워 하나의 잣
대로 평론한다.
* 명단에서 초기문화사학에 등재된 사람이 문헌고증학에 등재되거나, 문헌고증학과 진보주의
역사학에 중복 등재된 경우가 있는데 그것은 그 분의 논문이 이런 것도 있고 저런 것도 있기
때문인데 앞으로 많은 논문을 발표하는데 따라 소속이 고정되거나 달라질수도 있을 것이다.

1장

한국근대사 총론

한국사 연구에서 시대구분이 정착되는 것은 1960년대부터였다. 그때 구석기시대와 청동기시대의 유적이 발견되면서 역사의 정상적 발전 단계가 확인된 것이다. 그때까지는 구석기시대의 유적이 발견되지 않아 한반도에 사람이 살기 시작한 것은 신석기시대부터라고 말하였고, 그러한 사람들이 청동기시대를 거치지 아니하고 금석병용기를 거쳐 철기시대로 넘어갔다고 말하고 그렇게 가르쳤다. 그러니까 정상적 역사 발전 단계를 밟지 않고 삼국으로 갔고 또 중세의 고려왕국을 연출했다고 이해하였다. 그러한 비정상적 역사 변천을 크게 선전하고 있었던 것이 일제강점기의 식민사학이었다. 중세는 언제부터인가? 남한학계는 대개 후삼국설을 채택하고 있는데 북한에서는 전석담 교수 같은 이가 삼국이 농노제를 실시한 시기라고 해서 중세로 보고, 이청원 같은 이는 고려도 노예제가 형성된 고대라는 주장을 펴기도 했다. 그래서 역사의 시대구분은 더욱 어려웠다. 그런데 1960년대에 남북한에서 구석기시대와 청동기시대의 유물·유적이 발견되어 역사학계를 흥분시켰다. 역사의 정상적 발전이 복원되었기 때문이다. 그리하여 한국사의 시대구분론도 정착해 갔다. 때마침 남북한 교류가 활발하게 추진되던 때였으므로 남북한의 연구를 교환하면서 시대구분을 이야기하였다.

봉건국가가 특징이라고 말하는 중세는 언제까지인가? 학자에 따라 고려, 조선, 조선후기까지라고 다양하게 말하는데 중세의 끝은 근대의 시작이므로 논의가 쉬운 것이 아니다. 필자는 중세의 끝은 고려 말(1392년)로 이해하고, 근대의 시작은 1860년대설이 옳다고 생각한다. 그렇다면 1392년부터 1860년까지는 어디에 해당하는가? 조선왕조시기를 말하는데 그때는 고려 이래의 중세적인 현상과 토지의 개간권이 인정된다든지, 재산의 상속·매매·전당·양여 등의 재산권이 인정된다든지, 여자 상속권이 인정된다는 등의 근대적인 현상이 혼재한 특수시기로 '중근세中近世'라고 이름하고 있다. 이와 같이 한국사 시대구분은 세계사적 방법과 한국사의 특수 방법을 겸용하는 것이 좋다고 생각한다.

그랬을 때 중근세의 끝은 언제이고 근대의 시작은 언제부터라고 하는가? 이 문제는 항을 바꾸어 '근대사 총론'에서 이야기하기로 하자. 그리고 현대는 1945년 해방을 기준하여 해방후를 현대로 보고 있다. 그 문제도 항을 바꾸어 다시 이야기하기로 하자.

그렇다면 근대는 언제부터인가? 조선후기의 사회변동기부터라는 주장, 1860년대 정치·경제·사회·문화의 변동기부터라는 주장, 1876년 개항기부터라는 주장, 1884년 갑신정변부터라는 주장, 1894년 갑오경장부터라는 주장 등, 여러 가지 주장이 있는데 필자는 1860년대설을 주장하고 있다.

1850년을 전후하여 김정호金正浩와 최한기崔漢綺의 활동에서 보듯이 근대적 저술이 나오고 있었던 사실에도 주목하고 싶지만,[1] 그러한 선구적인 지식인의 저술보다 사회변동에 주목하여 1860년대설을 주장하고 있

---

1 崔漢綺는 1837년에 『靑丘圖』와 1857년에 『地球典要』를 내고, 김정호는 1864년에 『大東輿地圖』와 『大東地志』를 냈다.

다. 1876년 개항으로 역사가 크게 변동하는 것도 사실이지만 근대를 인간주의의 시대라고 보았을 때, 비인간의 표본인 제국주의 침략에 의한 개항을 근대의 출발 기준으로 설정할 수 없는 것이다. 그래서 1860년대 사회 변동에 근대사의 기점을 두어야 한다고 생각한다. 그 후의 역사는 오늘날까지 다음과 같이 3단계로 변천되었다. 제1단계 – 근대적 사회변동과 자주개혁의 추진(1860~1910), 제2단계 – 일제의 강점과 독립운동의 전개(1910~1945), 제3단계 – 해방과 분단 정국의 혼돈과 현대사의 전개(1945~현재)이다.

근대적 사회변동과
자주개혁

1. 근대의 초기적 특징

근대의 특징은 인간주의 사상의 확산과 생활화 및 제도화에 있다. 그를 위해서는 먼저 인간의 발견이 전제되어야 하고, 그것은 자기 발견을 통해서 이루어지는 것이 일반적이었다. 자기를 인간이라는 측면에서 발견하면 자기가 소속한 나라와 겨레에 대한 의식이 고양되면서 비인간적인 중세 신분제에 대하여 비판과 개혁논리를 찾게 된다. 거기에서 평등사상이 대두하고 평등사상에 기초한 서민문화가 일어난다. 그러한 성격의 실학연구, 사회변동, 민족의식의 고양, 서민문화 발달 등의 근대적 지향은[2] 세도정치의 보수 반동으로 말미암아 후퇴하거나 실종됐다가 세도정치가 물러간 뒤에 다시 부상하였다. 그때 중국 대륙에서 나타난 아편전쟁(1840), 태평천국의 난(1853), 영불연합군의 북경침략(1858~1860) 등 국제적 격변기를 맞아

---

2 실학을 주목한 최초의 역사서는 1930년 崔南善의 『朝鮮歷史講話』인데 실학을 사회개혁 사상을 제기한 것으로 진단한 것은 丁若鏞의 『與猶堂全書』를 1934년부터 간행하면서 그를 담당했던 安在鴻, 白南雲 등에서 비롯되었다(조동걸, 『現代韓國史學史』, 나남출판, 1998, 203쪽, 주133).

종래의 개혁론이 새로운 얼굴로 나타났다. 실학을 새 시대에 맞게 다듬은 내수자강론에 이어 동도서기론으로 추구했던가 하면, 그에 만족하지 않고 혁명적 변화를 추구한 개화사상으로 나타내기도 하였다. 동도서기론은 조선후기 개혁사상의 정직한 계승자였는데 개화사상은 조선후기 이래 구시대의 계승을 수구라고 거부하며 혁명적 변화를 추구했다. 그렇게 혁명적 개화를 추구한 개화사상의 선구자로 손꼽는 이는 최한기를 비롯하여[3] 박규수朴珪壽·오경석吳慶錫·유홍기劉鴻基 등이다.[4]

근대사가 동트는 또 다른 특징은 조선후기 이래의 사회변동과 서민문화의 정신, 즉 평등과 평화사상에 기초하여 발생하고 있던 토착종교에서 찾는다. 1860년 경주에서 인내천人乃天의 기치를 들고 동학東學이 발생하였다. 조선후기부터 풍미하며 평등과 평화를 갈망한 정감록鄭鑑錄사상도 민중사상의 일단으로 주목해야 한다.[5] 그때 사회변동을 재촉한 1862년의 삼남농민전쟁도 중세 신분제에 대한 저항이라는 측면에서 근대적 성격으로 이해할 수 있다. 그런데 삼남농민전쟁이 농민반란이나 농민운동이라는 주장도 있으므로 성격 규정에 주의해야 한다.[6]

다음의 근대사적 특징은 대원군의 개혁정치(1864~1873)이다. 특히 양반

3 　권오영,『崔漢綺의 학문과 思想研究』, 집문당, 1999, 53~61쪽.

4 　愼鏞廈,「개화사상의 형성」,『한국사37 - 서세동점과 문호개방』, 국사편찬위원회, 2000, 92~105쪽.

5 　高成勳,「정감록사상과 변란」,『朝鮮後期 變亂研究』, 동국대학교 박사학위논문, 1993, 25~34쪽.

6 　농민반란은 전통시대에 새로운 사회 건설의 이념 없이 말 그대로 반란을 일으킨 것을 말하고, 농민운동은 농민이 주체가 되어 농민의 이권을 추구하는 이념을 목적으로 사회운동을 전개한 것을 말하는데 농민반란이 농민운동으로 발전해 가는 과도기적 현상을 농민전쟁이라 한다.

봉건제의 개혁 성격을 가진 호포제의 실시와 서원철폐가 주목된다. 그것이 비록 왕실재정을 확보하기 위한 고육책이라고 하더라도 양반 봉건제에 대한 비판 없이 단행할 수 없었다는 점에서 근대를 일으키는 이유가 되었던 것이다. 비변사를 폐지하고 재야를 막론하고 인재를 등용했던 것도 안동김씨를 중심한 노론정권에 대한 정면 도전이었다. 대원군 집정기에 판서급 이상 취임자 139명 가운데 노론이 78명으로 56%에 이르고, 안동김씨가 10%에 이를 정도로 구조개혁에 미치지 못했다고 평가한 경우가 있는데,[7] 이에 대해서는 인원수로만 평가할 것이 아니라 요직을 누가 맡았는가를 보아야 할 것이다.[8] 그러나 어느 것 하나만으로 근대사를 일으킨 현상으로 보기는 힘들다. 몇 가지 변화가 일어나는 가운데 1866년 병인양요 같은 제국주의 침략에 대한 항전까지 합쳐 보면, 여러 가지 상황 속에 함유한 근대적 힘의 태동이 합류하여 근대사를 일으키는 이유가 되었다고 보아야 할 것이다.

2. 개항의 역사성과 사상계의 동향

아시아 국가들이 느림보걸음으로 변화·발전하고 있을 때 서유럽국가들은 자기들끼리 싸우다가 항해술을 발달시켜 아시아를 침략해 왔다. 이른바 서세동점西勢東漸이라는 것이 그것이다. 그들은 포르투갈·스페인·네덜란

---

7 성대경, 「대원군의 내정개혁」, 『한국사 37』, 국사편찬위원회, 2000, 159쪽.
8 핵심요직인 총융사·어영대장·금위대장·훈련대장은 김좌근·김문근·김병기·김병국 등의 안동김씨가 전담하고 있던 것을 대원군 집권기에는 그들이 하나도 맡지 못하였다.

드·영국·프랑스·독일 등의 서유럽국과 뒤따라 미국과 러시아도 그에 가담하고 있었는데, 그들의 첫 번째 요구가 문호개방이었다. 결국 그들의 총칼 앞에 모든 나라가 무릎을 꿇고 문호를 개방하였는데 조선에 대하여 문호개방을 요구한 최초의 나라는 영국이었다. 뒤이어 프랑스와 미국이 요구해 왔으나 그들은 병인양요와 신미양요에서 격퇴되었다. 격퇴된 것을 쇄국으로 보거나 척사위정으로 규정하는 수가 있는데 그럴 것도 아니다. 소박하게 열강의 침략에 대하여 국가의 주권을 지키기 위한 본원적 반격으로 보아야 한다. 이것을 쇄국이나 척사위정으로 보는 것은 제국주의자들이 자기를 변론하기 위한 궤변인 것이다. 이러한 정국을 주도하던 대원군이 1873년에 퇴각하고 광무황제(고종)가[9] 친정을 할 때 대원군에게 맞설

---

9 광무황제란 고종을 일컫는다. 고종이란 칭호는 1919년에 조선총독부에서 지어 준 사후의 왕시호이다. 광무황제는 1897년 대한제국이 성립하면서 연호를 광무라고 한데서 연유한 호칭이다. 그렇다면 우리가 어느 호칭을 사용해야 하는가? 당연히 광무황제의 호칭을 사용해야 할 것이다. 적어도 조선총독이 만든 고종이란 호칭은 피하는 것이 좋다. 그럴 때 광무황제가 되기 이전 1897년 이전에 어떻게 광무황제라고 하는가라고 반론을 제기하는 수가 있는데 그것도 1919년에 만든 고종이란 호칭을 소급해서 사용하는 것보다는 소급시기가 길지 않다. 그리고 모든 국왕을 부를 때 그 국왕이 왕시호를 받기 이전부터 태종·세종·효종·영조라고 부르는 것이 관례이므로 광무라는 연호가 나오기 이전부터 광무황제라고 해도 관례를 벗어나는 것은 아니다.

근래 몇몇 연구에서 광무황제의 평가를 새롭게 하고 있다. 이태진교수의 연구가 대표적인데 그의 『고종시대의 재조명』(태학사, 2000)은 학계의 큰 반향을 일으켰다. 주장의 요지는 세 가지로 줄일 수 있으므로 세 가지 요지를 여기에 소개해 둔다. ① 고종시대의 역사는 조선후기의 개혁사상과 사실을 계승하여 새롭게 발전하고 있었다. ② 새롭게 발전하고 있던 역사를 이끌고 있던 사람이 바로 고종이었다. ③ 그렇게 자력으로 한국근대사가 형성되고 발전하는 것을 일본 제국주의자들이 침략하여 사기와 횡포, 군사력을 동원하여 왕비를 비롯한 수많은 사람을 죽이고 빼앗고 농락하며 나라를 망쳐 버렸다.

그때 광무황제는 대원군의 노욕에도 흔들리지 않고 일본의 사기에도 흔들리지 않고 나라를 지켰다. 일제 침략을 맞아서는 의병장에게 밀지를 내려 나라를 구할 것을 호소했고, 대한매일신보에 자금을 지원했다. 그리고 을사늑약에 끝내 비준을 거부하며 저항하다가

민비의 척족정치가 실시되었는데 그때 민비와 대원군의 구부舅婦관계가 좋지 않아 부작용이 많았다.[10] 대원군이 퇴각하고 민비정권이 강화도조약으로 일본에 문호를 개방하였는데 그것도 정권 차원에서만 보면 오류투성인 것이다.

일본도 구미 제국주의의 무력에 굴복하여 1854년에 문호를 개방하였는데, 문호를 개방하자 일본은 서양의 앞잡이로 돌변하여 조선을 침략해 왔다. 그와 같이 일본은 자주 일어나는 지진처럼 어제까지의 역사를 아랑곳하지 않고 거꾸로 돌변하여 행동하는 경우가 많은 나라였다. 그러한 수법으로 프랑스나 미국도 이루지 못한 조선의 문호개방을 달성했던 것이다. 그것이 강화도조약이다. 그런데 조선에서는 강화도조약으로 문호를 개방하는 것을 피할 수 없는 세계 대세로 보고 타율적인 개방을 자율적인 역사로 전환시키려고 노력하였다. 그들이 오경석·유홍기·이동인·탁정식·김옥균·박영효·홍영식·서광범·서재필 등, 이른바 개화당 인사들이었다.

그런데 타율적인 문호개방을 자율화하기 위한 개화정책의 진행은 지지부진하였다. 1876년 일본과 통상조약을 맺고 다음에 미국과 통상조약을 맺은 것은 1882년이니 6년 뒤의 일이었다. 그러니까 그 6년간은 일본제국주의의 독무대였으므로 일본 제국주의의 기반이 형성되고 말았다. 그때의 개화시설이나 각종 근대시설이란 것은 일제의 침략통로가 되고 말았

1907년 왕좌에서 물러난 지사적 국왕이었다.

10 19세기 후반기의 한국사는 대원군과 민비의 구부관계를 윤리적 수식 없이 솔직하게 보아야 사실대로 이해할 수 있다. 대원군이 1873년에 퇴각하자 민비당은 대원군 10년간의 개혁을 모두 반대·폐지하여 망쳐버렸는데 역사는 거기에서 잘못되고 있었다. 무조건 반대할 것이 아니라 꼼꼼히 검토하여 계승할 개혁은 준수해야 옳았던 것이다. 엄격히 취사선택할 사항이었는데 모두 반대하여 뒤집고 말았던 것이다.

다. 정상적이라면 강화도조약에 이어 열국과의 통상조약을 체결하여 열국과의 세력균형을 이루어 조선의 안전을 도모했어야 했다. 그렇지 않아서 조선이 열국에 의지하는 운명이 되고만 것이다.

어떤 나라가 타국을 이용하는 것은 슬기로운 일이지만 의지하는 것은 자국을 멸망으로 몰고 가는 방법이므로 주의해야 한다. 조선의 문호개방에 대하여 청나라까지도 1878년과 1879년에 권고한 바가 있었으나 거부하였다.[11] 그 후 일본에 건너갔던 김홍집金弘集의 주장과 김홍집이 가져온 황준헌黃遵憲의 『조선책략朝鮮策略』을 검토한 1880년 10월 12일의 중신회의에서 문호개방을 결정한 것은 뒤늦은 조처였지만 다행한 일이었다. 타율적 문호개방을 자율화시켰다는 의미에서 다행한 일이라고 했는데 그것이 실제는 미국과 통상조약을 체결할 것인가의 여부를 결정한 회의였다. 거기서 7 : 3의 비율로 찬성자가 우세했다고 하지만 이 사실이 알려지자 전국에서 유림이 일어나 1881년에는 영남만인소嶺南萬人疏를 비롯하여 반대상소가 줄을 이었다. 이것을 신사척사운동辛巳斥邪運動이라 하는데 그에 대하여 대표자들을 유배시키고 가장 과격한 춘천의 홍재학洪在鶴은 일벌백계로 새남터에서 처단하였다.[12] 그토록 문호개방 의지가 강력했던 것이다.

그리하여 미국과 통상조약을 체결했지만, 청국과도 전통적 조공관계를 근대적 통상관계로 개편한 조청상민수륙무역장정朝淸商民水陸貿易章程을 체결하였다.[13] 조청상민수륙무역장정에서 조선이 청나라와 새롭게 무역국이

---

11 권석봉, 「李鴻章의 對朝鮮列國立約勸導策에 대하여」, 『歷史學報』21, 1963, 114쪽 ; 송
    병기, 『近代韓中關係史硏究』, 단국대학교출판부, 1985, 36쪽.
12 홍재학은 춘천군 서면 신매리 출신으로 화서학파의 重菴 金平黙의 문인이었다.
13 그 후 열국과의 통상조약이 체결되었는데 다음과 같이 진행되었다.
    1883년 11월 : 영국   1883년 11월 : 독일

되게 만든 것은 발전적이었지만 전통적 조공관계를 근대적 속국관계로 규정한 것은 커다란 과오였다. 그래서 사대당이란 호칭이 나오고 그를 반대한 개화당을 독립당이라고 한 연유가 있게 된 것이다. 그리하여 개화당이 쿠데타를 서두른 이유도 여기에 있었고, 갑신정변의 전사가 다급했던 저간의 사정을 이해할 것이다. 그와 같이 갑신정변이 다급하여 그때의 관계자는 개화 쿠데타로 생각하지 않고 독립 쿠데타로 추진했던 것이다.

그런데 자신을 독립당으로 자처한 개화당에도 한계는 있었다. 개화가 서양화를 말하는데 그들의 서양화는 직접적이 아닌 중국이나 일본을 통한 간접적인 개화였다. 개화서적도 직접 번역한 것이 아니라 중국이나 일본 번역서를 재번역하는 방식이었으므로 굴절 개화의 한계를 가지고 있었다.

한편 조선후기에는 실학과 북학론北學論에 밀려 세력을 잃고 있던 위정척사론이 서세동점의 물결을 만나 새롭게 고개를 들고 있었다. 위정척사사상은 효종조 북벌론北伐論에서 발원했는데, 발원 당시에는 그를 제기한 송시열宋時烈의 영향도 있었으므로 호응도가 높았다.[14] 그리하여 북벌론 이후의 조선왕조를 북벌론 정권이라 불러도 좋을 만큼 북벌론, 즉 위정척사론은 위치를 굳히고 있었다. 그것이 조선후기에 이르러 실학이나 특히 북학론의 반격을 받아 힘을 잃고 있었다. 척사의 대상도 청나라나 천주교 하나

1884년 6월 : 이탈리아   1884년 7월 : 러시아
1886년 6월 : 프랑스   1892년 6월 : 오스트리아
1901년 3월 : 벨기에   1902년 7월 : 덴마크

14 북벌론은 노론의 영수 송시열이 제기한 것이어서 노론정권의 정치이데올로기로 정착했는데 그럼에도 불구하고 남인의 고장 안동에서 瓢隱 金是榲이 崇禎處士를 자처하면서 은둔생활을 고집했는가 하면, 영양의 醉睡堂 吳演도 은둔했다가 북벌계획이 알려지자 靑杞面 靑杞里 椒洞 산중에서 북벌군을 일으켜 훈련할 정도로 효종의 북벌론에 적극 참여했다. 그러한 청기리에는 지금도 군막지가 전해 온다.

에서 확대되어 개념도 모호해져 갔다.[15]

3. 개혁과 열강의 각축

1882년 임오군란으로 자율적 역사 전개가 타격을 입은 그때에 열강이 경쟁적으로 침략해 왔다. 임오군란은 일본 제국주의의 경제 침략으로 조선 경제가 파탄에 이르렀던 때 일어난 군란이었는데 청나라 군대가 진주하여 끝낼 정도로 외세 의존적인 계기가 되고 말았다. 그리하여 민비와 동도서기론을 제기하던 개량적 개화론자는 청나라를 통해 개혁하는 길을 모색하게 되었고, 그를 반대하던 혁명적 개화당은 일본을 모방한 개혁을 추구하게 되어 그것이 현실로 나타난 것이 1884년의 갑신정변甲申政變이었다.

김옥균, 박영효 등의 개화당이 주도한 갑신정변의 14개 정령政令을 보더라도 역사는 시민이 주도한 개화혁명의 방향으로 가야 했다. 우리가 알고 있는 14개 정령은 김옥균이 일본 망명 중에 집필한 『갑신일록甲申日錄』에 등재된 것인데 다음과 같았다.[16]

① 대원군 귀국과 청국에 대한 조공철폐
② 문벌폐지, 인민평등, 인재등용

---

15 북벌론 당시의 척사의 대상은 물론 청나라였다. 그 후 천주교가 되었다가, 서양 제국주의로 바뀌었다. 그것이 일본 제국주의를 겨냥하여 을미의병 이래 의병항전의 중심사상이 되어 항일운동의 꽃으로 명분을 다하였다. 그래서 을미의병을 위정척사운동의 마지막 꽃이라 하는 것이다.

16 조재곤 외, 「1884년 정변의 정령에 대하여」, 『역사와현실』 30, 1998, 10~25쪽.

③ 지조법地租法 개혁, 궁민구제, 재정확립

④ 내시부內侍府 폐지

⑤ 탐관오리 숙청

⑥ 각도 환상제還上制 폐지

⑦ 규장각奎章閣 폐지

⑧ 순사제巡査制 실시

⑨ 혜상공국惠商公局 혁파

⑩ 유배 금고 죄인의 재조사

⑪ 4군영軍營을 1영營으로, 왕세자로 대장임명

⑫ 재정일원화

⑬ 의정부회의제 확대 실시

⑭ 의정부와 6조 외의 정부조직 개혁

임오군란으로 청나라 군대가 진주하여 대원군을 납치해 가고 청의 정치 간섭을 받게 되자, 그를 반대하던 개화당이 성급한 나머지 혁명의 대중적 기반을 고려하지 않은 채 일본과 손잡고 갑신정변을 일으켰는데 혁명은 자체 기반 위에서 추진해야 한다는 원리에서 보면, 외세와 손잡은 것은 큰 오류였다. 그리하여 조선은 청일 양군의 각축장이 되었고, 그러한 개화당 의 오류를 보고 개화당을 의심하는 사람이 증가하여 오히려 개화를 약화 시키는 결과를 만들었다. 정상적 혁명이라면 외세 없는 갑신정변을 일으 키고, 실패하면 다시 정비하여 또 일으키면서 혁명역량을 성장시켜 10년 뒤의 동학농민전쟁과 합류하여 갑오경장甲午更張을 혁명으로 성취해야 했 다. 그것이 아니라 외세에 의지하다 보니 갑신정변이 일장춘몽의 쿠데타 로 끝나고 말았다. 그리하여 민중은 시민과 별도의 길을 찾게 되었고, 결국 1894년까지 국가 운명을 결정할 10년간을 속수무책으로 허비하고 말 았다. 그러니까 청일간의 경쟁과 각축이 폭발하여 제국주의전쟁으로 청일 전쟁이 일어난 것이다.[17]

1894년은 동학농민전쟁과 갑오경장과 청일전쟁이 있었던 해로 1년간 의 역사가 대단히 복잡다단하였다. 청일전쟁은 조선을 둘러싼 제국주의전 쟁이었으므로 주체를 달리하지만 동학농민전쟁과 갑오경장은 조선을 주 체로 전개된 것이므로 간과할 수 없는 일이었다. 거기에서 동학농민전쟁 의 폐정개혁안과 갑오경장의 홍범14조를 비롯한 3차에 걸쳐 추진한 사회 개혁의 덕목들은 한국근대사를 궤도에 올리는 요목들이었다.[18] 그래서 동 학농민군의 요구가 일부나마 갑오경장에 반영되었다. 그런데 추진 주체인 시민과 민중은 서로 다른 길로 갔다. 그것은 갑오경장을 추진한 시민이 갑 신정변 후 대중적 기반을 만회하지 못하여 서로 다른 길로 갈 수밖에 없었 다. 사회변동기에 중산층이나 지식인은 대중이 따를 수 있는 개혁 진로를 개척해야 하는데 갑오경장을 추진한 시민은 일본을 모방하기에 바쁜 나 머지 대중의 이해여부는 생각하지 않아 그들이 따르느냐는 관심조차 없었 다. 그리하여 한국근대사에서 시민과 민중이 별도로 존재하게 된 것이다. 이것은 한국근대사의 불행이었다. 근대사뿐만 아니라 한국현대사에서도 통합의 길을 개척해야 할 것이다.

그렇다고 해도 동학농민전쟁에 일본군의 관여가 없고, 갑오경장에 일

---

17 都冕會, 「개항후의 국제무역」, 『한국사 39』, 국사편찬위원회, 1999, 174~178쪽. 청일 전쟁이 일어난 전 해인 1893년 일본인 거주자를 보면, 서울 : 823명(여자 : 325명), 인 천 : 2,504명(974명), 원산 : 794명(307명), 부산 : 4,750명(2,097)명, 총계 8,871명 (3,703명)이었다. 여자가 많았던 것을 보면 장기 거주자가 많았다는 것을 알 수 있다.

18 柳永益, 「갑오경장」, 『한국사 40』, 국사편찬위원회, 2000, 281쪽.

본공사의 관여가 없다고 한다면 개혁이 주체적으로 전개되던 가운데 서로 통합의 길을 발견하고 합류하여 멋진 역사를 연출했을 것이다. 그런데 일본의 제국주의적 관여로 말미암아 그런 멋진 역사는 봉쇄되고 말았다. 그때 일본은 갑오왜란(7.23)과 청일전쟁(7.25)을 도발하면서 갑오경장에 깊숙이 관여하였다. 신식화폐발행장정新式貨幣發行章程(8.11)에서 일본화폐의 통용을 규정하고 잠정합동조관暫定合同條款(8.20)으로 경제침략의 길을 넓게 닦았다. 그리고 동학농민군을 토벌하였다. 그리하여 조선이 일본의 반식민지로 전락하게 되니 이토 히로부미伊藤博文와 더불어 조선침략의 정치적 명수였던 이노우에 가오루井上馨를 공사로 임명하여 식민지 개척에 박차를 가해 갔다. 그는 조선정부에 일본인 고문관을 배치하여[19] 전문적으로 식민지화의 길을 닦아 갔다. 그러한 일제의 속셈을 간파한 조선이 명성황후를 중심으로 러시아로 하여금 일제의 예각을 꺾으려고 하자, 일제는 깡패 괴수인 미우라 고로三浦梧樓를 공사로 교체하여 명성황후를 살해하였다. 역사도 이 지경에 이르면 평론할 가치가 없게 된다. 아무리 제국주의라고 하지만 인간의 역사에서 인간을 완전히 무시한 역사를 만든 일본에게 무엇을 말하랴.

그런 와중에서도 갑오경장은 전개되고 있었다. 갑오경장은 모두 3차에 걸쳐 시행되었는데 제2차는 갑신정변 때 일본으로 망명했던 박영효를 귀국시켜 관여한 개혁이었다. 그러므로 일본의 조종이 노골화된 개혁이었다. 3차 개혁은 을미개혁으로 양력의 사용, 단발령의 강행 등으로 여론과는 먼 개혁이어서 의병봉기의 원인이 되었다. 이제는 어떠한 개혁도 대중의 호응을 얻을 수가 없었다. 그러므로 대중은 그때까지 타도의 대상이던

---

19 그때 각 아문에 배치된 고문관은 石塚英藏·齋藤修一郎·仁尾惟茂·岡本柳之助·楠瀬幸彦·星亨·武久克造 등이었다.

청일전쟁 강화회의도

유림의 의병봉기에 의지하여 함께 일제 침략에 항전하는 길을 택할 수밖에 없었다. 그것이 1895, 1896년에 봉기한 을미의병인 것이다.

4. 동학농민전쟁과 갑오경장기의 사회문화

1882년 임오군란부터 갑신정변, 동학농민전쟁, 갑오경장, 청일전쟁, 을미사변 그리고 1896년 아관파천에 이르는 기간에 정치는 주체를 상실하고 있었다. 그런데도 사회문화는 자율성을 확보한 경우가 적지 않았다. 사회문화의 변화는 동학농민전쟁의 폐정개혁안의 제기나 갑오경장에서 초

기의 군국기무처의 개혁안처럼 자율적인 제기도 있었지만, 일본의 요구에
의해서 제기된 타율적인 것도 자율화 과정을 통하여 정착한 경우가 적지
않았다. 경우에 따라 토착화가 차단되거나 실패하여 타율성으로 끝난 사
례도 없지는 않았지만 사회문화는 자율화 과정을 경유한 사례가 많았다.
식민지 안에서 민족문화가 존재했던 경우도 거기에 이유가 있었다.

동학농민전쟁은 동학란, 동학농민혁명, 동학농민운동, 동학농민봉기,
갑오농민전쟁 등으로 호칭이 다양하다.[20] 동학농민전쟁은 전기 항전기
[1894년 양력 2월 10일~6월 11일], 집강소 설치기[6월 11일~10월 26일], 후기 독
립전쟁기[1894년 10월 26일~12월 30일]로 나누어서 이해하는 것이 일반적인
이해방법이다. 거기에서 농민전쟁의 이념은 집강소 사회개혁 성격인 폐정
개혁안으로 표현되었다. 폐정개혁안은 44쪽에 소개한 바와 같이 12조목으
로 구성되어 있는데, 정리해서 보면 다음과 같이 네 가지로 나눌 수 있다.

① 탐관오리, 부호, 유림 양반 등의 지배층 숙정
② 노비, 칠반천인, 백정, 청춘과부의 해방
③ 잡세 금지, 지벌타파, 공사채 무효, 왜와 간통한 자의 엄벌 등 시폐개혁
④ 토지 평균분작

위에서 보듯이 구조개혁 조항이 약하거나 없는 것은 역량의 한계였지
만, 그럼에도 농민전쟁 수준에서 이해하는 것이다. 하지만 신분제 혁파에

---

20 東學亂이라고 반란으로 이해하던 것을 革命性으로 이해해야 한다고 주장한 최초의 논문
은 黃義敦, 「民衆的 규호의 第一聲인 甲午의 革新運動」, 『開闢』 1922년 4·5월호에서 비
롯되었다.

초점을 맞추고 있는 것은 구조적 모순과 시대적 모순을 일치시켜 본 조처였다고 할 수 있다. 이러한 개혁안은 갑오경장에 일부 반영되기는 했으나 전반적으로 반영되지 못한 것은 누누이 지적한 바와 같이 주체성격의 차이로 말미암은 것이다.

갑오경장의 제1차 개혁은 1894년 7월 27일부터 12월 17일까지 영의정 김홍집을 중심한 군국기무처가 주도하여 210건의 사안을 개혁한 것이다. 거기에서 의정부와 궁내부를 양립시키고, 6조를 8아문으로 조정하고, 과거제도를 폐지하고, 신분제를 혁파하고, 공사노비를 해방하고, 과부재가를 허용한 것 등은 동학농민전쟁의 폐정개혁안과 더불어 1894년의 사회가 크게 변화하고 있다는 것을 말해주고 있다. 시분제 혁파가 혁명적 조처였다는 것은 말할 여지가 없다. 과거제도의 폐지만 해도 큰 개혁이었다. 과거제는 고려 초에 실시하여 1,000년을 실시해온 제도였는데 그 제도에 힘입어 유교왕조를 일으키고 유지시킬 수가 있었다고 보면 그의 폐지는 앞으로 다양한 문화를 일으키는 문호개방이라는 측면에서 혁명적 조처였다. 과부재가를 허용한 것도 신분제 혁파에 버금가는 개혁이었다. 한국봉건제에서 과부재가를 막았던 것은 가장 악랄하고 암적인 고질이었는데 그것을 없애버린 것이다.

제2차 개혁은 1894년 12월 17일부터 1895년 7월 7일까지 213건의 개혁을 말하는데, 일본에 망명했던 박영효가 귀국하여 주도한 개혁이었고, 새로 부임한 일본공사 이노우에 가오루가 조종한 개혁이었다. 거기서 홍범 14조를[21] 공포하고 내각을 7부로 나누고 전국을 23부府 337군郡

---

21 洪範이란 중국의 夏나라 우왕이 발포했다는 洪範九疇에 유래한 말인데 국가의 기본법을 일컫는 말이니 憲法이란 뜻이다. 한국사에서 헌법과 같은 법률이 공포된 것은 洪範14條

1894~1897년의 주요 일지

1894년	
1월 10일	전라도 고부에서 민란봉기(전봉준 주도), 조사관 이용태와 고부군수 조병갑이 손잡고 농민군을 탄압
3월 25일	동학농민군 백산 재봉기로 고부·태인·정읍·고창·영광·함평을 점령하면서 전라도민란으로 발전
4월 27일	동학농민군 전주성 입성
5월 7일	청군 2,500명 아산만 상륙
5월 9일	일본군 7,000명 인천 상륙
5월 8일	전주화약全州和約, 집강소설치 -폐정개혁안 12항목 ① 도인과 정부의 협력, ② 탐관오리의 엄징, ③ 횡포한 부호의 엄징, ④ 불량유림과 양반징계, ⑤ 노비문서의 소각, ⑥ 칠반천인의 대우 개선, 백정두상의 평양립 폐지, ⑦ 청춘과부의 재가 허용, ⑧ 무명잡세 중단, ⑨ 인재등용의 지벌 타파, ⑩ 왜와 간통자의 엄벌, ⑪ 공사채의 압박해제, ⑫ 토지의 평균분작
5월 25일	장성전투
5월 31일	동학농민군, 집강소개혁 실시
6월 23일	아산에서 청일함대 충돌
7월	김홍집내각, 군국기무처 설치하여 갑오경장 10개 요목 발표 ① 의정부와 궁내부 분리, ② 의정부에 8아문 설치, ③ 재정일원화, ④ 조세금납화, ⑤ 화폐제도 개혁, ⑥ 도량형의 통일, ⑦ 양반 상민 차별없는 인재등용, ⑧ 공사노비제 폐지, ⑨ 과부재가 허용, ⑩ 과거제도 폐지
7월 23일	(음 6월 21일) 일본군 경복궁 난입(갑오왜란)

7월 24일	흥선대원군 일본군 호위하에 입궐집권.
7월 29일	성환에서 청일전투
	(음 6월) 안동과 보은·상원에서 의병봉기-갑오의병
9월	동학농민군, 일본침략군 타도를 외치며 삼례집결, 논산으로 북상하여 공주로 진군 중 11월에 우금치 전투를 혈전으로 장식
9월 15~ 17일	평양에서 청일전투
1895년	
1월 7일	(음 12월 12일) 홍범 14조 공포 ① 자주독립의 기초확립, ④ 왕실과 국정의 혼합금지, ⑦ 조세업무는 탁지아문, ⑧ 왕실비용의 절감, ⑨ 왕실과 관부의 예산확립, ⑩ 지방관제의 제정, ⑫ 징병법 실시, ⑬ 민법과 형법의 엄정시행
2월 16일	일본군, 산동반도 주둔 청군을 포위 공격, 일본군 승전
1896년	
4월 17일	시모노세키조약 체결
4월 7일	독립신문 창간
7월	독립협회 창설
1897년	
2월 20일	아관파천의 광무황제 경운궁으로 환궁
10월 12일	대한제국 성립하여 원구단에서 황제 즉위 선서
11월 20일	독립문 준공기념식

으로 구획하였다. 그때 교육입국조칙敎育立國詔勅도 발포되어 한성사범학교 漢城師範學校를 비롯하여 국공립 각급학교를 설립하게 되었다. 그에 따라 새로 교과서가 편찬되고 역사편찬도 새롭게 일어났다.[22] 제3차 개혁은 제3차 김홍집내각이 명성황후를 시해한 일본공사 미우라 고로의 조종을 받으며 시행한 140여 건의 개혁을 말하는데 양력陽曆 사용과 단발령斷髮令의 실시가 대표적 사안이었다. 당시의 여론과는 맞지 않아 을미의병 봉기의 강한 저항을 받았는데 지금은 모두 양력을 사용하고 단발하고 있는 현실을 생각하면 타율의 자율화 과정을 겪은 하나의 사례로 이해해야 할 것이다.

이와 같이 오늘날의 사회문화가 어떤 것은 고대부터 자리잡은 것인가 하면, 어떤 것은 갑오경장부터 자리잡은 것이 있다. 거기서 중요한 것은 타율성의 자율화 과정이다. 자율적으로 자리잡은 것이라도 자기 우상에 빠지면 배척된다는 것을 잊지 말아야 한다. 그와 같이 문명의 성장이나 붕괴에서 제도의 우상이나 자기 우상이 이유가 될 경우가 많으므로 항상 자기와 주변을 반성하는 일에 게을러서는 안 된다. 그리고 만성적 타율성을 경계하는 의미에서 열국의 침략에 대한 방비를 게을리 해서도 안 될 것이다.

가 처음이었다. 開國紀元도 여기서 비롯되었다.

22 조동걸, 『現代韓國史學史』, 나남출판, 1998, 73쪽.

5. 대한제국의 성립과 시민운동의 대두

갑오경장이나 청일전쟁으로 조선은 열국의 침략 극복이 당면 과제로 부상하였는데, 그것은 을미사변으로 극도에 달하게 되었다. 그리하여 아관파천으로 국왕의 안전을 모색했는데 그래도 국왕이 언제까지 외국공관에 머물 수는 없었다. 그러므로 1897년 국왕이 경운궁慶運宮으로 환궁하면서 국가의 위치를 공고하게 세우고 유지하기 위하여 대한제국大韓帝國을 선포하였다. 여기에는 두 가지 뚜렷한 의미가 있었다. 하나는 국호를 조선朝鮮에서 대한大韓으로 바꾼 의미이고, 하나는 조선왕국이 대한제국이라는 황제의 나라가 됐다는 의미이다. 먼저 국호를 바꾼 것은 고조선의 마한정통설의 의식이 재현되기를 기원하는 역사의식의 소산이었다. 즉 고조선의 기자조선의 준왕이 위만의 침략을 받아 멸망할 뻔 했는데 준왕이 남분하여 금마金馬(지금의 전라도 익산군 금마면)에 이르러 마한을 일으켜 기자조선을 계승하였으니 고조선이 멸망한 것이 아니라 마한으로 일어나 다시 삼한으로 발전했다는 마한(삼한)정통설을 수용한 역사의식이다. 이러한 삼한정통설三韓正統說은 숙종조의 목재木齋 홍여하洪汝河가[23] 주창한 학설인데 그가 주창한 이래 조선후기의 통설이 되어 지식인의 역사의식을 지배하고 있었다. 그러한 조선후기 이래의 역사의식이 열국의 각축장이 되어 있는 대한제국에서 현실로 일어나기를 기원하면서 국호를 조선에서 대한으로 고쳤던 것이다.

---

23 홍여하는 부림홍씨들의 문촌인 경상북도 軍威郡 大栗里 출신인데 그는 전라도 光州 高敬命의 장자 고종후의 외손자였다. 그래서 외가를 내왕하면서 삼남지방의 역사 지리를 답사할 기회를 가지고 역사 논리를 전개한 특징을 가지고 있었다.

광무황제

그리고 전통적으로 중국 천자天子의 제후국諸侯國으로 인식하던 잘못된 버릇을 버리고 독립국의 국왕이 하늘에 제사하는 원구단[圜丘壇-天壇]을 조성하고 거기에서 대한제국 황제 즉위식을 거행하였다. 그리고 대한국제를 선포하며 연호를 광무光武라 했다. 이웃 중국이나 일본에 대해서나 세계 어느 나라에 대해서도 명실 공히 독립국으로서의 체제를 과시한 것이다.

거기에 발맞추어 양지아문量地衙門을 설치하고 전국의 토지를 측량 조사하였다. 토지조사에 이어 1901년부터는 지계아문地契衙門을 설치하고 토지의 권리증을 발부하는 지계사업을 실시하였다.[24] 이러한 광무연간의 개혁사업을 광무개혁사업光武改革事業이라 하는데, 그때 독립협회 등의 시민운동 단체가 전개한 광무개혁운동光武改革運動과 더불어 역사 발전에 기여한 바가 적지 않았다. 참고로 부연하여 이야기할 것은 이때 농민들은 동학농민전쟁과 의병전쟁에 참전했다가 의병전쟁이 일단 끝난 뒤에는 독자적으로 영학당英學黨·남학당南學黨·동학당東學黨·북대·남대 등의 조직으로 활동하다가 1901년부터는 활

24 지계아문은 1904년에 탁지부 量地局으로 이관되었다. 1898년부터 양지아문에서 실시한 토지조사대장을 光武量案이라 하는데 현재 서울대학교 규장각에서 보관하고 있다.

빈당活貧黨으로 개편하고 있었는데 이러한 농민의 산만한 조직과 운동을 묶어 광무농민운동이라 한다. 광무농민운동은 1904년부터 의병으로 전환 발전하였다.[25]

독립협회와 함께 선구적으로 손꼽히는 시민운동으로는 1898년에 이종일李鍾一을 중심한 한국민력회韓國民力會가 탄생하고 최초의 여권운동 단체로 한국찬양회韓國贊養會가 결성된 것이다. 찬양회는 최초의 민립여학교인 순성여학교順成女學校를 설립하였다.[26] 이와 같이 여권운동이 일반 시민운동과 동시에 전개되었다는 것은 주목되어야 할 것이다. 시민운동의 수준은 대단이 높았다. 1896년에 『독립신문』이 간행되었다는 것이 그것을 의미하지만 그 외에도 다음과 같이 신문 발행이 다양하게 이루어지고 있었다.

- 한성순보 : 1883년 10월 31일, 순간(통리아문 박문국博文局), 갑신정변 후 제호 변경
- 한성주보 : 1886년 1월 25일, 주간(한성순보에서 제호 변경), 1888년 7월 7일 폐간
- 독립신문 : 1896년 4월 7일, 격일간 발행하다가 후에 일간으로 변경(서재필), 1899년 12월 4일 폐간
- 협성회회보 : 1898년 1월 1일, 주간(배재학당 협성회), 동년 4월 9일 매일신문으로 바뀐 최초의 일간지, 1899년 4월 4일 폐간
- 경성신문 : 1898년 3월 2일 → 대한황성신문 1898년 4월 → 황성신문皇城新聞 1898년 9월 5일 → 한성신문漢城新聞 1910년 8월 30일~

---

25 조동걸, 「광무농민운동과 신돌석의병」, 『韓國近現代史의 探究』, 경인문화사, 2003.
26 박용옥, 『한국여성근대화의 역사적 맥락』, 지식산업사, 2001, 343~348쪽.

9월 14일

- 뎨국신문 : 1898년 8월 10일, 일간(이종일)
- 시사총보 : 1899년 1월 22일(홍중섭洪中燮), 1899년 8월 17일 폐간
- 상무총보 : 1899년 4월 14일(상무공사商務公社), 황국협회계 주도

6. 영·미 지원을 받은 일본 제국주의

일본 제국주의의 한국침략은 몇 가지 단계로 나누어 이해하는 것이 편리하다. 제1단계는 1876년 강화도조약을 성공시켜 문호를 개방한 사실이다. 제2단계는 1884년 갑신정변에 침투하여 야욕을 달성하려고 했다가 실패한 것이다. 제3단계는 그 후 10년에 갑오경장과 을미사변을 주도하여 보다 더 노골적으로 침략했던 사실이고, 제4단계가 위의 음모들이 연이어 실패하자 열국의 지원을 받으며 한국을 침략했던 사실이다. 그때의 열국으로 대표적인 나라가 영국과 미국이었다.

일본 제국주의가 영미 제국주의의 지원을 받기 시작하는 것이 구체화되는 때가 1900년 초인데 겉으로 보기에는 러시아의 태평양 진출을 막는 조처로 보였다. 영미는 러시아가 남하하자 처음에 크리미아전쟁(1854~1856)과 아프가니스탄전쟁(1878~1880)을 통해 막았다. 그러다 다시 러시아가 동북아로 나오는 것은 일본의 힘을 빌려 막으려고 했다. 그때 일본에게 대가를 주어야 했는데 그 대가가 한국 침략의 우선권을 보장해 주는 것이었다. 일본으로서는 절호의 기회였고 그것이 구체적으로 나타난 때가 1900년 초였다.

먼저 일본은 영일동맹을 맺고(1902.1.30, 제2차 1905.8.12), 러일전쟁

러일전쟁을 풍자한 영국 삽화

(1904.2.8~2.10)을 승전하는 한편, 미일협정, 즉 태프트 - 가츠라 비밀협정
으로(1905.7.29) 미국의 보장을 분명하게 만들었다. 그리고 미국의 힘을 빌
려 러시아와 강화조약 - 포츠머스조약을 체결하여(1905.9.5) 국제적 보장을
완성하였다. 그리고 한국을 침략한 것이 제4단계의 침략이었다.

국제적 보장을 받은 일본 제국주의의 한국 침략은 겉으로 보기에도 대
단이 난폭하게 추진되었다. 1904년 러일전쟁이 일어날 때 한국은 사전에
국외중립을 선언했으나,[27] 일본은 그를 무시하고 한국 내 곳곳에 일본군
을 진주시켰던가 하면,[28] 한국파견대를 편성하여 서울의 남산과 용산 일대

---

[27] 한국이 국외중립을 선언한 것은 1904년 1월 21일이었는데 일본에 전달된 것은 그보다
앞서 1903년 9월 3일이었다. 당시 주일공사 高永喜가 일본 외무대신 小村壽太郎에게 전
달한 문서가 전해 온다. 『日本外交文書』제36권 제1책, 723쪽.

[28] 金正明 편, 『朝鮮駐箚軍歷史 日韓外交資料集成 別冊』1, 巖南堂書店, 1967, 33쪽.

한국주차군과 조선헌병대사령부가 있던 남산 기슭(중구 필동). 1904년 2월 23일 늑결한 '한일의정서' 제4조에 따라 일본군 주둔지가 되었다.

에 주둔하고, 민가까지 징발하여 그들의 군영으로 개조하는 만행을 서슴치 않았다. 그때 동해안 일대에도 그들의 군영을 설치하고 독도獨島를 불법 점유했던 것이다. 그런 와중인 1904년 2월 23일에 한일의정서韓日議定書를 강제했던 것이다. 한일의정서도 체결을 반대한 탁지부대신 이용익李容翊을 납치하고 길영수吉永洙·이학균李學均·현상건玄尙健은 연금하고 늑결하였다. 이것이 어떻게 국제조약인가? 그런데 한일의정서에서 제1조에 한국정부는 일본정부의 시정개선施政改善에 관한 충고를 받아들일 것, 제4조에서는 일본정부는 군략상軍略上 필요한 지점을 임시 수용함이라고 규정하여 러일전쟁에서 필요한 지점을 점령할 수 있다고 우긴 것이다. 그리하여 서울의 필동·회현동·동자동·청파동·이태원·삼각지·이촌동 일대가 일본군의 주둔지가 되었다가 후에 일본인 거주지가 됐던 것이다. 그곳의 동쪽 끝에 위치한 영희초등학교는 일본인의 일출소학교日出小學校였고, 서쪽 끝의 용산고등학교는 일본인의 용산중학교였다.

그러니까 1904년 2월 23일의 한일의정서의 늑결부터 한국은 일본의 준 식민지로 전락한 모습이었고, 그 뒤의 그 해 8월의 한일협약이나 이듬해의 을사늑약, 1907년의 한일신협약(정미조약)이나 모두 1910년 한국병합조약으로 가는 징검다리에 불과했다.

7. 반제국주의 독립운동의 전개

반제국주의운동은 직접적으로는 일제에 대한 항전으로 나타났지만 일본 제국주의가 영미 제국주의와 결탁해 있었기 때문에 반제국주의도 그에 상응하여 국제적으로 전개되어야 했다. 그러한 측면에서 대한제국의 독립운동은 세 가지 방법으로 전개되었다. 하나는 임금이나 정부의 외교투쟁이고, 하나는 의병전쟁이었으며, 또 하나는 계몽주의운동이었다.

광무황제의 외교투쟁

외교투쟁이라면 당연히 정부에서 담당할 문제였지만 대한제국 정부 각료는 일제에게 매수되어 민족적 투쟁을 전개할 인원이 없었다. 물론 이한응 李漢應지사처럼 한일의정서가 체결된 뒤에 주권의 제약을 받게 된 것을 치욕으로 생각하여 1905년 5월 12일 멀리 영국의 런던에서 자결항쟁한 경우도 있기는 했지만, 각료에는 정신이 마비된 사람이 많아 정부가 제대로 운영되지 못하고 있었다. 그리하여 임금이 외롭게 항전하지 않으면 안 되었다. 1894년 7월 일본군이 경복궁에 난입하여 횡포를 자행할 때 임금은 삼남지방에 밀지를 발부하여 근왕병의 봉기를 종용한 이후,[29] 밀지를 받은

---

29 李晩燾, 『響山文集 年譜』 甲午9월조.

헤이그 특사 이준, 이상설, 이위종의 모습

이가 많았다. 유인석柳麟錫·최익현崔益鉉·김도현金道鉉·이은찬李殷瓚·이강년
李康秊·임병찬林秉瓚 의병장이 그들이다. 광무황제의 밀지를 받은 지사들은
생명을 내걸고 항전하여 대한제국 마지막을 꽃답게 장식하였다.

그런 가운데 1907년 헤이그에서 만국평화회의가 열린다는 소식을 듣고
광무황제는 거기에 마지막 희망을 걸고 이상설李相卨·이준李儁·이위종李瑋
鍾을 밀파하였다. 광무황제는 이들에게 특히 을사늑약乙巳勒約이 비준하지
않은 사실을 알리며 일본의 불법을 고발케 하였다. 그런데 헤이그회의는
제국주의 조종회의였으므로 한국 대표는 회의장에 입장이 거부되어 뜻을
이룰 수가 없었다. 이에 격분한 이준이 단식 끝에 자정한 사태가 일어났
다. 그때 일제는 광무황제가 지금이라도 을사늑약을 비준할 것을 요구했
으나 광무황제는 일언지하에 거절하였다. 그로 말미암아 광무황제는 왕위

에서 밀려나고 융희황제가 즉위하였다. 그와 같이 광무황제는 왕위에 연연하지 않고 나라를 지키려고 노력한 임금이었다.

의병전쟁의 전개

의병전쟁은 1894년에 안동에서 시작하였으나 여러 번 해산과 재봉기를 거듭하다가 1904년 활빈당을 중심으로 한 광무농민운동이 의병으로 전환 발전하면서 본격화되었다. 그것을 시기별로 보면 다음과 같이 다섯 단계의 의병전쟁이 겉모습은 모두 달랐지만, 그 속에 흐르는 중심 사상은 다 같이 인간의 양심과 사회정의였다.

전기 의병(1894~1896년)　　1894년 일본군이 경복궁에 난입하는 행위 등에 격분하여 일어난 의병으로 안동과 상원에서 서상철과 김원교의 항전이 있었다. 모두 근왕병의 성격을 지닌 의병으로 이해된다. 이듬해에는 을미사변과 단발령에 항거하여 일어난 을미의병의 봉기가 있었는데 전국적이었다. 성격은 근왕병적인 경우와 척사의병의 경우가 혼재하였다.

중기 의병(1904~1907년)　　1904년 한일의정서의 강제에 반발하여 활빈당을 중심한 광무농민운동이 의병으로 전환 발전한 경우를 시작으로 이듬해 을사늑약에 항거한 유림의병의 봉기로 전국에서 의병전쟁이 전개되었다. 대표적인 진용은 민종식·이남규의 홍주의병, 최익현·임병찬의 신태인의병, 기우만·기삼연의 장성의병, 정용기·정환직의 영천의병, 이상룡·박경종의 가야산의병, 신돌석의 영해의병 등이었다.

후기 의병(1907~1909년)　　1907년 헤이그특사사건, 정미조약과 군대해산 등으로 망국사태가 전개되자 해산군인이 의병으로 봉기한 것을 계기로 전국에서 의병전쟁이 격렬하게 전개되었는데 국민전쟁의 성격을 띠면서 국가주의 의식을 크게 확산시켰다.

전환기 의병(1909~1915년)　유인석·이범윤·안중근의 경우처럼 의병이 독립군으로 전환한 것을 의미한다. 1910년 대한제국이 멸망한 뒤에 국내에서는 소규모의 유격대의병이 항전하였고, 아니면 해외로 이동하여 독립군조직을 발달시켰다.

말기 의병(1915~1918년)　일제강점하에서 독립군으로 전환하지 못한 잔류의병이 3·1혁명 때까지 항전한 경우를 말한다. 대한광복회가 칠곡의 장승원, 도고의 박영만, 보성의 양재성, 벌교의 서도현을 처단하듯이, 거의 의열투쟁으로 항전하였다. 그러다가 3·1혁명 후에 모두 대한제국이 아니라 대한민국의 독립군으로 발전하여 불후의 업적을 쌓았다.

계몽주의 운동의 전개

대한제국의 구국운동은 의병전쟁이 전개된 한편, 시민적 지식인에 의해서 계몽주의운동이 전개되었는데 계몽주의운동은 1904년 국민교육회가 결성되면서 비롯되었다. 대한제국의 지식인의 행로를 보면 개항을 전후하여 개화운동을 전개하다가 1894년부터 개혁운동을 전개하고 1904년부터 계몽운동을 전개하는 발전과정을 밟는다. 계몽주의는 어느 나라에서나 근대 초기에 일어나던 사상인데 공통적인 것은 근대주의近代主義를 표방했다는 사실이다. 그 다음에는 그 나라의 역사적 조건에 따라 특수 사상을 일으키는데 대한제국에서는 사회진화론社會進化論과 국학민족주의國學民族主義를 추구하는 것이었다. 그러한 계몽주의 단체는 1904년의 국민교육회에 이어 1907년의 대한자강회와 그를 계승한 신민회와 대한협회였다. 그때 계몽주의가 강경론과 온건론으로 분화하여 공화주의를 제창한 신민회는 강경론을 추구했고, 입헌군주론을 제기한 대한협회는 온건론자였다고 하겠다. 이러한 이론상의 차이는 독립운동 이론 발전에 기여한 바가 컸으므로 주목하여야 한다.

8. 자주개혁의 좌절과 대한제국의 멸망

대한제국의 자주개혁이 분화하거나 차질을 빚고 있을 때 일본 제국주의가 침략하여 대한제국은 멸망의 위기를 맞게 되었다. 일본 제국주의는 열국 제국주의의 지원을 받으며 1910년에 한국을 식민지로 강점하였다. 그리하여 대한제국은 멸망했는데 거기에는 무엇보다 세계 제국주의 질서가 역사를 그르친 주범이라고 보아야 할 것이다. 19세기 세계의 역사는 제국주의 역사였다. 그러므로 제국주의가 일차적 죄인이고 다음이 각국의 특수현상이었다. 제국주의의 죄과가 축적하여 1914년 제1차 세계대전을 일으켰고, 그의 반성과 수습이 미진하여 1939년 제2차 세계대전을 겪어야 했다. 그리고 대한제국은 보다 더 악랄한 일본 제국주의의 침략을 받고 있었다. 1895년의 을미사변을 보아도 일본은 남의 나라 궁전에 난입하여 왕비를 죽이고 시신을 태워 흔적을 감추었다. 그런 잔인한 수법은 일제강점기에 계속되었다. 1919년 3·1혁명 때나 1923년 관동대지진 때도 그들은 조선 사람을 미친 듯이 잡아 죽이면서 그들이 당하고 있는 공포감을 희석시키는 짐승들처럼 사람의 세상에서는 유례를 찾기 힘든 일본 제국주의였다.

　상대는 그렇다고 해도 대한제국은 자신을 반성해야 한다. 자주개혁이 실패한 원인은 무엇이었던가? 무엇보다 갑신정변이나 갑오경장에서 보듯이 혁명을 추진하면서 혁명의 대중적 기반을 외면하고 힘의 약점을 외세에 의지하여 충당하려고 했다. 외세는 이용해야지 의지하면 그것이 화근이 된다는 평범한 원리를 의식하지 못하였다. 그래서 그 외세인 일제가 조선을 침략하지 않았던가? 그러한 과오는 그때에 한정되는 것이 아니다. 현재도 미래에도 존재할 과오이므로 항상 경계해야 할 오류이다. 그러므로 혁명이나 개혁은 언제나 자체의 대중적 기반 위에서 추진돼야 하는 것이다. 그 역사적 교훈은 20세기 후반 한국의 민주화운동에서 그대로 나타나고 있지 않았는가? 한국의 민주화는 개항 당시처럼 서양의 대포나 맥아더 헌법이 마련해 준 것이 아니라 4·19혁명 이래 한국 민중의 꾸준한 민주화운동이 축적하여 이룬 민주화이다. 그와 같이 자신의 아래로부터 민주화의 힘을 받아 이룬 민주화의 역사는 아시아에서 한국 뿐이다.

일본 제국주의의 한국 강점과
한국인의 독립운동

1. 일제의 강점과 식민통치의 기조

제국주의 국가들이 식민지를 개척할 때를 보면, 상업 자본주의와 산업 자본주의 시기로 나뉘어 진행된 것을 알 수 있다. 16세기부터 18세기 중반까지의 상업 자본주의 시기에는 포르투갈·스페인·네덜란드가 앞장서서 아메리카 대륙을 점령한 후 아시아로 몰려왔고, 18세기 후반에 산업혁명을 치룬 산업자본주의 시기에는 영국·프랑스·벨기에·독일·이탈리아에 이어 러시아와 미국도 합류하여 아시아에 대한 침략을 강화하면서 아프리카를 갈기갈기 분할 점령하였다. 그러다가 영국의 종단침략과 프랑스의 횡단침략이 1898년 파쇼다에서 충돌한 이른바 파쇼다사건을 일으켰다. 그리하여 19세기와 20세기 제국주의 전성기를 맞았던 것이다.

그때 아시아 국가로서 서양 제국주의의 앞잡이가 되어 제국주의 국가로 등장한 나라가 있었는데 그것이 일본이었다. 처음에는 일본도 서양 제국주의의 침략을 받아 아시아 연대론까지 제창하며 제국주의에 저항하였다. 그런 일본이 역행하여 서양 제국주의와 함께 탈아론脫亞論을 내세워 아시아를 침략해 아시아인을 놀라게 했는가 하면 서양 제국주의의 일원으로 자처하며 그것이 문명으로 가는 길이라 착각하고 있었다.

일본은 1876년부터 조선을 침략하여 1904년부터는 식민지로 만들려고 해서 1910년에 한국은 일본의 식민지가 되고 말았다. 한국인은 그래도 일본이 한국을 강점하리라 생각하지는 않았다. 전통적 교린관계를 유지할 것으로 생각하였다. 그것은 한국인의 착각이었다. 일본이 정신적으로 아시아를 떠나 유럽이 되고 있는 것을 알지 못했다. 그것을 안 것은 1904년 한일의정서를 강제한 때인데 그때는 일본이 제국주의에 취해 있을 때로 일본의 진의를 알았다고 해도 이미 늦었다. 그때도 이광수처럼 한일의정서를 한일공수동맹으로 착각한 지성 지각생이 있기는 했지만, 그 지성 지각생으로 말미암아 을사늑약을 만들고 1907년에는 한일신협약(정미조약)으로 망국사태를 만들고 끝내는 1910년에 대한제국을 멸망시키고 말았던 것이다. 그리하여 오늘날 서울의 퇴계로 일대와 충무로가 대화정大和町과 본정本町이라는 일본인 거리로 조성되어 밤낮 없이 일본 노래가 퍼지고 있었다.

일본 제국주의는 한국을 강점한 후 소위 '칙령'으로 국호를 조선으로 고치고 조선총독부朝鮮總督府를 설치하였다. 조선총독부는 처음에 남산 기슭에 있었는데 1926년에 경복궁 입구를 헐고 새 청사를 마련하여 옮겼다. 아울러 조선귀족령朝鮮貴族令을 발포하여 76인의 대한제국 고관을 식민지 귀족으로 만들어 평생 연금을 받게 하였다. 역시 칙령으로 임시토지조사국臨時土地調査局 관제와 총독부령인 제령制令으로 회사령會社令을 공포하여 식민지 경제의 틀을 짰다. 그리고 1911년 조선교육령朝鮮敎育令으로 식민교육, 즉 민족동화교육의 기초를 정비하였다. 그와 함께 조선재판소직원령朝鮮裁判所職員令, 범죄즉결례犯罪卽決例, 조선태형령朝鮮笞刑令, 조선민사령朝鮮民事令, 조선형사령朝鮮刑事令, 조선감옥령朝鮮監獄令으로 사법체제를 완비하였다.

조선총독은 조선에서 입법·사법·행정을 장악하고 총독 밑에 관방장관

1926년 완공 직후의 조선총독부 모습

을 비롯하여 총무국·내무부·탁지부·농상공부·사법부·경무총감부를 두고 974명의 관리가 배치되었다. 그와 별도로 철도국·통신국·세관·임시토지조사국·전매국·영림창의 경제수탈업체와 중추원과 취조국의 자문기구를 두었다. 지방은 종래 317군 4351면을 폐합하여 1914년에 12부 218군 2517면으로 구획하였다.

총독은 일본 국왕[천황天皇]의 직속으로 3권을 장악하고 육해군 통수권을 행사한 육군대장이 부임하였다. 조선총독을 정치적으로 보좌한 정무총감政務摠監은 민간 정치인으로 충당하였다.[30] 이러한 조직을 동원하여 감행한 식민통치의 기조는 다음과 같았다.

- 황도주의의 기초사상과 군국주의의 강요
- 본국인의 생활경제에 직결시킨 식민지 경제수탈

30 김운태,『개정판 日本帝國主義의 韓國統治』, 박영사, 2002, 148쪽.

- 민족동화를 위한 식민문화 건설
- 수탈이익의 극대화를 위해 직접통치
- 식민성 봉건체제의 형성으로 근대적 발전을 차단
- 다액의 통치비용 지출

항목별로 보면, 먼저 일제는 일본 제국주의의 특징이기도 한, 황도주의皇道主義와 군국주의軍國主義를 강요하고 있었다. 황도주의는 일본 국왕은 2,600년 전에 신의 아들인 진무덴노神武天皇에서 시작하여 변화 없이 꾸준하게 이어져 오늘에 이르렀으므로 일본인은 누구나 그 위대한 신과 '덴노天皇'이즘을 믿고 신앙하라는 것이었고, 아울러 2,600년간 군사통치로 안전하게 나라를 유지해 왔으므로 그러한 '사무라이武士'의 군국주의에 충성을 바치라는 것이다. 그 논리와 신앙은 일제강점기에 강화되어 오늘날 야스쿠니진자靖國神社 참배에서 보듯이 황도주의와 군국주의가 밀착하기에 이르고 있는 것이다.

다음에 식민지 조선의 조건보다 본국인의 생활경제에 직결시킨 식민경제를 조성하여 수탈이 악랄했다. 1910년 식민지를 만들자마자 조선토지조사사업을 일으켜 수탈을 위한 기반을 조성하고, 1920년대에 산미증식계획이라 해서 다양한 전작 농업을 논농사 - 쌀농사로 일원화했는데 그것은 수탈을 용이하게 하면서 본국의 쌀 수요를 충족시켜 주는 것이었다. 그리하여 1930년대에는 쌀값 파동에 대처하여 농촌진흥운동이라 해서 자체적으로 극복을 강요하는 한편, 만주사변滿洲事變을 일으켜 식민지 확장을 획책하고, 1940년대에 증미계획을 추진하였다. 그러한 식민지 농업으로 말미암아 조선의 다양한 밭농사로 특용작물 재배의 기회를 박탈하여 그 후유증이 오늘날까지 한국경제의 발목을 잡고 있는 것이다.

남산 중턱에 위치한 조선신궁

　일제는 조선을 영구 식민지로 만들기 위하여 민족동화를 계획하고, 이를 실현하기 위하여 식민문화를 건설해 갔다. 식민문화는 식민교육으로 조성했는데 식민교육은 우선 초등학교 아동부터 외국어인 일본어를 사용하게 1학년에 일본어 시간을 주당 6시간을 부과하였다. 조선어 시간은 주당 2시간을 배당하고 일본어는 '국어'라 하여 매일 부과했다. 세계 어느 나라 교육에서 초등학교 1학년에 외국어 교육을 주당 6시간이나 부과했는가? 유례가 없는 식민교육이었다. 그리고 일본노래와 일본역사를 가르쳐 일본사람을 만들어갔다. 그래야 조선이 일본의 오키나와沖繩나 홋카이도北海道처럼 영구 식민지가 되는 것이다. 그것은 민족말살이었다. 조선민족을 영원이 없애는 정책이었다. 일제강점기 종말에 창씨개명을 강요하고 모든 가정에 일본 신사 모형인 '가미다나神柵'를 설치하게 했던 것이 조선민족이

조선신궁에서 내려다 본 용산 일본인 시가지

사라져 가던 모습이었고, 그것을 노린 일본 제국주의였다. 그를 위하여 식민사학植民史學을 개발하고 교육하였다. 식민사학은 민족의 동조동근론同祖同根論, 조선역사의 타율성론他律性論, 정체성론停滯性論으로 꾸민 것인데 그것을 위하여 1915년부터 반도사편찬사업半島史編纂事業을 일으켜 1925년부터는 조선사편수회朝鮮史編修會를 결성하여 작업을 했다.

네 번째로 영국이 인도를 통치하고 프랑스가 동남아를 통치하고 스페인과 포르투갈이 중남미를 통치하듯이 간접 식민통치하는 것이 아니라 시골 경찰지소나 산골학교까지 일본인을 배치하여 관할하듯이 직접 식민통치를 했다. 그래야 수탈을 극대화할 수 있고, 민족동화를 달성할 수 있다고 생각한 것이다. 일제강점기 시골에 가면 일본인 순사와 일본인 교원이 모여 있는 광경을 얼마든지 발견했던 것이 직접통치가 빚은 모습이었고, 일본 제국주의는 그 광경이 전국적으로 확산되는 것을 노렸다. 식민지 개척의 선두주자였던 이토 히로부미가 1909년 한국중앙농회에서 밝힌 바에 의하면 200만 일본인의 농업이민을 계획하고 있었다. 그때 한국 인구가 1,300만 명이었으니 6.5 : 1의 일본인 이주를 구상했던 것이다.

다음에 다섯 번째로 대한제국이 멸망할 때가 봉건체제가 해체되고 있을 때였는데 그때 일제 식민지로 전환하고 일제는 해체되어 가던 봉건체제를 정지시켜 옹호했으므로 식민성 봉건체제가 형성되었다. 따라서 식민지 사회에서 양반봉건체제와 봉건사회문화가 보호되어 근대적 발전을 저해했다. 심지어 일제강점기에 봉건적 반동이 일어났던 사례까지 있었다.

마지막 여섯 번째로 이상과 같은 식민통치의 강행으로 통치 비용이 과다하게 지출된 것이 특징이었다. 그런데 이것을 개발비로 착각한 경우가 있는데 개발을 위한 지출이 아니라 수탈을 위한 지출이라는 점에 주목해야 할 것이다.

그러한 식민통치의 기조 위에서 시기별로 보면 시기마다 특징이 있다. 일제가 제국주의를 추구한 뒤에 1869년에 홋카이도를 영토에 편입하고, 이어 1879년에 유구琉球를, 1895년에 타이완臺灣을, 1905년에 랴오둥반도[요동반도]와 사할린樺太을 병합했었다. 그리고 1904년부터 대한제국에 대한 침략을 본격화하였다. 그러므로 조선에 대한 식민통치시기를 1904년으로 보는 설이 있을 수 있다. 그리고 1905년 11월 17일 을사늑약이 강제되고 을사늑약에 따라 일본국왕의 칙령 267호로(1905년 12월 21일) 통감부 설치가 공표되어 1906년 2월 1일 조선군사령관 하세가와 요시미치長谷川好道가 임시 통감을 맡아 일하기 시작한 때부터 식민통치기로 보아야 한다는 주장이 있을 수 있다. 그러나 대한제국의 이름까지 없어진 것은 1910년 8월 29일이고 그때 조선총독부가 설치되었으므로 1910년대설을

주장하는 경우가 많다. 여기서도 일단 1910년대설을 따라 생각해 보기로
한다.

시기별 특징을 추적해 보면, 식민통치 초기인 1910년대는 조선총독부
를 설치하고 전국을 도道·부府·군郡·읍邑·면面으로 구획하여 식민통치하
는 행정조직을 정비하고, 토지조사사업으로 식민지 지주가 지배하는 사회
경제체제를 완비하였다. 그리고 조선교육령에 따라 초·중등학교를 설립
하여 식민교육으로 조선인을 일본인이 되게 교육하고, 전국 각군에는 일
본의 하느님인 천조대신天照大神을 모신 신사神社를 세워 조선 사람이 우러
러 믿게 만들었다. 이러한 식민지 정치·행정·사회·문화 조직을 어떻게
운영하는가는 식민통치의 내용에 따라 달랐지만, 그의 기반 조성은 초기
에 끝내었다. 기반 조성 방법은 무단으로 감행했는데, 그때 일제는 교원
도 무장하고 교실에 들어갈 정도의 무단통치를 필요악으로 주효했다고 말
하고 있었다. 즉 1910년대는 식민통치가 뿌리 내린 것은 아니어서 안전이
위협받아 무단통치했다는 것이다.

중기인 1920년대는 1919년 3·1혁명으로 일제의 무단통치가 봉쇄당
하여 문화정치를 했다는 시기인데 실제는 경찰을 증원하고 감옥을 더 짓
고 1925년부터 중학교에 군사훈련을 실시하는 등, 오히려 무단통치를 강
화할 수 있도록 바꾸어간 시기이기도 하였다. 그리하여 1920년에는 만주
의 조선인 거주 촌락을 습격하여 이른바 경신참변庚申慘變[간도참변]을 일으
키고, 일본인 깡패 나카노 덴라쿠中野天樂로 하여금 서울의 천우당약방天祐堂
藥房에서 독가스를 만들게 한 후 만주에 독가스를 살포하여 조선인을 죽였
던가 하면, 1923년에 도쿄東京를 비롯한 관동지방關東地方에 지진이 일어났
을 때 조선인이 불을 질러 참상을 입게 되었다고 거짓말을 퍼뜨려 조선인
을 무차별 학살한 그것이 소위 문화정치 하에서 자행된 현실이었다. 그러

니까 문화정치라는 것은 거짓이었다. 1925년에 치안유지법이 공포된 것만 보아도 거짓이라는 것을 알 수 있다. 1929년에 원산노동파업이 일어나고, 용천 소작쟁의가 격렬하게 전개되고, 광주학생운동이 전국학생운동으로 확대될 때 식민지 경찰이 얼마나 잔인하게 탄압했던가?

1920년대는 1910년대에 식민통치의 기반을 완성한 뒤이므로 식민지 관료조직을 통하여 수탈한 시기였고, 식민지 지주 소작관계를 이용하여 수탈한 시기였다. 1920년대는 1차 세계대전의 전후 경제공황의 시기로 식민지 조선에도 경제공황이 심각하게 닥치고 있었다. 그러므로 독립운동도 사회경제운동으로 전개된 경우가 많았는데 일제는 그것을 비례세제比例稅制로 타격을 주고 있었다. 그리고 산미증식계획을 강행하여 곳곳에 수리조합을 만들고 밭을 논으로 바꾸어 쌀 생산고를 높여갔다. 그리하여 일본 본국인의 쌀 수요를 만족시켜 갔다. 그러나 밭을 이용한 특용작물의 재배는 포기하지 않으면 안 될 한국 농촌이 되었던 점은 잊지 말아야 할 것이다.

후기인 1930년대는 일제가 만주사변을 일으키고 몽골을 침략하던 시기였다. 그에 따라 일제는 조선에 병참기지를 조성했다. 일제는 경제공황을 극복하려고 군국주의 체제를 강화하고 새로운 식민지를 건설하여 탈출구를 찾으려고 군부가 주도하여 평화주의 정치인을 암살하고 만주를 침략하기 시작한 것이다. 이와 같은 정책은 일본뿐만 아니라 후진 자본주의 국가인 독일·이탈리아·스페인도 추구하던 정책인데 그로 말미암아 2차 세계대전을 일으키게 되었지만, 경제공황에 대하여 선진 자본주의 국가들은 리마선언이나 오타와선언으로 국제경제권을 형성하여 극복해 갔다. 거기에 끼지 못한 후진 자본주의 국가들은 군국주의 독재를 강화하고 이디오피아나 만주를 침략하여 극복방안을 찾으려고 했다. 그리하여 세계적으로 침략 영웅으로 새로 등장한 인물이 스페인의 프랑코, 독일의 히틀러, 이탈리아의 무솔리니, 일본의 도죠 히데키東條英機였다. 일본이 만주사변을 일으켰던 그때, 식민지 조선에 대해서는 만주사변을 지원하는 군수산업을 담당하는 등 병참기지의 구실을 강요했다. 그러므로 독립운동도 그에 상응하게 반전운동으로 전개했던 것이다.

다음은 말기로서 1938년부터 1945년까지의 기간이다. 일제가 1937년에 중일전쟁을 도발하고 그 1주년인 1938년 7월 7일에 국민정신총동원조선연맹國民精神總動員朝鮮聯盟을 결성했는데 거기에 기대하기 전인 그 해 5월에 국가총동원법國家總動員法을 발포하였다. 그야말로 무엇이라도 동원한다는 법이었다. 그것을 모법으로 임금통제령賃金統制令, 직업이동방지령職業移動防止令, 소작료통제령小作料統制令, 양곡통제령糧穀統制令, 금속회수령金屬回收令 등이 나오고, 징용·징병·징발·일본군 '위안부'·근로봉사 등이 강요되었다. 그때가 얼마나 심각했던가는 1926년에 준공한 세종로의 조선총독부의 철책 울타리를 헐어 돌벽 담을 쌓고, 가정마다 철물 그릇을 공출하여 사기그릇을 사용했던 것이나, 교회당 종을 헌납했던가 하면, 1944년에는 미곡수확량의 64%를 공출한 사실을 보아도 알 수 있는 일이었다. 마지막에는 창씨개명을 강요했고, 수업폐지령으로 학생이 학교에 가지 않고 근로봉사장에 가서 여의도비행장을 닦고, 장충단을 넘는 길을 닦았다. 필자도 그때 중학교 1학년인데 장충단 고갯길을 닦는데 동원되고 있었다. 그런데 거기에 일본인 학교였던 용산중학교 학생도 동원되었는데 그들에게는 점심으로 건빵 15개를 주고 조선학생에게는 그의 절반을 주었다. 이것이 어떻게 교육인가?

2. 조선의 독립운동 전개와 의의

한국독립운동은 1894년 7월 23일 일본군이 경복궁을 점거하자 안동과 상원에서 의병이 일어나 일본군 타도의 기치를 올리면서 시작하여 1945년 8월 15일 일본이 항복할 때까지 60년간 계속하였는데 먼저 그 특징을 보면 다음과 같았다.

① 역사적 전통의 기반 위에서 독립운동이 전개되었다.

② 근대화를 추진하면서 독립운동을 했다.

③ 독립운동 주체세력으로 보면 각계각층의 사람이 참가하였는데 점점 대중화하여 아래로부터 이룬 독립운동이었다.

④ 이념과 방략이 다양한 것이 특징이었다.

⑤ 독립운동의 사상이 다양했더라도 그것이 분열을 나타내면 통일전선을 추구했던 것이 특징이다.

⑥ 독립운동은 무력항쟁을 본류로 하여 격정적으로 전개되었다.

⑦ 온건한 문화운동으로도 전개되었다.

⑧ 1894년부터 1945년까지 꾸준히 전개된 시간의 연속성을 특징으로 한다.

⑨ 국내뿐 아니라 아시아·아메리카·유럽·아프리카·오세아니아 등 세계 곳곳에서 전개되었다.

⑩ 독립운동의 보상은 뜻밖에 미약하였다.

해방된 한국은 분단 조국이었다. 그 이유는 무엇일까? 위에서 나열한 열 가지의 특징들을 하나하나 검토하면서 반성해 보기로 하자.

① 한국독립운동은 전통사상과 역사 위에서 전개한 것이 특징이라고 했는데 그것은 아프리카처럼 신생국가가 아니라 한국의 독립은 수천년의 역사를 광복한 독립이라는 뜻이다. 그러므로 한국독립운동은 새로운 역사의 창조가 아니라 구시대 역사의 회복인 것이다.

② 다음에는 근대화를 추진하면서 독립운동을 전개한 특징인데 그것은 한국이 근대화를 추진하고 있는데 일본 제국주의가 편승하여 한국을 식민지로 만들었기 때문에 한국은 본래의 근대화를 독립운동과 동시에 추진해야 했던 것이다. 그것이 일제의 강점으로 말미암아 봉쇄당하거나 지연되고 있었으므로 그것을 바로 잡고 빨리 추진할 민족사적 책임이 있었다. 그리하여 광복 한국은 민주공화국으로 독립한 것이다. 1948년에 대한민국을 수립했는데 민주공화국으로 독립하였다. 그것을 어디에서 배웠던가? 1919년 대한민국임시정부 헌장에서 배운 것이다. 그리고 양반 상놈 없이, 남녀노소 차별 없는 사회를 표방한 것도 독립운동을 통해서 배운 사상이었다. 종합해서 말하면 독립운동을 통해 근대화가 달성된 것이다.

③ 독립운동은 각계각층의 사람이 가담하여 전개했는데 점점 대중화가 진행되어 아래로부터 전개한 독립운동으로 발달한 것이 특징이다. 그리하여 현대사에서 아래로부터 달성한 민주화의 역사를 장식한 것이다. 이것은 아시아에서 대개의 나라와 민족이 맥아더헌법을 인수하듯, 주어진 독립, 주어진 민주화를 이룬 것과 다른 한국만의 특징이요, 영광이기도 하다.

④ 각계각층의 인원이 참가한 독립운동이었으므로 이념과 방략은 다양하였다. 그리하여 1919년 3·1혁명에서 선언서마다 인도주의를 제창한 후, 인도주의의 실현 방안으로 자유주의·사회주의·무정부자치

주의를 표방했던 것이다. 이때 사상의 다양화를 분열로 볼 것이 아니라 누구는 국밥을 좋아하고 누구는 비빔밥을 좋아하듯, 꽃밭에 여러 가지 색깔의 꽃을 피우듯, 아름다운 삶의 현상으로 이해해야 할 것이다.

⑤ 이념과 방략의 차이가 분열로 나타나면 그때는 1926년 국내외에서 유일당운동이 일어났듯이, 1927년 신간회가 결성됐듯이, 통일전선의 형성으로 극복한 것이다.

⑥ 독립운동이 독립전쟁을 주류로 추진하여 격정적으로 전개한 특징이 있었는데 그것은 전반적으로 비타협노선을 추구하고 민중운동이 발달한 가운데 얻은 성과이기도 했다. 그리하여 타협노선의 추구는 민족적 의미를 가질 수 없었다.

⑦ 그런 가운데에서도 국학운동이 민족문화운동으로 추진되었다. 그것은 일제의 민족말살정책에 대응한 민족보존운동으로 전개한 것이다.

⑧ 한국독립운동은 1894년부터 1945년까지 60년간 단절 없이 지속적으로 전개한 특징을 가지고 있었다. 이것은 세계에서 유일한 경우로 민족적 긍지이기도 하다.

⑨ 한국독립운동은 국내에서만 전개된 것이 아니라 세계 곳곳에서 전개한 특징을 가지고 있는데 이것은 그 만큼 적극적으로 전개되었다는 것을 의미했다.

⑩ 그렇게 적극적이요, 다양하게 전개한 한국독립운동인데 1945년 해방될 때 그의 보상은 분단 조국이었으니 만족할 수준의 것이 못 되었다. 그것은 독립운동에 이유가 있는 것이 아니라 미국과 소련의 패권주의에 이유가 있었다. 전쟁 후의 문제를 협의한 1945년 2월 4일의 얄타회담에 모인 처칠·루즈벨트·스탈린이 다 함께 치매를 앓고 있

알타회담 때의 영·미·소 세 영수(처칠·루즈벨트·스탈린)

어 인간의 길을 지키지 못했다고 한다. 그 결과 한국도 분단되는 등 크게 손해를 본 것이다.

한국독립운동으로 1945년 8월 15일 일본의 항복과 더불어 해방된 한국은 당연히 독립하는 것이 원칙이었다. 그리고 일본은 그에 상응한 손해배상을 부담해야 했다. 그것이 1952년 샌프란시스코 강화회의에서 명시되었거나 1965년 한일협정에서 밝혀져야 했다. 그런데 어디에서도 실현되지 못하였다. 그것은 당시의 집권자의 중대한 실수였다. 1952년의 집권자 이승만정부는 그것을 챙길만한 능력도 없었지만, 집권연장을 위한 정치파동을 일으키느라고 샌프란시스코 강화회의를 돌볼 여유도 갖지 못했다. 1965년의 박정희 정부는 청구권 협상에 의한 돈 받아오기가 바빠 민족문

표 1 한국독립운동의 시기별 특징

시 기	특 징	내 용	비 고
1876~1910년 구국운동기	종속해방운동	의병전쟁 계몽운동	
1910년대 독립운동 정비기	망명촌 건설 독립군기지건설	만주와 연해주 동포사회의 활동	하와이 동포 동참
1920년대 민족 총력 항쟁기	정치·경제·사회·문화 각 방면의 독립운동 전개	재만독립군의 독립전쟁 임시정부의 정치투쟁 국내동포의 사회문화운동	독립운동 중심지는 만주였다.
1930년대 독립운동 민중화시기	노동운동·농민운동·학생운동의 발달, 국학민족주의의 고양	혁명적 노농운동조직의 발달, 조선어학회·진단학회 결성	
1938~1945년 독립전쟁기	독립전쟁과 독립군 지원활동	한국광복군과 조선의용군의 활동, 88여단의 조선인부대의 활동	일본군 한인병사의 탈출, 탈출병사에 의한 게릴라 활동, 조선어학회사건

제는 생각하지 않는 과오를 저지르고 말았다.

그런 과오를 한일 지식인은 잘 알고 있다. 그리하여 2010년 5월 10일 한일 양국 지식인 213명이 '한국병합 100년을 맞아 그것은 원천무효였다 (Null and void)'라고 선언한 것이다. 거기에는 일본 지식인도 104명이 참가하였다.[31]

한일 지식인 213명의 선언서

1910년 8월 29일, 일본제국은 대한제국을 이 지상에서 말살하여 한반도

---

31 2010년 5월 10일 한일지식인 213명의 성명서 참조.

를 일본의 영토에 병합할 것을 선언하였다. 그로부터 100년이 되는 2010년을 맞이하여 우리들은 그 병합이 어떻게 이루어졌던가, '한국병합조약'을 어떻게 보아야 할 것인가에 대하여 한국, 일본 양국의 정부와 국민이 공감하는 인식을 확인하는 것이 중요하다고 생각한다. 이 문제야말로 두 민족 간의 역사문제의 핵심이며, 서로의 화해와 협력을 위한 기본이다.

그간 두 나라의 역사학자들은 일본에 의한 '한국병합'이 일본 정부의 장기적인 침략정책, 일본군의 거듭된 점령 행위, 명성왕후 살해와 국왕과 정부요인에 대한 협박, 그리고 이에 대한 한국인들의 항거를 짓누르면서 실현시킨 결과란 것을 명백히 밝히었다.

근대 일본국가는 1875년 강화도에 군함을 보내 포대를 공격, 점령하는 군사작전을 벌였다. 이듬해 일본측은 특사를 파견, 불평등조약을 강요하고 개항시켰다. 1894년 조선에 대규모의 농민봉기가 일어나 청국 군이 출병하자 일본은 대군을 파견하여 서울을 장악하였다. 그리고 왕궁을 점령하여 국왕, 왕후를 가두고 이어 청국 군을 공격하여 청일전쟁을 일으켰다. 한편으로 이에 대항하는 한국의 농민군을 무력으로 진압하였다. 청일전쟁의 승리로 일본은 청국세력을 한국에서 몰아내는 데 성공하였지만 삼국간섭三國干涉으로 승전의 대가로 획득한 요동반도를 되돌려 놓게 되었다. 이런 결과에 부딪혀, 일본은 그간 한국에서 확보한 지위마저 잃게 될 것을 우려하여 국왕에게 공포감을 주고자 왕비 민씨를 살해하였다. 국왕 고종이 러시아 공사관에 보호를 구하게 되자 일본은 러시아와 협상을 통해 사태를 수습하려 들게 되었다.

그러나 의화단義和團 사건으로 러시아가 만주를 점령하게 된 후, 1903년에 일본은 그 대신 한국 전토를 일본의 보호국으로 하는 것을 인정할 것을 러시아에 요구하였다. 러시아가 이를 거절하자, 일본은 전쟁을 결심하고

1904년 전시戰時 중립을 선언한 대한제국에 대규모의 군대를 진입시켜 서울을 점령하였다. 그 점령군의 압력 하에 2월 23일 한국 보호국화의 제1보가 된 '의정서'의 조인을 강요하였다. 러일전쟁은 일본의 우세승으로 결말이 나고, 일본은 포츠머드 강화조약에서 러시아로 하여금 한국에 대한 일본의 지배를 인정하게 하였다. 이토 히로부미伊藤博文는 곧바로 천황의 특사로 서울로 와서 일본군의 힘을 배경으로 위협과 회유를 번갈아 1905년 11월 18일에 외교권을 박탈하는 '제2차 한일협약'을 체결시켰다. 의병운동이 각지에서 일어나는 가운데 고종황제高宗皇帝는 이 협약은 강제된 것으로 효력이 없다는 친서를 각국 원수元首들에게 보내었다. 1907년 헤이그 평화회의에 특사를 보낸 일로, 통감 이토 히로부미는 이에 대한 고종황제의 책임을 물어 그의 퇴위를 강요하고 군대를 해산시켰다. 이와 동시에 7월 24일에 '제3차 한일협정'를 강요하여 한국의 내정에 대한 감독권도 장악하였다. 이러한 일본의 침략에 대하여 의병운동이 크게 일어났지만, 일본은 군대, 헌병, 경찰의 힘으로 탄압하다가 1910년에 '한국병합'을 단행하게 되었던 것이다.

이상과 같이 '한국병합'은 대한제국의 황제로부터 민중에 이르기까지 모든 사람의 격렬한 항의를 군대의 힘으로 짓누르고 실현시킨, 문자 그대로 제국주의 행위이며, 불의부정不義不正한 행위였다.

일본국가의 '한국병합' 선언은 1910년 8월 22일의 병합조약에 근거하여 설명되고 있다. 이 조약의 전문前文에는 일본과 한국의 황제가 두 나라의 친밀한 관계를 바라고, 상호의 행복과 동양 평화의 영구 확보를 위해서는 '한국을 일본제국에 병합하는 것 만한 것이 없다'고 하여 병합이 최선이라고 확신하고, 본 조약을 체결하기에 이르렀다고 서술되어 있다. 그리고 제1조에 '한국 황제 폐하는 한국 전부全部에 관한 일체의 통치권을 완전하고 또 영구히 일본국 황제 폐하에게 양여讓與한다'고 기술하고, 제2조에 '일본국 황제 폐하는 전조前條에 서술되어 있는 양여를 수락하고 또 전적으로 한국을 일본제국에 병합하는 일을 승낙한다.'고 적고 있다.

여기서 힘으로 민족의 의지를 짓밟은 병합의 역사적 진실은, 평등한 양자의 자발적 합의로, 한국 황제가 일본에 국권 양여를 신청하여 일본천황이 그것을 받아들여, '한국병합'에 동의했다고 하는 신화로 덮어 숨기고 있다. 조약의 전문前文도 거짓이고 본문도 거짓이다. 조약 체결의 절차와 형식에도 중대한 결점과 결함이 보이고 있다.

'한국병합'에 이른 과정이 불의부당하듯이 '한국병합조약'도 불의부당하다.

일본제국이 침략전쟁 끝에 패망함으로써 한국은 1945년에 일본의 식민지 지배로부터 벗어났다. 해방된 한반도의 남쪽에 수립된 대한민국과 일본은 1965년에 국교를 수립하였다. 이때 체결된 양국 관계의 '기본에 관한 조약'(기본조약으로 약칭) 제2조에 1910년 8월 22일 및 그 이전에 체결된 모든 조약 및 협정은 이미 원천 무효(already null and void)라고 선언되었다. 그러나 이 조항의 해석이 한·일 양국 정부 간에 서로 달랐다.

일본정부는 병합조약 등은 '대등한 입장에서 또 자유의지로 맺어졌다'는 것으로 체결시부터 효력을 발생하여 유효였지만, 1948년의 대한민국 성립으로 무효가 되었다고 해석하였다. 이에 대하여 한국 정부는 '과거 일본의 침략주의의 소산'이었던 불의부당한 조약은 당초부터 불법 무효이라고 해석하였던 것이다.

병합의 역사에 관하여 지금까지 밝혀진 사실과 왜곡 없는 인식에 입각하여 뒤돌아보면 이미 일본측의 해석을 유지할 수 없게 되었다. 병합조약 등은 원래 불의부당한 것이었다. 그런 의미에서 당초부터 'null and void'

였다고 하는 한국측의 해석이 공통된 견해로 받아들여져야 할 것이다.

현재에 이르기까지 일본에서도 완만하나마 식민지 지배에 관한 인식은 전진해왔다. 새로운 인식은 1990년대에 들어서 고노河野 관방장관 담화 (1993), 무라야마村山 총리 담화(1995), 한일공동선언(1998), 조일朝日 평양선언(2002) 등으로 나타났다. 특히 1995년 8월 15일 무라야마 총리담화에서 일본정부는 '식민지 지배'가 초래한 '막대한 손해와 고통'에 대하여 '통절한 반성의 뜻'과 '마음속으로부터의 사과'를 표명하였다.

또한 무라야마 수상은 1995년 10월 13일 중의원 예산위원회에서 '한국병합조약'에 관해 '쌍방의 입장이 평등했다고는 생각하지 않는다.'라고 답변하고 노사카野坂 관방장관도 같은 날 기자회견에서 '한일병합조약은 …… 극히 강제적인 것이었다.'고 인정하였다. 무라야마 수상은 11월 14일, 김영삼 대통령에게 보낸 친서에서 병합조약과 이에 앞선 한일 간의 협약들에 대하여 '민족의 자결과 존엄을 인정하지 않은 제국주의 시대의 조약이었다는 것은 의심할 여지가 없다'고 강조하였다.

여기서 마련된 토대가 그 후에 여러 가지의 시련과 검증을 거치면서, 지금 일본정부가 공식적으로 병합과 병합조약에 대해 판단을 내리고 '기본조약' 제2조의 해석을 수정하는 것을 가능하게 한다. 미국의회도 하와이 병합의 전제가 된 한 하와이 왕국 전복의 행위를 100년째에 해당하는 1993년에 '불법한(illegal) 행위'였다고 인정하고 사죄하는 결의를 채택하였다. 근년에 '인도人道에 반하는 죄'와 '식민지 범죄'에 관하여 국제법 학계에서 다양한 노력이 기울여지고 있다. 이제 일본에서도 새로운 정의감의 바람을 받아들여 침략과 병합, 식민지 지배의 역사를 근본적으로 반성하는 시대가 오고 있는 것이다.

'한국병합' 100년을 맞아 우리는 이러한 공통의 역사인식을 가진다. 이

공통의 역사인식에 입각하여, 한국과 일본 사이에 놓여 있는, 역사에서 유래하는 많은 문제들을 바루어 공동의 노력으로 풀어나갈 수 있을 것이다. 화해를 위해 필요한 과정이 한층 더 자각적으로 진행되어야 할 것이다.

공통의 역사인식을 더 튼튼히 하기 위해서는 과거 100년 이상에 걸친 일본과 한반도의 역사적 관계에 관한 자료는 숨김없이 공개되어야 한다. 특히 식민지 지배의 시기에 기록문서 작성을 독점한 일본정부 당국은 역사자료를 적극적으로 모아서 공개할 의무가 있다.

죄는 용서를 빌지 않으면 안 되고, 용서는 베풀어져야 한다. 고통은 치유되어야 하고, 손해는 갚지 않으면 안 된다. 관동대지진 중에 일어난 한국인 주민의 대량 살해를 비롯한 모든 무도한 행위는 거듭 살펴보지 않으면 안 된다. 일본군 '위안부' 문제는 아직도 해결되었다고는 말할 수 없는 상태이다. 한국정부가 조처를 취하기 시작한 강제동원 노동자, 군인 및 군속에 대한 위로와 의료지원 조치에, 일본 정부와 기업, 국민은 적극적인 노력으로 대응하기 바란다.

대립하는 문제는 과거를 성찰하고 미래를 응시하면서, 뒤로 미루지 말고 해결해 나가야만 한다. 한반도의 북쪽에 있는 또 하나의 나라, 조선민주주의인민공화국과 일본과의 국교 정상화도 이 병합 100년이라는 해에 진전되어야 한다.

이렇게 함으로써 한국과 일본 사이에 진정한 화해와 우호에 기초한 새로운 100년을 열어갈 수 있을 것이다. 우리들은, 이 취지를 한국, 일본 양국의 정부와 국민에게 널리 알리고, 이를 엄숙히 받아들여주기를 호소한다.

3. 일제강점기의 생활

일제강점기의 역사는 보기에 따라 역사의 교훈이 천차만별로 나타난다. 먼저 주의할 것은 한국근대사로 이해해야 한다는 점이다. 한국사를 보면서 일본근대사의 한 토막으로 보아서 안 된다는 점이다. 이것은 역사의 주체성 문제이다. 따라서 역사를 서술할 때 한국인을 주체로 표현해야 한다. 언제나 역사의 주어가 한국인, 조선사람이어야 한다. 따라서 일제강점기에 일제의 식민통치나 조선총독부는 객체이고 한국독립운동이 주체인 것이다. 독립운동뿐만 아니라 조선 사람이 어떻게 생활했던가가 그때의 역사인 것이다. 그래서 여기서 생활상에 대하여 살펴보기로 한다.

1945년 해방 직전의 조선사람의 생활 유형은 몇 가지로 나눌 수 있다. ① 8할이 넘는 농민 어민 화전민 노동자, ② 영세상인, ③ 천민으로 묶여 있던 머슴·백정·무당·점쟁이, ④ 신교육을 받은 언론인·교원·지식인·학생들, ⑤ 양반유생이나 불교승려·기독교 목사·천도교 및 신흥종교 종교인, ⑥ 중소지주·중류상공인·도군면 등의 지방관청 관리, ⑦ 대지주·식민지 신귀족과 총독부 관리, ⑧ 조선귀족령에 의하여 연금을 받는 귀족 등으로 나눌 수 있다. 거기에서 ①, ②, ③은 하층 백성으로 8할 5부에 이르고, ④, ⑤, ⑥은 중류 생활자로 1할을 넘었다. ⑦, ⑧은 상류 생활자로 2부에 미치지 못했으므로 당시의 2,400만 인구에서 30만 명 정도였다.

일제하의 농민은 8할이 소작농민이어서 모두 고율 소작료에 시달리며 살았다. 그러므로 소작쟁의가 전국적으로 확산되고 있었다.[32] 1930년대에

---

[32] 김용달, 「농민운동」, 『한국사 49』, 국사편찬위원회, 2001, 177쪽 ; 조성윤, 「농민운동」, 『한국사 50』, 국사편찬위원회, 2001, 125쪽.

는 적색 농민조합운동이 고조되어 농민이 사회주의운동의 영향을 받게 되었다. 전통적으로 농민의 권리였던 경작권이나 입회권은 일제하에서 무시당하고 조선후기부터 농민의 근대적 권리로 등장한 개간권이나 도지권도 인정받지 못한 식민지하에서 소작농민으로 생활하는 가운데 무엇 하나 개선되는 것이 없었다. 농촌에는 점심은 없었다. 조반석죽도 이어가기가 어렵던 식민지하에서 봄이면 절량농가가 6할이 넘어 초근목피로 살아가는 조선농민에게 칡뿌리인 초근이나 소나무껍질인 목피도 생나무 해친다고 자유롭게 채취하여 먹을 수 없었다. 할 수 없이 소작농민은 지주에게 아내를 바쳐 성을 제공하여 천수답 한떼기를 얻어 농사지으며 비참하게 살아갔다. 그래서 1910년 살던 초가삼간에서 그 옷을 그대로 입고 1945년의 해방을 맞았다. 식민지 35년간에 좋아진 것이라곤 하나도 없었다. 오히려 더 나빠진 생활조건에서 해방을 맞았다. 그런데 무슨 식민지 근대화인가? 혹은 식민지기간에 발전을 맛보았다면 그것은 위의 ④, ⑤, ⑥의 중류 이상 가정이었다.

1930년의 문맹률은 77%로 당시 2,000만 인구 가운데 1,500만 명을 넘었다.[33] 그러니까 중류 생활자는 신교육을 받은 신지식인이었다. 그들은 세 끼의 밥을 먹으며 양복을 입고 궐련을 피우며 개화장(지팡이)을 짚고 인력거를 타고 다니기도 했다. 그들의 의식은 개량주의 성향을 가진 사람이 많았다. 그래서 자식들에게는 민족을 자주 이야기하고 한글을 사용하며 애국을 거론하기도 했다. 자신은 친일 개량주의로 살아가지만 자식은 민족을 알며 살아가기를 원한 사람이 없지 않았다. 기회주의자의 전형적 모습이었다. 그런 중류인사들 외에는 거의 하층민이 살던 일제강점기였다.

---

33 『朝鮮日報』 1934년 12월 22일자 사설.

일제강점기의 생활 가운데 특별히 주목되는 것이 여자의 생활이었다. 조선시대의 여자는 상속권도 있었고 재산권도 인정되고 있었다. 그런데 문명국가 가운데 여권이 무시당하고 있던 나라가 일본이어서 조선이 일본의 식민지가 되면서 여성의 권리가 전면적으로 박탈당하였다. 식민지시기의 민법이나 친족법에 여성의 권리는 인정되지 않았다. 그래도 남편의 성은 따르는 것이 문명이라고 따르게 하였다. 서울여자교육회장인 홍옥경이 이지용의 부인이어서 이옥경이라 했던 것이 그것이었다.

이와 같이 식민지기간에 인간의 가치는 저락하고 인간의 생존권조차 위협 받는 악조건 속에서 생명을 부지하는 것도 힘든 생활을 한 것이 조선 사람이었다. 그런데 무슨 식민지발전론이냐? 그래도 철도를 놓고 학교를 세워 교육을 했지 않은가라고 반문한다. 그 철도에서 무엇을 운반했던가? 그들이 공출한 쌀을 날랐고 무기를 날랐다. 그리고 그들의 학교에서 무엇을 가르쳤던가? 일본군 '위안부'가 되는 길을 가르쳤고, 창씨개명을 강요했다. 그래서 루소가 교육이 해롭다고 말하지 않았던가? 시골에서 얌전하게 자라고 있는 처녀를 잡아다가 창녀를 만들어 놓고 원망하니까 그래도 양장하고 얼굴에 화장하는 방법은 내가 가르쳤다고 말하는 사창굴의 포주 방식의 논리가 아니냐?

2장

조선의 자주개혁과
왕조의 동요

앞에서 본바와 같이 근대라고 해도 인간주의가 존중되고 성장하는 긍정적인 측면이 많았지만 빈부의 격차가 심각했다든가, 제국주의가 만연했다든가, 그와같이 자유방임으로 말미암은 부정적인 측면도 있었으므로 분간해서 살펴야 한다.

그리고 한국사에서는 숙종조의 사회경제의 발전과 더불어 춘향전 같은 의식이 성장하고 봉건체제가 무너지고 있었던 것이 사실이었으나 그것이 곧 근대를 의미하는 것은 아니었다. 그때 몰아친 세도정치의 봉건적 반동을 맞자 근대의 싹은 무력하게 사라졌던 것이다. 그리고 역사를 역류하는 갖가지 현상이 나타났다. 그러나 근대를 향한 자주적 개혁과 그에 반발한 봉건적 반동이 언제까지 양존할 수는 없었다. 그리하여 1860년대에 정치·경제·사회·문화 각 방면에서 변화가 나타나고 개혁이 일어나 역사는 근대를 향해 발전하기 시작하였다.

1860년대에 들어서면서 인간의 평등과 사회개혁을 주장하는 동학東學이 발생하고, 전국적으로 농민전쟁이 일어났다. 대원군의 정치개혁이 단행되고, 이어 문호를 개방하여 열국과 통상하면서 사회경제의 변동과 새로운 종교·문화가 유입되고 역사의 골짜기에 숨어서 녹슬고 있거나 움츠리고 있던 근대가 녹을 벗고 기지개를 펴기 시작한 것이다. 기지개를 펴는 가운데 선진 지도자에 의해 자주적 개혁이 시도되고 추진된 것도 사실이다.

1. 1860년대의 변동과 개혁

진인대망론과 동학의 발생

동학은 1860년 경주의 최제우崔濟愚에 의해 오랜 세월 메시아사상으로 내려오는 미륵신앙, 정감록 사상, 진인사상眞人思想 등의 민중사상과 유불선儒佛仙사상을 종합하여 새로운 이상사회를 향하여 현실개혁을 추구한 민중종교로 창도되었다. 최제우는 1861년 포덕문布德文을 발표했는데 잘못된 나라를 바로 잡고 도탄에 빠진 민생을 구제한다는 보국안민輔國安民을 천명하였다. 당시 정치부패, 조세수탈, 삼정의 문란, 신분제의 혼란, 거듭되는 흉년과 질병으로 고통 받던 기층 서민들에게 크게 주목을 받아, 정신적으로 메마른 사회를 적셔줄 것이 예상되었다. 조선시대는 유교사회였다. 유교로 단순화된 사회에 천주교가 들어왔더니 위정척사衛正斥邪의 논리에 밀려 전파되지 못하였다. 전통시대부터 불교가 전파되어 있었으나 생활종교가 아닌 기복신앙으로 서민의 뒷방을 지키고 있을 뿐이었다. 도교도 그 이상의 구실을 발휘하지 못하였다. 그와 같이 정신적으로 메마른 사회에 보국안민을 표방하며 새로운 종교가 탄생하여 민중의 마음을 사로잡기 시작하였다.

그러니까 당시의 정부에서는 백성을 현혹시키는 위험한 무교로 규정하여 1863년 12월에 최제우를 체포·감금하였다. 그리고 이듬해 3월 10일 처형하고 동학의 확산을 막았다. 그러나 동학은 이미 영남지방에 포교되어 무서운 세력으로 성장하고 있었다. 최제우나 그를 잇는 제2세 교주 최시형崔時亨이나 모두 신라 말 개혁론자 최치원崔致遠의 후손으로 경주 최씨의 개혁 전통이 몸에 밴 사람들이었다. 그리하여 새 시대의 도래를 예고하면서 포교에 온갖 수단을 동원하여 정부의 탄압이 강해질수록 포교도 더욱 힘차게 확산되고 있었다.

최제우(1824~1864)는 경주에서 태어나 16세에 출가하여 득도한 후 수운水雲이라 호하고 37세에 돌아와 동학을 개창하였다. 그는 『동경대전東經大全』과 『용담유사龍潭遺詞』를 남겼는데 『동경대전』에는 포덕문布德文·논학문論學文·수덕문修德文·불연기연不然其然·탄도유심급歎道儒心急·전후팔절前後八節 외에 시문이 있고, 『용담유사』에는 용담가·안심가·교훈가·도수사·권학가·몽중노소문답가·도덕가 등 8편의 가사가 수록되어 있다.

최시형(1827~1898)도 역시 경주에서 태어나 최제우의 동학에 입도하여 호를 해월海月이라 하였다. 1871년 이필제李弼濟의 폭동 때 영해를 거쳐 영양군 용화에 잠입하여 이필제를

최제우(위)와 최시형

돕고, 1892년부터는 교조 신원운동을 전개하여 동학의 제2대 교주가 되었다. 해월은 동학교단을 정비하고 교주가 남긴 『동경대전』 등의 유문을 정리 간행하여 동학 교리 정립에 공헌하였다. 그는 원주에 잠입하였다가 1898년 체포되어 순교하였다.

동학은 1870년대에는 영남 전역과 강원도에도 포교되었다. 그와 같은 교세에 힘입어 1871년에는 영해寧海에서 문경聞慶에 이르는 넓은 지역에서 이필제의 폭동을 일으킬 수 있었다. 당시의 영해부는 지금의 영덕·청송·영양·울진 등을 포괄한 넓은 지역이었다. 그때 교주 최시형이 영양 용화龍化에 잠적하여 지휘하고 있었다. 그러나 이필제 폭동으로 영남의 동학교

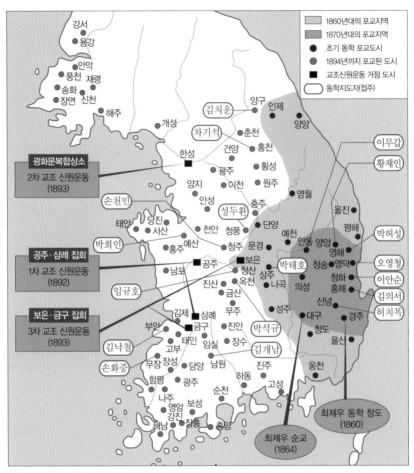

동학포교 지도(박맹수)

는 크게 타격을 받았다. 그 후 포교지역을 이동시켜 1880년대에는 충청도 지역에 집중하였다. 그리하여 1892년에는 공주취회와 삼례취회를 열었던 것이다. 거기에서 외치는 동학의 주장은 교주의 신원과 포교의 자유였다. 그것이 달성되면 우선 신분제에서 해방된다. 신분제에서 해방된다는 것은 중세 봉건사회에서 해방되는 것을 의미하고 아울러 근대사회로 도약하는 발판이 마련되는 것이다. 그러한 동학의 요구에 순순히 따라올 정부가 아니었다. 그러므로 1893년 초에 서울 경복궁 정문인 광화문光化門 앞에서 40명의 동학 지도자들이 3일간의 복합상소를 올렸다. 그때 시중에는 외국인을 배척하는 문서가 나돌아 민심을 긴장시키고 있었다.

거기에서 정부는 더욱 강경책을 구사해 동학 지도자들을 체포·감금하니, 탈출한 지도자는 보은으로 집결하여 보은취회를 준비하였다. 보은취회는 1893년 3월 10일 교주 순교일에 열렸다. 그리고 종전과 달리 2만 7,000명이나 모여「척왜양창의斥倭洋倡義」라는 새로운 깃발을 내걸었다. 이제 동학의 본색이 들어나기 시작한 것이다.

새로운 구호에 정부도 긴장하지 않을 수 없었다. 보은취회가 열리자 전국적으로 취회가 분산적으로 열려 정부를 더욱 당혹케 하였다. 그중에도 전라북도 금구취회가 주목을 끌었다. 보은취회가 3만 명에 달하고 그 동안 조용하던 호남에서 삼례취회와 금구취회가 열리자, 정부에서 어윤중魚允中을 양호선무사로 임명하여 적극적으로 대처하기 시작하였다. 어윤중의 적극적인 설득과 진압군이 동원되었다는 소식에 동학군도 일단 해산하고 다음 기회를 기다리기로 했다. 그러니까 교주 신원을 위한 1892·1893년 양년간의 취회도 일단 끝난 셈이었다.

삼남지방의 농민전쟁

종래에 임술민란壬戌民亂 또는 삼남민란三南民亂이라 부르던 것으로 조선후기 삼정三政의 문란으로 농민의 궁핍상이 극도에 달하여 누적된 농민의 불만이 폭발하여 전개된 농민폭동을 말한다. 처음에 1862년 1월 진주에서 일어나 경상도 전라도 충청도 즉, 삼남지방을 휩쓴 폭동으로 농민은 삼정의 문란뿐만 아니라 사회적 경제적 봉건제를 타파하여 새로운 사회 건설

표 2 신분별 호수 변동

시기	양반 / 호(%)	상민 / 호(%)	노예 / 호(%)	총 수
1690	222 / 8.3	1,360 / 51.1	1,081 / 40.6	2,663
1729~1732	439 / 15.3	1,609 / 56.3	812 / 28.4	2,860
1783~1789	875 / 34.7	1,508 / 59.9	135 / 5.4	2,518
1858	1,614 / 65.5	807 / 32.8	43 / 1.7	2,464

을 표방하고 있었다. 그러므로 성격이 종래의 단순한 농민반란과 다르게 중세적 봉건제를 타파하고 새 사회를 표방했다는 구체적 목표를 가졌던 농민전쟁으로 이해해야 할 것이다. 농민전쟁은 1862년 연중 내내 25곳의 고을에서 일어났는데 다음과 같다.

경상도 : 진주, 개령, 단성, 함양, 성주, 선산, 상주, 거창, 울산, 군위,
　　　　비안, 인동
전라도 : 익산, 함평, 여산, 부안, 금구, 장흥, 순천
충청도 : 회덕, 공주, 은진, 연산, 청주, 단양

이와 같이 농민전쟁으로 나라가 붕괴되는 듯하였다. 봉건적 말폐가 폭발하는 것이므로 당시의 철종 임금이나 안동김씨 세도정치로는 어떻게 할 수가 없었다. 당시의 신분별 호수변동을 보아도 구조적으로 새 시대를 맞이하고 있었음을 알 수 있다.

정부에서는 박규수를 비롯하여 안핵사按覈使, 선무사宣撫使, 암행어사暗行御史를 삼남 각처에 파견하여 사태 수습에 나섰으나 쉽게 수습되지 않았다. 5월 22일에는 박규수의 상소를 수용하여 26일에 삼정이정청三政釐整廳을 설치하고 삼정이정 절목을 공표하였다. 봉건적 말폐가 막다른 골목에 몰

리어 변용하는 모습으로 농민의 흥분도 차츰 가라앉는 듯 했다. 그러나 그 해 여름을 지나면서 제주도에서 수만 명의 농민이 폭동을 일으켰고, 이어 함경도 함흥, 경기도 광주, 경상도 창원, 전라도 해남, 황해도 황주에서 그 해 연말까지 폭동이 계속되었다. 그러므로 새 시대를 향한 개혁이 아니고는 해결 방도가 없었다. 다만 이러한 농민의 역량은 그 후 우리나라 민중민족주의를 발달시켜 후일 소작쟁의를 일으킨 원동력이 되어 한국독립운동사의 한 영역을 충족시켰던 점은 주목해야 한다.

대원군의 개혁정치

흥선대원군의 이름은 이하응李昰應이다. 둘째 아들 명부明夫가 철종을 계승하여 왕위에 오르기 전까지의 재야생활은 주정뱅이요, 장돌뱅이처럼 나돌았다. 왕족이면서 정상적으로 생활하면 안동김씨의 눈총을 받아 숙청될 염려가 많았기 때문에 자기를 철저하게 감추어야 했다. 그리하여 술집을 돌며 망신을 하는가 하면, 김삿갓처럼 문전걸식으로 세월을 보내기도 했다. 그러한 위장에 속아 인간 이하의 인물로 방임된 흥선군이었다. 그러므로 그의 아들이 왕위를 계승한다고 할 때 반대자가 없었다. 그러나 궁중의 존장이던 조대비와는 은밀하게 거래가 이루어져 조대비가 섭정을 맡자 섭정을 대원군에게 위임하여 정가는 대원군 시대를 맞은 것이다.

대원군은 집권하면서 개혁을 단행하였다. ① 왕권강화 ② 인재등용 ③ 호

흥선대원군

포제 실시 ④ 서원철폐 등으로 나누어 볼 수 있다.

집권하자마자 다급한 것이 안동김씨의 세도정치로 말미암아 유명무실해진 왕권을 복원 강화하는 일이었다. 그것을 위하여 세도 정치인을 제거하고 왕권을 정당한 법질서에 따라 행사하도록 법전과 체제를 갖추는 일이었다. 그래서 왕조 초창기에 편찬한 『경국대전經國大典』이 그동안 『속대전續大典』과 『대전통편大典通編』으로 증보된 것을 다시 검토하여 편찬하니, 그것이 『대전회통大典會通』이었다. 지금 보면 미진한 곳이 없지 않으나 그래도 그때로서 법질서를 바로 세운다는 측면에서 중요한 작업이었다.

왕권강화를 위한 다음 작업이 경복궁의 중건이었다. 경복궁이 임진왜란 때 불탄 뒤에 불탄 잿무덤으로 방치되어 온 지 300년이 가까워도 그것을 복구할 논의도 하지 않아 볼썽만 사나웠으며, 왕은 창덕궁이나 경운궁 또는 경희궁을 사용하고 있었다. 대원군은 거기에 문제가 있다고 판단하여 경복궁 중건을 착수하였다. 경복궁 중건에 대해서는 역사적 평가도 나뉘어져 있다. 그만한 노력과 돈이면 새로운 학교도 세우고 대포와 군함도 만들 수 있다는 것이다. 그렇기는 하지만 경복궁 중건이 중도에 화재를 당해서 고생이 되기는 했지만 처음에는 인부들도 노래를 부르며 일했다는 일화가 전해 올 정도로 백성들의 호응도가 높았다. 그리고 그때 중건하지 않았더라면 대한제국이 멸망하고 일제강점기에 거기에 조선총독부가 들어섰을 것인 즉, 그것을 생각하면 경복궁 중건이 다행스럽게 회상되는 것이다.

조선후기 이래 100년간의 노론정권 속에서 인사가 편파적으로 강행된 위에 안동김씨 60년의 세도정치로 인사가 더욱 편파성을 면치 못하고 있었다. 그것을 혁파하고 개방한 것이다. 그리하여 남인의 후예나 소론이나 북인의 후예를 대거 등용하였다. 등용해 보았더니 준비가 되어있지 않아 춘추전국시대의 논리를 펴는 사람이 많았다는 뒷소리가 있지만 그래도 문

철종의 왕위를 계승한 명부明夫의 궁중서열

제25대 임금인 철종이 세자 없이 승하하여 궁중에는 익종비翼宗妃 조대비趙大妃와 헌종비憲宗妃 홍씨洪氏와 철종비哲宗妃 김씨金氏만 남아, 왕위는 그들에 의해 결정될 수 밖에 없었는데 그럴 것을 예상하고 오랫동안 공작해온 영조英祖의 현손으로 종중의 좌상인 흥선군과 궁중의 좌상인 조대비가 합의하여 흥선군의 둘째 아들 명부로 결정하였다. 그리하여 12세의 명부는 원로 정원용鄭元容에 의해 봉대되어 궁중으로 모셔졌다. 명부가 궁중에 들어서자 조대비는 뛰어나가며 "나의 아들 명부야"라고 외쳤다. 명부가 누구의 아들이 되느냐에 따라 정치판이 크게 달라진다.

우선 명부가 미성년이므로 섭정을 해야 하는데 섭정권을 가진 어머니가 누구냐가 결정되는 것이다. 만일 철종의 아들이라면 철종비 김씨의 섭정을 받게 되는데 그렇게 되면 계속 안동김씨의 세도를 받아야 했다. 그것을 예견한 조대비가 선수쳐 '내 아들 명부야'라고 외치니 안동김씨가 비비고 들어갈 틈이 없어진 것이다. 그래서 안동김씨 일당은 패배를 인정하고 모두 자기들의 전장이 있는 여주로 물러갔다는 것이다.

호가 열렸을 때와 아닐 때는 다른 것이다.

다음에는 고려시대 이래 중요한 숙제이던 호포제戶布制의 실시였다. 국민개병체제로 보면 당연한 시행이나 오랫동안 양반은 군포를 내지 않는다는, 신분제의 고정관념을 깨고 실시한다는 것이 여간 어렵지 않았다. 그래서 대원군도 일보 물러나 양반은 종(노예)의 이름으로 납부하도록 하였다. 그리하여 양반도 병역의 의무를 지는 전통이 서게 된 것이다.

대원군의 개혁 가운데 가장 요란했던 것은 서원철폐였다. 우리나라에 서원이 약 900개가 있었는데 영조 때 200개가 훼철되고 700개 정도가 남아 있었다. 거기에서 47개 서원만 남기고 모두 철거하였다. 어느 하루에 철거한 것은 아니었지만 서원 600여 개를 철거한다는 것은 아무리 정치권력의 힘이라고 해도 아무나 할 수 있는 일은 아니었다. 우리나라 5,000년 역사에서 그럴 수 있는 용단을 갖춘 인물은 대원군 외에 찾기가 힘들다고 해도 과언이 아닐 것이다.

서원은 대개 서원전을 가지고 있었는데 면세된 특전을 누리고 있었다. 그리고 서원은 특정한 선현을 향사하면서 신진 사림을 교육하는 사학의 역할도 담당하고 있었다. 그의 영향으로 조선후기에 이르러 서당교육이 전국적으로 일어나 한국 대중교육을 진흥시키고 있었다. 그 결실로 많은 선비가 배출되었고 대량의 문집이 간행되었다. 이러한 긍정적 측면이 있는가 하면, 서원이 파당의 거점이 되어 국가적으로 여러 가지 악습을 낳고 있었다. 조선후기에 이르러 향중서원이 문중서원으로 변질하면서 당파싸움을 추동했던가 하면 함부로 묵패墨牌를 발행하여 백성을 괴롭혔다. 묵패 중에도 노론 원로 송시열을 향사하는 화양서원華陽書院에서 발부한 화양묵패는 국가의 세금 고지서 이상의 위력을 가지고 있어 누구라도 화양묵패를 받으면 세전 문전옥답이라도 팔아서 바쳐야 했다. 불응하면 화양동에

끌려가 고문을 당했다.

그리하여 결국 멸망한 가정이 적지 않아 원성이 자자하였다. 그것을 잘 알고 있는 대원군은 집권 이듬해부터 서원을 철거해 갔다. 국가의 재정을 늘리고 파당 형성을 막는 구실을 해서 경향에서 박수 소리가 들려 왔다. 47개 서원은 1현賢 1서원書院의 원칙, 국가적으로 추모할 인물을 향사하는 원칙을 적용하여 47개만 남겼던 것이다. 필자가 현재 남아있는 영남지방의 314개 서원을 조사해 보았더니 임진왜란 의병 공로자를 향사한 서원이 103개로 가장 많았다.[1] 서원을 철폐하자 조상의 명예가 손상된다는 후손들이 복합상소라도 올릴듯이 각처에서 집단으로 상경하는 사태가 전개되었다. 그 때 대원군은 자신을 경호하는 천千·하河·장張·안安을 시켜 동작동이나 왕십리 똘만이를 동원하여 항의집단을 몽둥이로 해산시켰다. 몽둥이맛을 본 선비들은 혼비백산하고 돌아가 또다른 서원이 철거돼도 남의 일처럼 보고만 있었다.

이와 같이 대원군의 개혁정치는 세도정치를 청산하는 중앙정치부터 인재등용, 호포제 실시, 서원철폐라는 백성의 생활에 이르기까지 미치지 않는 곳이 없었다. 1873년 대원군이 실각되면서 개혁정치도 끝났는데 그 후 민비정권으로부터 반격을 당해 개혁정치는 빛을 잃고 말았다. 그 뒤에 대원군의 개혁정치가 잘못된 것으로 평가하는 경우가 있는데 그것은 개혁정치의 잘못이 아니라 개혁정치를 계승하지 않았던 데에 문제가 있었던 것이 아닐까? 대원군의 평가절하는 개혁정치보다 다음에 보게 되는 제국주의의 서세동점에 대한 대응의 잘못에 있었다.

---

1   조동걸, 『영남유림의 節義와 士林精神』, 한국국학진흥원, 2013, 참조

2. 서양 제국주의의 아시아 침략과 조선에서 전개된 양요

15세기에 유럽 열강들은 지리상의 발견으로 대서양을 건너 아메리카대륙이 있는 것을 알게 됐고, 지중해를 거치지 않고 아시아로 가는 방법을 알게 됐다. 그와 동시에 중상주의를 일으켜 새로운 대륙에 상업기지를 건설하기 시작하였다. 그리하여 아메리카대륙은 원주민의 의사와는 무관하게 중상주의의 선두주자였던 스페인·포르투갈·네덜란드와 뒤이은 프랑스·러시아·영국의 식민지가 되었다. 그리고 다음에 그들은 아시아로 몰려와 고어·싱가포르·마카오·타이완을 그들의 상업기지로 만들고 있었다. 그때에 그들 본국에서 산업혁명이 일어나 산업자본주의의 필요에서 새로운 식민지가 요구되었다. 그에 따라 아시아는 그들의 산업자본주의의 식민지가 되어 갔다. 그리고 중상주의시대에 유보되고 있었던 아프리카 전역이 프랑스와 영국의 식민지로 분할되었다. 그러니까 아시아는 17세기 이래 19세기에 걸쳐 유럽 제국주의 침략의 대상지가 되어 아시아인은 그들에게 시달리느라고 갖은 고생을 하였다.

17세기에는 서남아시아가 유럽 각국의 식민지가 되었고, 18세기에는 동남아시아에 이어, 동북아시아도 프랑스·영국·러시아·독일·미국 등의 침략을 받기 시작하였다. 그때의 항해술로 태평양을 횡단할 수 없었으므로 미국은 뒤늦게 알래스카를 합치고, 그곳에서 캄차카 반도로 내려와 일본을 경유하여 중국으로 갔으므로 일본과의 통상조약 체결이 선결문제였다. 그리하여 1854년 페리 제독이 7척의 군함을 이끌고 막부정권幕府政權을 굴복시킨 일본 개항의 역사가 전개된 것이다. 이러한 국제환경 속에서 조선의 개항문제도 대두되었다.

조선의 개항과 대외무역 문제는 위에서 본 바와 같이 1592년 임진왜란 뒤에 나타난 서세동점과 더불어 제기된 문제였다. 그때 조선에 대하여 통상을 요구해온 나라는 프랑스·영국·러시아·미국·일본인데 프랑스가 선두주자처럼 집요하였다. 그것은 경제적 이유뿐만 아니라 천주교 선교사업을 앞세우고 있었기 때문이다. 당시 서양 사람들이 성경과 아편과 총을 가지고 와서 자기들을 믿어달라고 했지만 조선 사람은 어느 것이 진리인지를 분간할 수 없었다. 그것이 아시아에서 기독교가 성공하지 못한 첫 번째 이유이기도 했다.

1840년 아편전쟁으로 중국이 영국에 굴복하여 불평등조약으로 남경조약南京條約을 체결한 심각한 사태를 조선에서는 위기로 보지 않았다. 연행사로 갔던 신석우申錫愚는 아편전쟁의 참상을 전했지만, 내부에 아편쟁이가 없고 천주학 동조자가 없었으므로 걱정할 일은 아니라고 생각하였다. 그러다가 1860년 영·프연합군의 침략을 받아 북경北京이 점령당하고 궁전 원명원圓明園이 소각당하고 함풍제咸豊帝가 열하로 피난 간 사태를 보고, 그때 위문사절로 갔던 박규수의 심상치 않은 보고를 듣고 그제야 위기감을 갖게 되었다. 조선은 피투성이가 될망정 전국력을 기울여 열강과 싸우든지, 아니면 그들 말대로 개항하든지 갈길을 정해야 했다. 그때 마침 제25대왕 철종이 승하하고 흥선군의 아들이 왕위를 계승하니 그가 광무황제光武皇帝 또는 고종高宗으로 알려진 12살의 명부였다. 그리하여 1864년 흥선대원군의 섭정시대를 맞은 것이다.

흥선대원군은 처음에 러시아의 남침을 프랑스 선교사를 이용하여 막아볼 정치공작을 구상하기도 했다. 그런데 선교사가 요구하는 보상이 너무 커서 실현할 수 없었다. 그리하여 프랑스 선교사 12명 가운데 9명을 처단하고 3명 리델Ridel, 페롱Perron, 칼레Calais는 추방하였다. 추방된 그들과 조선 교인의 안내를 받으며 로즈Roze제독이 이끄는 아시아함대가 1866년

洋夷侵犯非戰則
和主和賣國
戒我萬年子孫
丙寅作辛未立

서양 오랑캐와 싸우지 않는 것은 매국을 주장하는 것이
라 새긴 척화비(부산)

에 공격해 왔다. 그들은 강화읍을 점령하고 갑곶돈대를 건너 문수산성文殊山城을 점거하고 문화재까지 약탈하는 등, 곳곳에서 갖은 만행을 자행하니 이것을 병인양요丙寅洋擾라고 한다. 이에 대하여 조선에서는 이경하李景夏·이용희李容熙·양헌수梁憲洙의 정부군이 양화진에 나아가 대항했으나 무장이 비할 바가 못되고 중과부적이었다.

한편 집요하게 통상을 요구하던 프랑스는 대원군의 아버지 남연군의 묘소를 파서 시체를 훔쳐가지고 흥정하려고 해미읍성을 거쳐 충남 예산군 덕산의 가야산에 잠입하여 도굴하다가 도망갔다. 그것이 알려지자 조야에서 벌떼처럼 일어나 상종 못할 야만인이라고 규탄하기 시작하였다. 그에 앞서 미국 상선 제너럴셔먼호가 대동강을 올라와 통상을 요구하다가 좌초되어 평양감사 박규수의 화공을 이기지 못하고 셔먼호는 불타고 선원은 평양시민이 처단하여 전원이 죽었다. 이러한 개선의 소식이 전해지자 강화도 일대의 민중은 힘을 얻어 항전의 자세를 더욱 강화하였다.

그러나 병인양요를 통하여 조선 사람들은 서양을 새롭게 이해하는 계기가 되었다. 박규수를 비롯하여 개화파 인사가 늘어났고, 대원군도 군함의 위력을 목도하여 군함 건조를 지시하고 『해국도지海國圖志』나 『영환지략瀛環志略』 같은 책을 가까이 하며 서양의 속을 이해하려고 노력하였다. 그런가

했더니 1871년 미국의 침략 – 신미양요辛未洋擾를 맞아 그를 격퇴하면서 생각이 경색되어 「양이침범洋夷侵犯 비전즉화非戰則和 주화매국主和賣國」이라는 척화비를 전국 방방곡곡에 세우는 등 쇄국정책을 강행하였다. 그리하여 세도정치의 청산과 인재등용, 서원철폐, 호포제 실시, 대전회통의 편찬 등으로 구체화했던 대원군의 개혁정치조차 힘을 잃고 실패하였다. 결국 최익현崔益鉉을 중심으로 한 며느리 민비당閔妃黨의 반격을 받아 1873년 실각하여 아무 것도 이룰 수 없었다.

대원군의 군함 건조

병인양요를 겪은 대원군이 군함의 위력에 감탄한 나머지 『해국도지』 말미에 등재된 군함 도면을 참고하고, 대동강에서 불탄 제너럴셔먼호를 조사 측량하여 군함을 만들어 양화진 나루에 띄웠더니 꿈틀 꿈틀 움직이고 서서히 가는 것이 아닌가. 반가워서 대원군이 관계자에게 100냥의 특별하사금을 내렸다고 한다.

필자의 추측은 나무 연료를 사용했을 터인즉, 화력이 약하여 속력을 내지 못한 것이 아닌가 하고 추측하였다. 지금도 양화대교를 건널 때면 예사 대원군의 모습이 떠오른다.

3. 강화도조약과 열국과의 통상

대원군이 쇄국정책을 강행하는 가운데도 박규수·오경석·강위姜瑋 등을 중심으로 개화론이 확산되고 있었다. 개화가 옳고 그르고의 문제가 아니라 국제적 통상 물결에 따라 불가피론으로 확산되고 있었다. 1874년 고종의 친정이 실시되면서 통상론이 공공연히 논의되었고, 거기에 일본과의 통상론이 전통적인 교린관계의 복구라는 측면에서 큰 부담 없이 공론으로 확산되고 있었다. 다만 1864년 일본이 메이지유신明治維新으로 그 전의 왜국倭國시절과 다른 입지에서 외교하는 문제가 방해가 되기는 해도 일본과는 도쿠가와막부德川幕府 이래 통신사를 교환하면서 우호관계에 있었기 때문에 종교를 앞세우고 있는 구미열국과 통상하는 경우와는 달랐다.

그런데 일본도 종래와 달리 서양 제국주의를 닮아가고 있었다. 의도적으로 답습하려고 했다. 그것이 이토 히로부미나 이노우에 가오루의 문서가 근래 공개되면서 확인할 수 있는 것이다. 그것을 노골적으로 실토한 것이 1867년 하치노부八戶順叔가 홍콩과 상해 몇 신문에 게재한 정한론征韓論이었다. 일본은 그것을 일본정부와 무관한 것이라고 했지만 제국주의에 둘러싸인 조선으로서는 범상하게 보아 넘길 수 없는 심각한 문제였다. 일본이 겨냥하는 것도 바로 그것이었다. 그리하여 일본은 1875년 운요호사건雲揚號事件을 일으켰다. 운요호가 강화도 근해에 나타난 것을 항로측량이 목적이라고 했지만, 그것은 조선의 반격을 받아 외교적 마찰을 일으키는 것이 목적이었다. 뜻대로 돼서 일본은 1876년 2월, 7척의 군함을 앞세우고 구로다 기요다카黑田淸隆·이노우에 가오루井上馨·모리야마 시게루森山茂가 왔다. 그때 일본에서는 조선침략의 영웅적 선두주자가 되려고 기도 다카요시木戶孝允를 비롯하여 외교단에 참가할 정객이 많았다고 한다.

조선에서는 신헌申檍과 윤자승尹滋承이 접견대신으로 나갔다. 그리하여 2월 27일 대조선국大朝鮮國과 대일본국大日本國 간에 12개조의 수호조규가 체결되었다. 불평등조약이지만, 12개 조목은 다음과 같다.

① 조선국은 자주국으로 일본국과 평등한 권리를 보유한다.
② 외교관 왕래 규정
③ 양국 외교문서에 자국어를 사용하되 일본은 향후 10년간 한문번역문을 첨부할 것
④ 조선국 개항장에 일본인이 왕래하며 무역함
⑤ 일본이 지정하는 2개 항구의 개항
⑥ 조난민의 구조
⑦ 일본의 항해 측량권
⑧ 지정항구에 일본상관 설치
⑨ 양국인의 자유무역
⑩ 치외법권
⑪ 통상장정 제정
⑫ 위의 각항을 양국이 준수하여 바꾸지 않는다.

무관세무역, 개항장의 거주권, 치외법권만을 보아도 불평등조약이었는데, 이것을 "구호舊好를 수복하여 친목을 도모"하는 규정으로 오해하고 있었다. 그리하여 동래·원산·인천에는 일본인 거주지가 마련되었는데 그것을 개화의 통로로 착각하고 있었다. 부산에는 일본 불교가 상륙하여 동본원사東本願寺 별원이 설치되어 조선침략의 교두보 구실을 했다. 그곳의 주지 오쿠무라 엔신奧村圓心의 『조선국포교일지朝鮮國布教日誌』를 보면 일본에서 젊은

표 3 초기의 대외 조약

조인 연월	조약 명칭	조문	양국 대표	성격
1876년 2월	조일수호조규 (강화도조약)	12관	조 : 申櫶, 尹滋承 일 : 黑田淸隆, 井上馨	최초의 통상조약
1876년 7월	조일수호조규부록급 무역장정	11관 11칙	조 : 趙寅熙 일 : 宮本小一	일본선박과 화물의 관세면 제, 일본화폐 통용권 허용
1882년 3월	조미수호통상조약	14관	조 : 申櫶, 金弘集 미 : R. W. Shufeldt	최혜국대우, 치외법권 미국인 거주보호, 통상규정
1882년 8월	조청상민수륙무역장정	8조	조 : 趙寧夏, 金弘集, 魚允中 청 : 周馥, 馬建忠	미국과 유사
1883년 4월	조영수호통상조약	13관	조 : 閔泳穆 영 : H. S. Parkes	미국과 유사
1883년 5월	조독수호통상조약	14관	조 : 趙寧夏, 金弘集 독 : E. Zappe	미국과 유사
1883년 8월	인천일본조계조약	10조	조 : 閔泳穆 일 : 竹添進一郞	조계설정
1883년 12월	중강통상무역장정	24조	조 : 魚允中 청 : 張錫鑾	중강무역의 재개
1884년 4월	길림여조선무역장정	16조	조 : 魚允中 청 : 彭光譽	두만강유역 무역
1884년 5월	조이수호통상조약	13조	조 : 金炳始 이 : Ferdinand de Luca	미국과 유사
1884년 6월	조러수호통상조약	13조	조 : 金炳始 러 : K. I. Waeber	미국과 유사
1886년 5월	조불수호통상조약	13조	조 : 金晩植 프 : F. G. Cogordan	미국과 유사

이를 데려와 특수훈련으로 키워 갑신정변甲申政變의 쿠데타 요원으로 투입하는 등의 정치공작을 자행하였다. 그러한 내막을 알지 못하는 김옥균·박영효를 비롯한 조선의 개화당 정객은 그의 안내를 받아 일본을 시찰하고 오쿠무라奧村의 누이동생 오쿠무라 이오코奧村五百子의 시중을 달게 받고 있었다.

그렇게 약점을 노출하자 일본 애국부인회를 창립한 오쿠무라 이오코는 전라도 광주에 잠입하여 고아원을 경영하며 갖은 공작을 서슴지 않았다.

강화도조약으로 말미암아 위험한 역사가 전개된 한편, 개화와 통상의 계기가 되어 조선의 역사가 혁명적으로 개방되는 시대를 맞게 되는 것이다. 1880년대 미국·중국·영국·독일·러시아·이탈리아·네덜란드 등 구미열강과 통상조약을 체결하게 된 기초가 마련되었다. 1880년 10월 12일 중신회의에서 통상을 결의했던 것도 강화도조약의 연장선상에서 이해할 필요가 있다.

1880년 10월 12일의 중신회의는 황준헌黃遵憲의 『조선책략朝鮮策略』에서 주장하고 있는 미국과 통상할 것이냐의 여부를 논의하고, 결정하는 회의였다. 그런데 그 소식이 전해지자 전국에서 위정척사론이 일어나 영남만인소를 비롯하여 이른바 신사척사소辛巳斥邪疏가 답지했는데 모두 유배시키고 춘천 서면의 홍재학은 처형으로 다스렸다. 그렇게 통상의지가 강렬했던 것이다. 금석지감이 새롭다고 하겠다. 그리하여 표 3과 같이 구미열강과 통상조약을 체결하여 조선이 국제무대에 들어앉게 되었다.

4. 갑신정변과 갑오경장, 광무개혁

조선왕국이 개화 여부로 시련을 거듭하던 가운데 개화 개혁의 첫 번째 시도가 1884년의 갑신정변이었다. 개화당이 갑신정변을 계획하고 자기만의 힘으로는 성공하기 힘들기 때문에 미국의 지원을 받으려고 주한미국공사에게 지원을 요청했는데 거절당하고, 일본의 지원을 요청했더니 일본도 중국을 비롯한 아시아 각국 세력의 동향을 보느라고 쉽게 응답하지 않아 시일을 끌고 있었다. 그때에 베트남전쟁이 일어나 중국이 군대를 베트남으로 이동시키는 변동이 일어났다. 그때를 일본이 놓치지 아니하였다. 개화당의 혁명공작을 지원하고 나섰다. 동본원사 별원에서 훈련한 일본인 행동대원도 파견해 왔다. 그리하여 12월 4일 우정국 낙성 축하연 때를 행동시간으로 정하고 신촌의 봉원사와 신설동의 보문사를 거점으로 압구정 일대에서 예행연습도 마쳤다.

우정국은 수송동에 있었는데 축하연 시간에 이웃집에 화재를 일으키면 창덕궁을 지키던 정부군이 달려오고 그 틈에 각료를 처단하고 정부를 전복하여 정권을 장악한다는 계획이었다. 그런데 차질이 생겼다. 불이 나도 정부군이 오지 않았다. 그리하여 민영익閔泳翊에게 중상을 입히고, 김옥균金玉均·박영효朴泳孝·서광범徐光範을 중심한 개화당 무리는 창덕궁으로 달려가, 민영익을 중심한 수구파들이 청국 군대의 옹위 하에 정변을 일으켰다고 거짓 보고하고 임금을 창덕궁 밖의 경우궁으로 옮겼다. 그때 창덕궁에는 일본군이 배치되었다.

그리고 이튿날 12월 5일에 신정부의 각료로 좌의정 이재선李載先, 우의정 홍영식洪英植, 호조참판 김옥균, 전후양영사前後兩營使 겸 한성판윤 박영효, 좌우양영사左右兩營使 겸 외무독판서리 서광범이 발표되었다. 각료도 모두 차지할 수 없을 정도로 빈약한 개화당료라 하겠다.

김옥균이 일본 망명 중에 완성한 『갑신일록』에 등재된 「14개 정령」은 다음과 같았다.

① 대원군의 귀국과 청국에 대한 조공 철폐
② 문벌폐지·인민평등·인재등용
③ 지조법 개혁·궁민 구제·재정 확립

④ 내시부 폐지

⑤ 탐관오리 숙청

⑥ 각도 환상제還上制 폐지

⑦ 규장각 폐지

⑧ 순사제 실시

⑨ 혜상공국 혁파

⑩ 유배 금고 죄인의 재조사

⑪ 4군영을 1영營으로 하고, 왕세자를 대장으로 임명

⑫ 재정의 일원화

⑬ 의정부회의제 강화

⑭ 의정부 및 6조 외의 정부조직 개혁이었다.

이는 처음으로 시도한 헌법질서라고 할 수 있는데, 내용을 보면 정부조직과 운영의 개혁, 공무기강 확립, 군부와 재정개혁 등인데, 긍정적인 것이기는 했으나 혜상공국 혁파처럼 이해되지 않는 것도 있었다. 혁명의 대중화를 위해서는 보부상을 끌어들이기 위하여 개화당이 혜상공국을 장악할 필요가 있었다. 정변의 대중적 기반이 약하니까 일본군 같은 외세에 의지하는 과오를 범했지 않았는가? 그러므로 원세개袁世凱가 이끄는 청군의 반격을 받아 무력하게 퇴각하니 김옥균·박영효·서재필 등은 일본공사를 따라 일본으로 망명하고 개화정권은 3일천하로 끝나고 말았다.

그리하여 민중들은 갑신정변을 겪으면서 개화당을 위험시하게 됐고, 그에 따라 개화 개혁의지가 오히려 약화되는 결과를 초래하였다. 뿐만 아니라 일본은 공사관이 불타고 몇몇 일본인이 사망한 사실을 들어 배상을 요구해 왔다. 그리하여 한성조약漢城條約을 체결하고 청일 간에는 이듬해에

천진조약天津條約을 체결하여 조선의 운명을 국제적 흥정거리로 부각시켜 놓았다.

갑오경장은 갑신정변의 10년 뒤인 1894년부터 1895년에 걸쳐 동도서기론자東道西器論者까지 참가한 개혁인데 그 해에 동학농민전쟁이 있었고 청일전쟁이 일어난 때의 개혁이어서 국제관계와 더불어 복잡하게 얽힌 문제가 한두가지가 아니므로 해석이나 평론할 때는 신중을 기해야 한다. 6월 21일(양력 7월 23일) 일본군은 경복궁을 점령하고, 서울과 인천이나 의주로 연결되는 전선을 절단하여 자기들의 횡포가 청나라로 연락될 것을 차단하고, 7월 27일에 개혁을 주도할 군국기무처軍國機務處에는 오도리 게이스케大鳥圭介가 고문을 맡았다. 그리고 의정부와 궁내부를 분리하고 청나라와 민비세력을 제치고 친일 김홍집내각을 성립시켰다. 의정부 밑에 8개 아문衙門을 두었는데 내무內務·외무外務·탁지度支·군무軍務·법무法務·학무學務·공

홍순목 삼부자의 운명

대원군의 오른팔격인 홍순목洪淳穆이 1872년에 영의정에 올라 쇄국정책을 지휘했는데 이듬해 대원군이 실각하자 물러나 있는 동안에 아들 홍영식洪英植이 갑신정변을 주도했다가 처형되자, 아버지 홍순목은 자결하였다. 그때 장남 홍만식洪萬植이 고독하게 남아 있다가 1905년 을사늑약을 보고 그도 자결하니 정치에 몸담은 삼부자의 거구한 인생이었다. 필자는 경기도 이천의 그의 고택을 방문하여 주민에게 삼부자에 대하여 물었더니 아는 이가 없었다.

무工務·농상부農商務아문이 그것이었다. 그리고 부속기관으로 군국기무처 외에 도찰원都察院·중추원中樞院·의금사義禁司·회계심사원會計審査院·경무청警務廳을 두기로 했다. 그리고 일본군이 6월 23일 청나라 해군을 기습공격하고, 29일에는 청군을 성환전투에서 격파하고 7월 1일에야 선전포고를 하였다. 그와 같이 일본은 언제나 기습하고 사후에 선전포고하는 버릇을 버리지 못하였다. 그때 군국기무처가 210건의 개혁을 했는데 형식적이지만 내용을 보면 다음과 같았다.

- 청淸과의 조약을 모두 폐기
- 종래 중국기년中國紀年을 버리고 개국기년開國紀年을 사용
- 지방 8도를 13도로 할 것
- 양반과 평민의 차등을 없애고 귀천과 문벌을 가리지 말고 인재를 등용할 것
- 문존무비文尊武卑제도 폐지
- 공사노비公私奴婢와 인신매매 금지
- 조혼을 금하여 남자 20세, 여자 16세 이상을 결혼연령으로 할 것
- 처첩妻妾에게 생남이 없을 경우만 양자를 허락할 것
- 죄인의 연좌제連坐制를 없앨 것
- 과부의 재혼 허락
- 인신구속은 사법관司法官과 경찰관警察官에 한함
- 고문형을 없앰
- 아편 사용금지
- 과거제 중지
- 궁내부 관리는 정부 관리를 겸할 수 없도록 할 것

- 외국 유학 장려
- 뇌물 수수 금지
- 신식화폐장정新式貨幣章程을 제정하여 은본위銀本位 화폐를 채용하고 백동白銅·적동赤銅·황동黃銅의 보조화폐 사용
- 세금을 화폐로 납부할 것
- 도량형 개정 통일
- 은행과 회사의 설립 시도
- 각 관아에 외국인 고문관 초빙
- 정치에 대한 건의를 자유롭게 할 것

위의 개혁안은 사실상 실질적인 의미는 적었다. 그러나 적체되어 있던 봉건적 폐습을 개혁했다는 점에서는 큰 의미를 갖는다. 개혁의 주역이었던 유길준兪吉濬은 타율적인 사실에 대해 국민과 세계와 역사에 대한 수치라고 이른바 삼치론三恥論을 전제하면서 그래도 보국안민과 개혁을 성공하면 후세에 용서받을 것으로 자위했다고 한다.[2] 삼치三恥가 개혁보다 더 뿌리 깊은 폐습이란 것을 유길준까지도 몰랐던 모양이다. 이러한 정치변동에 대하여 누구보다 민감했던 것은 일본이었다. 그리하여 정치 전문가로 일본공사를 경질하여 이노우에 가오루가 보호정치의 흉계를 가지고 도입하였다.

이노우에 가오루의 보호정치 공작으로 갑오경장은 굴절을 거듭했다. 그는 각 아문에 고문관으로 이시즈카 에이죠石塚英藏·사이토 슈이치로齋藤修一郎·니오 고레시케仁尾惟茂·오카모토 류노스케岡本柳之助·구스노세 유키히코楠

---

2   권오영·한철호, 「개화운동의 전개와 의의」, 『한국근현대사강의』, 한국근현대사학회, 2013, 76~77쪽.

瀨幸彦·호시 토오루星亨·다케히사 가츠조武久克造 등을 배치하고 차관으로 재정까지 장악했다. 이어 갑신정변 때 일본에 망명했던 박영효·서광범을 귀국 입각시켜 친일성을 강화하였다. 그리하여 제2차 개혁으로 12월 17일부터 이듬해 7월 7일까지 213건의 개혁을 추진하여 정부가 쇄신하는 듯 하였다. 실제 과거제가 없어지고 종래의 신분계급이 타파되는 등 동학농민전쟁의 폐정개혁안이 반영된 것이 없지 않았다. 그러나 개혁은 주체적이어야 하고 민중적 요구가 반영되어야 하는 것인데, 내용은 일본의 침략통로로 이루어진 것이 많았다. 그러므로 개혁의 효과를 올리기가 힘들었다.

조선 8도를 23관찰부 337군으로 개편하고 양력사용과 단발령 등을 단행하는 등 140여 건의 개혁이 이뤄진 제3차 개혁에는 미우라 고로三浦梧樓가 관여하는 등 일본의 입김이 깊숙하게 개입한 것이어서 민족적 저항이 강하게 나타났다.

그래서 민비는 일본을 견제할 방도로 러시아 외교를 열어갔는데 거기서

광무연간의 세 갈래 개혁

광무개혁사업 : 정부의 양전사업과 지계사업 등을 묶어 광무개혁사업이라
　　　　　　　한다.
광무개혁운동 : 독립협회·황국협회·찬양회 등의 최초로 일어난 시민운동
　　　　　　　을 말한다.
광무농민운동 : 동학농민전쟁이 봉쇄된 후, 영학당·남학당·북대·남대·
　　　　　　　활빈당 등이 전개한 농민운동을 말한다.

일본 총리 이토 히로부미는 무력행사가 필요하다고 생각하여 일본공사를 깡패괴수인 미우라 고로를 임명하여 그로 하여금 민비를 암살하는 을미사변을 일으키게 했다. 그러니까 갑오경장이 엉망이 되고 말았다. 남의 나라 왕비까지 암살한 이토 히로부미를 오늘날 일본 총리가 아시아의 위대한 정치가였다고 미화하고 있는데 그래도 되는 것인가?

다음에 광무개혁은 구본신참舊本新參의 원칙 아래 과거의 개혁을 정비하면서 신개혁을 추진한 것인데 이때에 독립협회를 비롯한 시민운동의 대두를 보게 되었다. 정부의 양전사업이나 지계사업 같은 개혁은 광무개혁사업이라 하고, 독립협회 같은 시민운동은 광무개혁운동光武改革運動이라 한다. 당시에 양전한 토지대장을 광무양안光武量案이라 하는데 서울대학교 규장각에서 보관하고 있다. 그것을 보면 생각보다 정밀하게 조사하여 오늘날 연구에 크게 도움이 되고 있다. 지계란 오늘날의 토지등기를 말하는데 토지 소유권을 정리하는 사업을 지계사업이라 한다. 그것을 보면 1904년에 토지 소유권이 확정되고 있었다는 것을 알 수 있다.

한편 1896년에 결성한 독립협회를 비롯한 시민운동은 1898년 만민공동회를 통하여 크게 주목을 받았는데 그 해에는 이종일을 중심한 한국민력회가 결성되었다. 그리고 최초의 여권운동단체로 찬양회도 탄생하여 시민운동을 발전시키면서 최초의 민립여학교인 순성여학교를 설립하였다. 이 때 황국협회皇國協會도 결성되었는데 보부상의 조직이었으므로 이익단체로 봐야 할 것 같으나, 시민운동이 전개되는 가운데 탄생한 것으로 보면 시민의 동향이 심상치 않았다는 것을 알 수 있다. 그렇게 시민운동이 발전하는 가운데 『독립신문』 같은 각종 신문이 발행되는 등 언론운동이 일어났던 것도 광의의 시민운동으로 특별히 주목해야 할 것이다.

3장

대한제국의 민중봉기

1. 동학농민전쟁과 폐정개혁안

동학농민전쟁의 이념이나 성격은 집강소 설치기의 사회개혁의 성격이기도 한, 폐정개혁안에 잘 나타나 있다. 폐정개혁안은 12조목으로 구성되어 있는데 그것을 분류해서 보면 다음과 같이 네 가지로 나눌 수 있다.

① 탐관오리·부호·양반 유림 등의 지배층 숙정
② 노비·칠반천인·백정·청춘과부의 해방
③ 잡세 금지·지벌타파·공사채 면제·왜와 간통한 자의 엄벌 등의 시폐
　개혁
④ 토지의 평균 분작

위에서 구조개혁인 제도개혁에 대한 내용이 강력하지 못한 것은 지도역량의 한계라 하겠다. 그러나 신분제 혁파에 초점을 맞춘 것은 구조적 모순과 시대적 모순을 일치시켜 개혁을 추진한 조처였다고 이해해야 할 것이다. 이러한 개혁안은 그 해부터 시작한 갑오경장에 반영되기는 했으나 갑오경장의 추진 주체와 농민전쟁 추진 주체의 차이로 말미암아 충분히 반영되지도 못했으며 그것이 합류하여 다음의 역사발전에 기여하지도 못했

다. 양자의 관계를 알기 위하여 갑오경장의 제1차 개혁의 추진 실태를 다시 보기로 한다.

갑오경장은 3차에 걸쳐 추진했는데, 제1차는 1894년 7월 27일부터 12월 17일까지 영의정 김홍집을 중심한 군국기무처가 주도하여 210건의 사안을 개혁한 것이다. 거기에서 청나라에 대한 독립을 천명하고 의정부와 궁내부를 각각 독립시켜 양립케 하고 6조를 8아문으로 개편하였다. 그리고 과거제도를 폐지하고 신분제를 혁파하였으며 나아가 공사노비를 해방하고 과부재가를 허용한 것 등은 동학농민전쟁의 폐정개혁안과 같았다고 할 수 있다.

2. 지계사업에 대한 정산농민의 항요*

1980년 12월 청계천 고서점에서 『정산군민요사사안定山郡民擾事査案』과 『직산군광부작변사사안稷山郡鑛夫作變事査案』이란 대한제국의 문서를 구득하였다. 그리하여 정산군 민요民擾에 대하여 보고했는데, 이것은 지계사업에 대한 농민항요農民抗擾를 내용으로 한 것이어서 구한말의 농민운동에 관심을 가지고 있는 사람에게는 주목을 끄는 문서였다. 직산군 광부작변에 관해서는 『매천야록梅泉野錄』 광무 8년 갑진 8월조에 단편적 기사로나마 전해지고 있으나 정산민요에 관해서는 다른 문서에서 발견할 수 없는 것이다. 그리고 전기의병 후 화적·영학당·활빈당·민요 등의 농민 동향이 개괄적으

---

* 이 글은 『史學硏究』 제33호(한국사학회, 1981)에 게재한 논문이다. 논문에는 자료의 원문이 소개되어 있으나 여기서는 지면관계로 생략했다.

로는 전하고 있으나 자세하게 전하는 것은 발견하기 힘들었다. 그런데 이 문서는 관변 측 문서로 한계는 있으나 그래도 농민의 동정을 자세하게 전해 주고 있어 사료의 가치가 높다.

당시는 광무정권기였다. 광무개혁에 대하여 설왕설래했듯이 정부 측의 개혁사업이 있었고, 독립협회를 비롯한 재야의 개혁운동이 활발하던 때였다. 그리고 화적·영학당·활빈당·민요 등의 농민운동도 활발하게 일어나고 있었다. 그러므로 이 글에서 광무연간의 농민운동에 대하여 고려하면서 정산민요에 대하여 살펴보고자 한다.

광무연간의 농민운동

1860년대에 민교로서 동학교가 일어났고, 삼남지방 각처에서 민란이 일어나 농민사회에 변동이 이는 듯하더니, 1870년대에 이필제의 난부터 그 민교와 민란이 합류하여 1894년에 동학농민전쟁으로 발전하였다. 동학농민전쟁은 전기의 농민전쟁과 후기의 독립전쟁으로 전개되었는데 그렇게 독립전쟁을 경험한 농민이었으므로 1896년부터는 일제 침략에 대한 의병전쟁을 담당할 수 있었다. 그런데 의병을 해산한 후 농민은 스스로의 문제, 즉 동학농민적 과제에 도전하지 않으면 안 되었다. 더구나 농민전쟁과 의병전쟁으로 농토를 떠났던 농민이 농토에 돌아간다고 해도 받아들일 지주가 없었으므로 새로운 길을 찾아야 했다. 거기에서 농민은 토비·화적·활빈당 등 그들만의 솔직한 조직을 모색하게 되었다.[1] 이러한 때에 광무정권은 역둔토驛屯土조사와 양지사업 및 지계사업 등 토지조사사업을 일으켰다. 그것이 평상시에 정상적 방법으로 실시되었다면 시급한 일이었고 농민

---

1 오세창, 「活貧黨考」, 『史學研究』21, 1969, 259~279쪽 ; 강재언, 『朝鮮近代史研究』, 일

이 요구하는 사업이었으나 시기와 방법의 문제를 안고 있었다.

먼저 역둔토 조사는 그의 관할권을 군부·탁지부·내장원으로 옮기면서 조사를 진행시켜 행정상 또는 도조 책정에서 농민 수탈의 심각성을 노출하고 있었다. 뿐만 아니라 내장원의 조사에서는 그것이 "국유지조사의 성격을 띠는 것이긴 하지만, 황실 자신이 역둔토의 지주로 군림한 이상 지주적 특질을 발휘하여 농민과의 대립을 피할 수 없는 것"[2]이라고 할 정도로 소유권 분쟁이 전국적으로 확산되고 있었다. 그때 분쟁토 80건을 연도별로 보면, 1899년 14건, 1900년 26건, 1901년 11건으로 이 시기 많은 건수를 보이고 있다. 그것은 내장원의 횡포가 심했다는 것을 이유로 들 수 있으며, 이 시기가 1898년 양지아문을 설치하고 양전사업을 추진하던 때로 농민이 역둔토에 휘말려들지 않으려는 주장이 강력했다는 것을 전해주고 있다. 아울러 그때가 화적이나 활빈당의 출현이 현저하던 때라는 점을 생각하면 농민의 권익투쟁이 활발하던 시기라는 점도 생각할 수 있다.

양전의 경비를 농민이 부담하는 외에도 양전 관계자의 월급과 교육비까지 해당 군의 공금에서 부담하였기 때문에 농민의 반관심리가 고조되고 있었다. 그러므로 광무개혁사업이 바람직한 사업이었다고 하더라도 경제사업을 빙자한 관리의 탐학으로 말미암아 농민의 수탈사업으로 변모하고 있었다. 이때는 제국주의의 침략 속에서 빈약한 재정과 외국인의 토지잠매에 대하여 농민의 소유권을 보호하고 국토를 지키기 위한 노력을 관민이 함께 노력해야 했던 때였다. 그런데 외국인의 토지잠매가 실시되고 일본은 1901년 그들의 제국의회에서 「이민보호법중개정법률안移民保護法中改

본평론사, 1970, 223~229쪽 ; 김의환,『義兵運動史』, 박영사, 1974, 46~51쪽.

2   배영순,「한말역둔토조사에서 소유권분쟁」,『韓國史研究』25, 1979, 78쪽.

定法律案」을 가결하여 일본인이 한국에서 자유롭게 이민할 수 있도록 지원체제를 갖추고 있었다.[3] 그런 사정을 고려하지 않고 한국관리는 탐학에 급급하였으니 농민은 어떤 탈출구를 찾지 않을 수 없었다. 뒤에 다시 소개하지만 그때 공전건납으로 파직과 나포된 수령방백이 부지기수였다.

지계감리의 횡포

역둔토 조사가 진행되던 가운데 양전사업이 본격적으로 착수된 것은 1898년(광무 2) 9월이었다. 그런데 양전이 실시됨에 따라 지권地券 발행이 현실적으로 제기되어 1901년 10월부터 지계사업을 위한 지계아문이 설치되었다. 지계제도의 착안은 종래 입안제도에 비하여 근대적 토지소유권제도에 착안한 것이었다. 더구나 입안제도가 관의 보호 없이 남용되고 있던 당시로서 토지소유권의 보장이 절실히 요구되고 있었으므로 지계제도의 재택은 중요한 의미를 갖는 사업이었다. 당시 외국인의 부동산 잠매가 확산되고 있던 상황을 보면 지계사업이 산림山林·토지土地·전답田畓·가사家舍의 계권契券을 정리한다는 것은 한국인의 부동산 보호를 위하여 시급한 것이었다. 그런데 지계사업을 시작한 1901년은 대흉년이어서 양전사업은 중단하고 지계사업만 추진했는데 이듬해에는 양전사업도 지계아문에서 실시하였다.

지계사업은 각 군 단위로 실시했는데 실무는 지계아문에서 임명한 각 도의 지계감리地契監理와 지계원이 담당했고, 사업의 원활을 기하기 위하여 각도의 관찰사觀察使를 지계감독地契監督으로 임명하여 차질이 없게 하였다.

---

3 金容燮, 『韓國近代農業史研究』, 일조각, 1975, 544~553쪽 ; 趙璣濬, 『韓國資本主義成立史論』, 1977, 139~159쪽.

그리고 각 군에서는 호방戶房의 관장으로 협조체제를 갖추고 서기書記와 사령使令 수명을 사업에 종사케 하였다.

그렇게 지계사업을 실시했는데 지계 발행업무는 1902년 4월 강원도 지계감리 발령 이후부터의 일이었다.[4] 그 후 각 도의 상황을 비교하고 정산군의 실태를 조사해 보니 정산군은 지계사업을 실시하지 않은 것으로 되어 있었으나 실제로 실시하지 않은 것이 아니라 실시하다가 농민 폭동을 만나 중단한 고을이었다.

정산군은 지금의 충남 청양군 정산면定山面·청남면青南面·목면木面·적곡면赤谷面을 말하는데, 1904년 지계사업이 실시되던 정산군 당시에는 읍면邑面·대면大面·내면仍面·관면冠面·목면木面·적면赤面·장면場面·청면青面의 8개 면으로 구성되어 있었다. 정산은 부여夫餘의 북쪽, 공주公州의 서쪽에 위치하여 공주감영으로 통하던 역로 외에 금강 따라 수로가 발달해 있었다. 수로는 부여에서 동북으로 15리(6km)에 달하며, 정산군 청면 왕진리汪津里에는 뱃터가 남아 있다. 왕진리는 동쪽 60리에 공주가 있어 세곡稅穀의 운반을 맡는 등 교통의 요지였다. 그러므로 왕진리에는 사창社倉이 있어 창현倉峴이라는 자연촌락을 이룬 곳도 있었다. 금강의 수로는 군산·강경·부여·공주를 연결하여 강경시장의 고사가 말해 주듯이 상업경기가 활발하였다. 그러한 공주와 부여 간에 왕진리 나루터가 위치한 것이다. 따라서 왕진리 이웃인 적면 미당리美堂里에는 장터가 발달해 있었다. 왕진은 정산군의 관문으로, 미당을 연결하는 통로는 정산군 사회문화의 동맥과 같은 곳이었다. 1904년 정산군의 농민 항요는 바로 왕진리 농민을 주축으로 청면 농민이 앞장선 농민폭동이었다.

---

4 「地契衙門來文」, 奎章閣圖書室本, 제1책 참조.

농민 폭동이 일어나자 사핵관查覈官으로 천안군수 김용래金用來가 파견되었는데, 김용래는 정산군의 호방서기 전상응全相應과 이장묵李章黙의 공술을 받아 보고한 것이 『정산군민요사사안』이었다. 그러므로 그것을 주본으로 삼고 다른 공술을 참조하여 정산 민요의 원인을 추적하면 다음과 같았다.

정산군에 지계감리가 설치된 것은 1904년 2월 6일(음력 1903년 12월 21일)이었다. 그리고 이튿날부터 각 면에 고시하여 구권舊券을 회수하며 지계사업을 시작했는데 농민이 규정대로 호응하지 않아 계금을 걷지 못하였다. 그런데 각 동에서는 지계위원과 파원의 작폐가 심하여 원성이 자자하였다. 그때는 음력 그믐이라 새해 설을 맞는 준비가 진행될 때였다. 그런데 칠갑산의 적경賊警이 심하고 흉년이 겹쳐 생활무로중生活無路中이었다고 한다. 그런 어려움을 고려하지 않고 지계사업을 강행한다니까 정산 농민은 그에 호응할 수가 없었다. 더구나 정산군은 양전사업을 마지막으로 실시하여 이제 막 끝냈는데 쉴새 없이 지계사업을 실시한다니 반발이 심할 수밖에 없었다. 그래서 정산군민은 공주같이 군세가 좋은 고을부터 실시하라고 외치고 있었다. 그리고 그때 의정부의 주언에 따라 지계아문을 혁파하고 탁지부에 양지국量地局을 설치하여 양전 지계사업을 관장하기로 변경하여 업무가 이관되고 있었다. 그런 과도기에 지계사업을 실시하여 원성만 사게 되었다.

정산에서 지계업무의 시행을 공고한 것은 1904년 2월 7일이었는데 일주일만인 2월 14일부터는 업무를 회피하고 있는 목면 증곡리 우두병禹斗丙과 증곡리장을 불러 태형 20대를 가하면서 구권 회수와 계금을 독촉하였고, 2월 18일에는 목면 상신대리장上新垈里長에 이어 장면(현재 청남면) 상장리 윤화경尹化京, 상장리장, 청면 상현리장에게 태형을 주었으니 연말연시에 휘두른 감리의 몽둥이가 백성의 원성으로 변하고 있었다. 그 위에 파원들의 민폐와 체재비 부담이 농민을 괴롭혔다.

이와 같이 지계 관계자의 직권남용으로 정산군민을 괴롭혔으므로 정산 군민은 울분을 터뜨려 그 해 3월 1일(음력 정월 보름) 폭동을 일으켰다. 지계 감리서를 습격하여 감리와 위원을 난타·축출하고 문서를 소각 파기하였다. 그리고 이튿날 다시 모여 가리동 윤영구尹永九의 집과 이화천동의 김교목金敎穆의 집을 습격하여 그들의 횡포를 규탄하며 훼가출송毁家黜送하였다. 이와 같이 광무정권의 지계사업은 감리를 비롯한 관계자의 탐학으로 말미암아 궤도를 이탈하고 있었다.

농민항요의 전말

항요의 계획은 청면 왕진리의 김덕현金德玄과 조병길趙炳吉을 중심으로 만들어 이웃마을인 중산리 유진일兪鎭一과 함께 추진하였다. 정월 보름날 거사할 계획을 세워 조병길·유진일이 작성한 통문을 2월 26일(음력 1월 11일) 각 마을에 돌렸다. 통문의 내용은 보름날 미당리 장터에 집결하여 읍으로 가서 먼저 군수에게 호소하고, 다음에 서울로 가자는 것이었다. 통문에 불응할 때는 회가출송한다는 협박도 하였다. 그리하여 보름날 미당리에 모여 군청으로 갔는데 군중은 1,000명을 넘었다. 군중은 군수에게 지계혁파와 감리축출을 요구하였다. 감리는 자기의 상관이라 하여 군수는 명령할 수 없다고 하자, 군중은 감리서로 몰려가 지계감리와 위원 두 명과 사령까지 난타하고 지계문서는 찢어서 눈덩이와 흙탕물에 던져 짓밟아 버렸다. 그리고 청면의 문서는 불태워 없앴다. 이때 크게 다친 감리는 군수가 구출하여 은신시켰다가 이튿날 공주감영으로 호송하였지만 이튿날 군중은 다시 모여 윤영구尹永九와 김교목金敎穆의 집을 습격하여 집은 헐어버리고 사람은 마구 때려 쫓아버렸다.

이러한 사실이 알려지자 공주감영에서는 10일 뒤인 3월 12일에 순검 2인을 파견하여 관계자 검거에 나섰다. 그리하여 우사오禹思五·전순경全巡京·윤병일尹炳一 등을 검거 감금하였다. 이에 격분한 농민이 3월 15일 다시 모여 군청을 습격하여 감금된 3인을 탈취 방면하였다. 이러한 과정을 겪느라고 정산군은 3월 1일부터 15일까지 보름동안 대단히 분주한 날들을 보내야 했다. 그때는 러일전쟁이 한창 전개되고 있던 때였으므로 나라를 정직하게 성실하게 운영해도 운명을 장담할 수 없었는데 부정과 탐학으로 얼룩지고 있었으니 국력은 더욱 쇠약해질 수밖에 없었다.

항요 후 군중의 동향

다음으로 군중의 사회경제적인 성격을 살펴보기로 한다. 항요의 중심적 역할을 했던 청소면 양안을 조사해 보았더니, 농토 1,946필지 가운데 76필지가 소작농이고, 그 외 96%는 자작농이었다. 소작지는 각 마을에 분산되어 있고, 부재지주는 팽남평彭南坪에 관둔답, 우정평牛井坪에 충훈부답이 각각 1필지씩 있고, 팽남평, 중산평, 온미하평에 서울의 민영준閔泳駿(휘徽)의 논이 9필지가 있었다. 그리고 항요의 중심적 역할을 했던 왕진리는 184필지 가운데 2필지만 소작농이고 나머지는 모두 자작농이었다. 그들의 생활정도를 알기 위하여 가옥을 조사해 보았더니 모두 초가삼간 이하에서 살고 있었다. 왕진리는 94호가 8간의 와가와 271간의 초가에서 살고 있었다. 호당으로 보면 3간이 안되고 5간 이상의 집은 4호뿐이었다. 그러므로 모두 고르게 살기는 해도 잘사는 농민은 아니었다. 청소면민은 521호였는데 와가 16간, 초가 1364간이었으니 평균 2.65간에서 살았던 셈이 된다. 와가가 16간 밖에 없었듯이 면내에 큰집은 없었다. 이러한 점은 지주 소작농이 극단적으로 분화되어 있던 삼남지방의 일반적 경향과는 다른 특수현상이었다. 그러나 그것이 농민의 동질적 의식형성이나 행동양식에는 도움이 된다고 이해되어야 할 것이다.

항요의 주동자는 우사오·정윤경丁允京·김명현金明玄·윤도현尹道玄·조병길·한수보韓水甫·전순경·윤병일·유진일·김덕현 등인데 모두 감옥에 가서 고생하였다. 그 후 영학당·남학당·동학당·활빈당에 투신했다가 중기의병으로 활약했던가 하면, 중기의병 홍주의진의 민종식閔宗植이나 이남규李南珪의진에서 항전한 경우도 있었다. 그리고 조병길처럼 만주의 김좌진金佐鎭과 연락하며 독립군으로 활약하기도 했다. 그리하여 1916년 이후에 대한광복회大韓光復會 조직이 충청도로 확대될 때 거기에 참가한 인물이 있었다. 이러한 점을 고려하면서 몇 가지 자료를 찾아 다음과 같은 사실에 주목해 보자.

당시의 역사평론집인 『매천야록』에서 "관찰즉십만이십만觀察則十萬二十萬 일등수령즉소불하오만량一等守令則少不下五萬兩"[5]이라 할만큼 수령방백을 사고 팔던 당시였고, 그래서 수령의 교체가 심하여 1년에 5개군의 군수 발령을 받았는가 하면 1년에 5명의 군수를 맞아야 했던 고을도 있었고, 경주군수는 35만 냥에 팔리기도 하였다.[6] 그래서 이적吏賊의 폐가 화적의 폐해보다 더욱 심하였다.

『일성록日省錄』에 공전건납의 이유로 파직 또는 나포된 수령의 명단이 소개되어 있는데 전국에 걸쳐 있다. 여기서 1903년의 사실을 전해주는 곳의

---

5 黃玹, 『梅泉野錄』卷3, 光武 5년 辛丑11월조.
6 위의 책, 光武 7년 癸卯 5월조. 한편 『續陰晴史』를 보면 金允植이 흑산도에 유배를 살고 방면될 때 9살의 여아를 42냥에 사서 온 사실이 발견되고, 『尹致昊日記』를 보면 그가 개운사에서 여성과 동침했는데 하룻밤에 17냥을 준 사실이 발견된다. 당시 쌀값이 1석 500냥과 비교하면 백성의 삶이 얼마나 고달팠던가를 알 수 있다.

군명만 소개하면, 연풍延豊·봉산鳳山·경주慶州·광주廣州·영광靈光·홍주洪州·순천順天·보은報恩·연안延安·성천成川·용인龍仁·청주淸州·나주羅州·예산禮山·전주全州·해남海南·대흥大興·신천信川·지도智島·보령報寧·풍천豊川·아산牙山·신천信川·원주原州·함양咸陽·장연長淵·영암靈巖·무안務安·용담龍潭·간성干城·무장茂長·부평富平·문화文化·안악安岳·함평咸平·염포藍浦·영천永川·의성義城·군위軍威·안주安州·용천龍泉·함양咸陽·울진蔚珍·은진恩津·공주公州·문경聞慶·삭주朔州·마전麻田·용강龍岡·석성石城·서흥瑞興·교하交河·청양靑陽·임피臨陂·안동安東·창녕昌寧·함창咸昌·운봉雲峰·덕천德川·선천宣川·진잠鎭岑·목천木川·고령高嶺·북청北靑·진주晉州·보성寶城 등으로 전국에 걸쳐 있다. 그러니까 관리의 부패가 일반적 경향이라는 것을 알 수 있다.

이와 같이 광무연간의 농민은 광무정권에 반기를 들고 있으면서 광무개혁운동에는 참가하지 않고 있었다. 그리하여 독자적으로 영학당이나 남학당, 동학당이나 활빈당을 결성하여 항요를 계속하였다. 그러다가 을사늑약을 전후하여 중기의병을 일으키거나 그에 합류했다. 그렇게 보면, 농민운동은 1862년 삼남지방 농민전쟁 이후, 이필제의 폭동 → 동학농민전쟁 → 전기의병전쟁 → 광무농민운동 → 중기의병전쟁으로 이어지는 역사적 맥락을 형성했다고 이해되는 것이다.

3. 광무농민운동의 전개와 중기의병의 궐기

광무농민운동이란 1897년부터 1905년까지 정부의 광무개혁사업과 독립협회 등의 광무개혁운동이 전개될 때 진행된 농민운동을 말한다. 개혁사업은 정부가 추진한 양전사업이나 지계사업 등의 개혁사업을 말하고, 개혁운동은 독립협회와 한국민력회·개혁당 등의 시민운동을 통해서 추진된 개혁운동을 말하며, 그때 진행된 광무농민운동은 영학당·남학당·활빈당 등의 농민조직을 통해서 나타난 민중운동을 말한다. 그때 여러 조직을 통해서 나타난 농민운동을 하나로 묶어 개념화한 것이 광무농민운동이다.

광무농민운동은 1894~1896년의 전기의병전쟁이 끝난 후, 1904~1907년의 중기의병전쟁이 일어나기 전에 전개된 농민운동을 말하는데 때마침 1897년에 대한제국이 성립하면서 '광무光武'라는 연호를 사용하여 그때의 역사상을 모두 광무라는 이름 아래 부르는 것이 좋아 광무개혁사업이니, 광무개혁운동이니, 광무농민운동이라 했다. 자료에 나타난 농민운동조직은 영학당·남학당·동학당·서학당西學黨·북대·남대·초적·의적·의비義匪·화적, 그리고 활빈당 등이다. 그들이 1904년부터 의병으로 전환 발전해 간 것이다. 그렇게 발전해 간 대표적인 의진이 영해지방의 신돌석申乭石의병이었다.

전기 의병전쟁에서 영해지방은 대단이 활발하던 지방이었다. 그러므로 중기의병에서도 주목할 활동이 기대되고 있었다. 그런데 중기의병에서는 이상룡李相龍·박경종朴慶鍾의 가야산의병이 차은표車殷杓의 부주의로 실패한 후 크게 일어나지 못하다가 1906년 4월 6일 신돌석의 영릉의진이 봉기함으로써 명예를 지킬 수가 있었다. 그런데 영릉의진은 양반고을에서 양반이 아닌 평민의병으로 봉기하였다. 그리고 3년에 걸쳐 항전하며 명예를 크게 높여 새로운 주목을 받지 않을 수 없었다.

의병이란 나라가 위급할 때 나라를 구하기 위하여 일어난 민병을 말한다. 그러므로 의병을 일으킨 사람은 민병을 모을 수 있는 능력이 있어야 한다. 그 능력은 민종식·임병찬林秉瓚처럼 돈이 많거나 유인석柳麟錫·김도화金道和·이수악李壽嶽처럼 명성이 높거나, 최익현崔益鉉·정환직鄭煥直·허위

許蔿처럼 관직이 높거나 어느 한 가지는 갖추어야 했다. 그래야 인원을 동원할 수가 있었고 군수물자를 공급할 수 있었다. 그렇다면 신돌석은 어떤 능력이 있었고 어떤 조직이 있었던가? 거기서 필자는 광무농민운동이란 조직기반을 주목한 것이다. 그리하여 1984년에 조교였던 공기택孔基澤과 조창용趙昌容으로 하여금 안동 청송·영덕·울진·영양 일대의 노인들에게 활빈당에 대한 증언을 채집하였다. 그때 증언한 노인은 안동의 김태현金泰顯(98), 청송의 이종호李鍾鎬(95), 신건환(76), 영덕의 권효달權孝達(87), 서두석徐斗錫(65, 문화원장) 울진의 최창웅崔昌雄(미상), 주례득朱禮得(74), 영양의 유분이(90), 김용운金龍雲(83), 장보영(63), 강명원(79), 황응석(75), 황상도黃相燾(86)옹이었다.[7]

광무농민운동의 성격

농민은 1862년 삼남지방 농민전쟁후의 상태를 보면, 이필제의 폭동 → 동학농민전쟁 → 전기 의병전쟁을 담당했는데 1896년 의병전쟁을 일단 해산한 다음에는 자신의 독자적 조직을 만들어 농민 권익을 위하여 노력하지 않으면 안 되었다. 그 독자적 조직이 영학당·남학당·서학당·동학당·북대·남대·초적·화적 등이었는데 1900년부터 활빈당으로 개편되고 있었다.[8] 이와 같이 1900년을 전후하여 농민들이 독자적 권익운동을 발달시

---

7 ( )안의 연령은 1984년 증언 당시의 연령이므로 지금은 모두 100세를 넘거나 작고하였다. 당시 증언한 녹음테이프는 영덕군의 신돌석기념관에 기증하였으므로 보관하고 있을 것이다.

8 이윤상, 「대한제국기 농민운동의 성격」, 『1894년 농민전쟁연구2』, 역사비평사, 1992, 341쪽 ; 이영호, 「농민전쟁 이후 농민운동조직의 동향」, 『1894년 농민전쟁연구4』, 역사비평사, 1995, 167쪽.

키고 있던 농민운동을 그때가 광무연간이므로 광무농민운동이라 한다. 광무농민운동은 종전처럼 동학조직을 외피로 했거나 유림의병장에 의지한 것이 아니라 자신의 조직이었고, 자기의 권익운동을 전개했다는 독자성을 특징으로 했다. 그것이 1900년부터 활빈당으로 발전하고 있었다.

전기의병에서 서울의 청년유생이 김하락金河洛을 중심으로 남한산성에 집결하여 항전하다가 패전하고 남하하여 그 해 6월에는 영덕 오십천 전투를 맞아야 했는데 거기서 김하락은 전사하였다. 그 후 의진은 광주의진廣州義陣과 이천의진利川義陣으로 갈라졌는데 그 후에 그들은 어떻게 되었던가? 김도현의 『벽산일기碧山日記』에 그들의 잘못된 이야기가 수없이 나온다. 그리고 『매천야록』에는 "이때 의병으로 활약했던 사람들이 토비로 둔갑하여 경보警報가 그치지 않기 때문에 지방병地方兵을 설치해야 한다는 여론이 일어났다[是時 義兵散者 轉成土匪 警報不絶 故地方設兵之議起]"라 했다.[9] 이러한 기사는 양회일梁會一의 『행사실기杏史實記』에서도 발견된다. 그러므로 광무농민운동은 전국적인 현상으로 이해되어야 할 것이지만, 이러한 광무농민운동을 화적이나 토적의 무리로 치부해서는 안 된다. 그들은 부정부패를 일삼는 관리를 공격하며 관청이나 악질부호의 재산을 빼앗아 어려운 사람에게 나누어주는 의적이 많았다.[10] 그들은 빼앗은 재물로 부자가 되기를 원하지 않았다. 그들은 빼앗은 재물을 보관할 창고도 없었다. 재물을 축재하지도 않았다. 재물은 모두 나누어 주었다. 그래서 의적이라 했던 것이다.

예천 맛질마을의 선비 박주대朴周大의 일기 『저상일월渚上日月』을 보면,

---

9 황현, 『梅泉野錄』, 建陽 元年 丙申條,

10 이윤상, 「대한제국기 농민운동의 성격」, 『1894년 농민전쟁연구』2, 역사비평사, 1992, 353쪽.

1899년부터 활빈하는 도적이 나타나 1900년에 크게 활약했다고 한다.[11] 김윤식은 『속음청사續陰晴史』에서 "빈민이 그 덕을 기리어 목비를 세우니 숲과 같았다[貧民頌其德 立木碑如林]"고 칭송까지 했다. 그것을 고려하면서 현지를 조사했는데 증언자 서두석옹은 "동학과 의병으로 나중에 갈 곳 없는 사람이 도적 아닌 도적이 되어 활빈당이 되었다. 그들은 사발통문으로 연락하며 부자집을 털고 왜놈과 통하면 용서하지 않았다"라고 했으며, 이종호옹은 "활빈당이 청송군 부남면 하속동을 1903년 10월 11일에 습격하여 마을 전체를 불태우고, 경주군 강서면 사리골에서는 그곳 김진사가 토지를 가난한 집에 나누어 주었다고 군자마을이라 하며 특별이 보호해 주었다"고 했다. 그러한 도적떼가 1900년부터는 활빈당으로 개편해 갔다. 활빈당이 포고했던 「대한사민논설大韓士民論說 13조목十三條目」을 보면, 그전의 의적들이 요구한 것보다 농산물 수출·외국상인의 경계·금광채굴 금지·철도부설권의 철회 등, 제국주의 침략에 대한 경고가 강화되고 있었다. 이것은 대단히 중요한 차이였다. 영학당이나 화적 당시에는 부정부패를 규탄하던 농민운동이 활빈당에 이르러 제국주의 침략을 규탄하는 농민운동으로 변해가고 있었다. 그러니까 활빈당이 1904년부터 중기의병으로 전환 발전했던 것이다.

활빈당이 의병으로 전환

1904년에는 러일전쟁이 일어나고 2월 23일에는 한일의정서가 강제로 늑결되었다. 그러므로 일본제국주의의 침략이 가시적으로 느껴졌다. 그러한 변화에 따라 화적이나 초적들이 투쟁대상을 서서히 제국주의로 옮기고 있

---

11 朴周大 저, 박성수 역, 『渚上日月』상, 서울신문사, 324~334쪽.

표 4 1905년 5~10월의 의병 관련 기사

신문	보도일자	장소	내용
황성 신문	5. 10	죽산·충주	50명 의병이 마을의 돈과 양식을 빼앗음
	5. 15	괴산·진천	1,000여 의병이 충주에 주둔
	5. 16	죽산·안성· 음죽·양지	의병이 여러 마을에서 돈과 양식 탈취
	5. 19	진천	박재만 의병 70여 명 읍에서 재물 탈취
	5. 22	청산	비류 200여 명 의병이라며 재물 탈취
	5. 24	제천	의병150명이 말 타고 조총으로 재물 탈취
	5. 27	경기도와 충청북도	각처에 비도와 의병이 창궐하여 수원진위대와 청주진 위대 출동
	5. 29	충주와 청주	의비 300여 명과 접전
	5. 29	죽산	의병 20명과 일본군 헌병대 교전
	5. 29	서울	일진회장 윤시병이 군부에 의병소탕 공문 보냄
	6. 6	경기도 광주	의병 200명, 재물과 총기 탈취
	6. 8	보은	의병 200명이 총기 40여 자루와 재물 탈취
	6. 14	양근	의병 45명이 총을 쏘며 일진회 습격, 재물을 탈취
	6. 15 ~20	지평	의병이 일진회원 9명과 단발한 자 1명을 포살
	7. 12	홍천	의병이 일진회원 납치
대한 매일신보	8. 24	원주	의병 원용구元容八, 각국 공관에 성명서 발송
	9. 8	영춘	의병, 포군을 모병
	9. 8	단양	원용팔의 격문을 배부
	9. 10	충청북도	의병의 재물과 총기탈취가 횡행
	9. 13	영월	의병 작폐가 우심함
	9. 20	정선	원용팔 의병 200여 명을 원주진위대와 일진회가 체포
	9. 29	홍천	서석면과 동면에 의병 200명 주둔
	9. 29	강릉	영월·정선·평창의병을 포군이 막음
	10. 2	영월	의병이 재산을 약탈
	10. 18	영춘	의병 정운경 체포
	10. 18	충청도와 경상도	의병이 동학도처럼 주문을 외우다
	10. 26	서울 광화문	의병 6명을 일본헌병이 체포

신문	보도일자	장소	내용
대한 매일신보	10. 27	청산	의병이 모임
	10. 28	풍기	의병 200명 읍내 점령
	10. 29	단양	의병 창궐하여 진위대 주둔
	10. 31	보은	의병 30~40명이 화양동 주둔
	10. 31	청풍	의병 50명 출현
	10. 31	회인	의병 40명이 인리청에 유숙

비고 : 모두 을사늑약 직전의 기사임, 모두 중부지방, 화적·초적과 행동의 차이가 없음

었다. 그리하여 1905년이면 활빈당이 아니라도 의병으로 전환한 양상을 보였다. 당시 신문에 보도된 의병기사를 모아 보기로 하자.[12]

의병기사를 보면 중기의병은 을사늑약 이전부터 일어나고 있었다는 것을 알 수 있다. 그것은 1904년 한일의정서가 늑결되면서 일제의 침략이 구체화되는데 대한 민족적 조처로 보아야 할 것이고, 이제까지 남학당·동학당·서학당·영학당·북대·남대·화적·초적 등이 1900년을 전후하여 활빈당으로 개편했던 광무농민운동을 전개하며 중기의병으로 전환했던 것으로 이해되어야 할 것이다.

12　화적과 초적기사는 수백 건이 있으나, 여기서는 이를 모두 집계하지 않고, 의병기사만 모았다

4장

일본 제국주의의 침략과 대한제국의 종말

1. 영·미의 책략과 일본 제국주의

일본 제국주의의 침략은 제1단계로 1876년 강화도조약을 성공시킨 후, 1884년 갑신정변에 개입하여 제2단계의 야욕을 달성하려다가 실패하고, 제3단계로 1894년 갑오경장의 내막을 잡고 조선을 보호국으로 만들려고 했다. 그러나 민족적 저항과 정부의 외교적 노력, 그리고 열국의 견제로 뜻대로 달성하지 못하였다. 그러나 조선이 그때 조선의 국호를 대한제국으로 고치며 중흥을 꾀했던 것을 보면 독립의지가 조야에 넘쳤던 것을 알 수 있다.

그리하여 일제는 영·미 제국주의와 결탁하여 대한제국을 새로운 단계에서 침략해 왔으므로 1900년대 초부터 동북아정세도 새롭게 변화하고 있었다. 구체적으로 보면, 러시아제국주의의 진출을 크리미아전쟁(1854~1856)과 아프가니스탄전쟁(1878~1880)으로 막고, 다시 극동지방으로 터져나오는 러시아를 일본의 힘을 빌려 막으려고 계산한 것이 영국과 미국의 속셈이었고 그 대가로 일본에게 한국 침략의 우선권을 보장했다. 이것은 한국 침략을 소원했던 일제로서 절호의 기회였다. 그리하여 영일동맹을 맺고(제1차 1902. 1. 30, 제2차 1905. 8. 12) 러일전쟁을 도발하는 한편, 1905년 7월 29일 미일협정 즉 태프트-가츠라 비밀협정을 맺은 것이다.

그에 이어 미국의 중재로 러일강화조약 – 포츠머스조약(1905. 9. 5)을 체결하여 일제는 한국 침략의 우선권을 확보하였다. 이것이 일제의 제4단계 한국침략이었다.

2. 근대화개혁의 차질과 대한제국의 쇠퇴

조선후기 사회변동과 실학운동은 19세기 세도정치의 보수반동으로 봉쇄되고 1860년대의 개혁은 혁명개화당의 갑신정변이나 갑오경장이 설명하듯이 외세(일본)의 힘으로 개혁을 추진하다가 국내의 대중으로부터 외면당하여 성공하지 못하였다. 그리하여 대한제국에는 독립협회를 비롯한 시민운동과 동학농민전쟁과 광무농민운동으로 나타난 민중운동이 별도로 존재하게 되었다. 제국주의의 침략을 받고 있던 조건을 생각하면 시민운동과 민중운동이 상보하여 하나의 힘으로 전개되어야 했는데 그것을 성취하지 못한 것이 한국근대사의 최대 약점이었다. 그 틈에 일본 제국주의가 침투하여 1904년 한일의정서를 강제 체결하면서 독도獨島를 잠식하고 을사늑약(1905)으로 통감부를 설치하여 고문정치를 감행하고 이어, 1907년에는 한일신협약(정미조약)으로 일본인이 각부 차관을 맡고 아울러 한국은 통감부의 감독정치를 맞아야 했다. 그와 동시에 대한제국의 군대를 해산하고 1909년에는 사법권과 경찰도 그들이 인수하고 이듬해에는 대한제국을 완전히 그들의 식민지로 편입시켰다. 1910년 합방조약으로 대한제국은 이름도 없어지게 되었다.

3. 일제의 대한제국 국토 잠식

일본 제국주의는 일시에 대한제국의 모든 것을 삼킨 것이 아니라 삼킨 것이 소화될 수 있도록 주변문제를 하나 둘씩 잠식하고 연후에 큰 것을 삼켰다. 그것이 1905년 독도를 점령하고 1909년 간도를 청나라에 넘기는 횡포를 자행한 것이다.

1905년 독도 잠식

일본은 1905년 2월에 「일본해(동해)에서 무인도 하나를 발견했는데 주인을 찾으니 없다. 주인이 없으면 일본 영토로 편입시킬 예정이니 신고를 하라」 시마네島根현 고시를 공고하였다. 그래도 아무 신고가 없으므로 일본은 영토로 편입시켰다는 것이다. 그때는 러일전쟁이 치열한 때로, 승전하고 있던 일본은 1년 전의 한일의정서의 "한국은 일본에게 군사시설의 편의를 제공한다"라는 규정에 따라 한국의 동해안에 20여 개의 포대를 설치하고,[1] 러시아 함대의 출동에 대비하여 동해를 완전 장악하고 있었다. 그래 놓고 독도를 점령하여 다케시마竹島라고 이름까지 지었는데 그때 대한제국 정부에서 항의해도 변명조차 하지 않던 일본이 이제 와서 자기들은 국제법을 지켰다고 말하며 독도의 영유권을 주장하고 있는 것이다.

시마네현 고시가 국제법상의 고시가 아니라 대한제국을 침략하는 제국주의의 사기극인 것이다. "일본 제국주의의 한국 침략은 독도 점령으로 막을 올렸다"라고 보아야 한다. 그러므로 1945년 세계대전이 끝난 후, 일본에 주둔했던 맥아더사령부가 일본 국토를 나타낸 연합군총사령부 지령

---

[1] 春川憲兵隊(강원도경찰국), 『江原道狀況梗槪』, 1913.

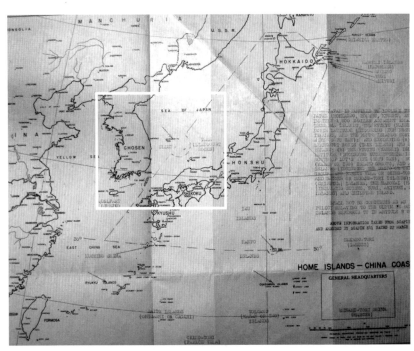

일본과 중국, 한국간의 해상경계를 구획한 연합군 총사령부 제작지도

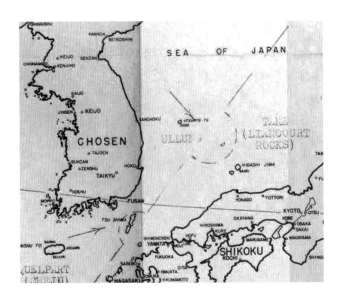

SCAPIN7677호에 제주도·울릉도·독도는 포함되지 않는다고 명시했던 것이다. 그것을 1952년 샌프란시스코 강화조약 때 일본의 교활한 교섭에 의하여 독도는 제외시켰는데 그때 한국은 6·25전쟁 중이어서 그런 일이 전개되고 있는 것을 알지 못했고, 또 강화조약 실무자들이 한국정부에 의견을 타진해 왔는데 당시 이승만 정부는 부산에서 직선제 개헌파동을 일으키느라고 뚜렷한 답변서를 보내지 못하였다. 그래서 강화조약에서 독도가 빠지게 되었는데 빠진 후 독도에 일본 어선이 몰려오니까 급한 나머지 이승만 정부가 억지 춘향으로 평화선을 선포했던 것이다.

그렇다면 한국의 독도 영유권의 주장은 어떤 내용인가?

독도는 『삼국사기』의 기록대로 신라 지증왕智證王 때부터 우산도于山島(울릉도)의 부속 도서로 신라의 영토였다. 그 후의 『고려사 지리지』와 『세종실록 지리지』와 『동국여지승람』과 같은 지리서를 보아도 변함이 없었다. 부속 도서라는 것은 울릉도에서 독도가 육안으로 볼 수 있고, 그 외에도 같은 대륙붕으로 보거나 해류의 흐름으로 볼 때나 어류와 수목 등 동식물의 분포로 볼 때 같은 권역이라는 것을 확인할 수 있다.

그렇다면 울릉도와 달리 왜 독도라고 하느냐? 그것은 조선시대에 울릉도와 달리 돌로만 되어 있다고 해서 한때 석도石島라고 했는데 그때 본토에서 울릉도 이민을 추진하면서 전라남도의 순천 주민을 이민시킨 바가 있었다. 그랬더니 이민자들이 석도를 '독섬'이라 불러 '독도'라는 이름이 생겨난 것이다. 당초에 석도라 한 것은 돌섬이란 뜻이었는데 "돌"은 표준어이고 돌을 영남에서는 "돍"이라 했던가 하면 전남 순천지방에서는 "독"이라 해서(지금도 독이라 한다) 석도를 독섬이라 했던 것이다. 그리하여 독섬에서 음독을 취하여 독도라는 이름이 나오게 되었다.

그렇다면 조선시대 지도에서 독도가 울릉도 보다 육지에 가깝게 그려진 것이 많은데 그 이유는 어디에 있는가? 그것은 배를 타고 가면 해류가 독도를 먼저 가고 나중에 울릉도에 가기 때문에 해류를 따라 가면 울릉도가 더 먼 곳에 있는 것으로 착각하기 마련이어서 그렇게 그린 것이다.

역사적으로 독도는 한국 영토이고 국제법으로 보아도 한국 영토라는 주장에 이상이 없는 것이다. 그런데 일본은 이것을 국제사법재판소에 가서 재판을 하자고 하는데 논리에 밀리니까 재판하자는 것이다. 거기에서 결말이 나지 않으면 독도는 분쟁지역이라는 팻말을 붙이게 되는 것이다. 일본이 바로 그것을 노리는 것이다. 분쟁지역이 되면 가령 거기에서 석유가 나기라도 하면 분쟁국은 모두 국제적으로 발언권을 가지니까 일본은 그것을 최대 수확이라고 그것을 노리고 있다. 그러나 한국으로는 재판에 응한다는 것이 이상하다. 가령 자기의 형제나 자식을 어느 도깨비가 자기의 자식이라고 주장하다가 나중에는 재판하자고 한다면 응할 것인가? 응한다는 것이 그럴 수도 있다고 자인하는 것이 아닌가? 그러므로 일본이 하자는대로 국제사법재판소에 갈 이유가 없는 것이다.

일본의 주장에 대하여 어떻게 생각하는가? 불쾌하다. 지금의 일본은 제국주의 국가는 아니다. 그런데 제국주의를 옹호하거나 제국주의 방식으로 논리를 펴면 제국주의자가 되는 것이다. 그러므로 이제는 제국주의적 사고에서 벗어나 대동 민족주의에 동참하기를 기대한다. 한국측에 과오가 있었다면 1952년 샌프란시스코 강화조약 때 이승만이 자신의 대통령 중임에 집착한 나머지 부산에서 정치파동을 일으키느라고 정신이 팔려, 대응하지 못한 것이 첫째 잘못이고, 다음은 1965년 한일협정 때 박정희가 6억 달러의 돈을 얻어오기 바쁜 나머지 독도문제를 거론하지 않은 것이 잘못이고, 다음에는 김대중 정부가 노벨평화상에 집착한 나머지 어업협정에서 독도 일원을 공동어로구역으로 합의하여 독도가 위험하게 된 것을 묵과한 것이 잘못이었다. 그것은 후회는 되지만 본질적인 문제는 아니다.

1909년 간도협약의 횡포

간도墾(間)島는[2] 두만강과 송화강 상류의 토문강土門江 사이의 지대로서, 숙
종조에 백두산白頭山 정계비定界碑를 세움으로써 조선의 영토라는 점이 명확
해졌다. 그런데 토문강이 어디냐를 놓고 조선과 청나라 사이의 의견이 달
라, 국경분쟁지역이 되고 말았다. 토문강에 대하여 조선에서는 송화강 상
류의 토인들이 부르는대로 토문강을 말한다고 하고, 청나라는 도문강(두만
강)을 가리킨다고 주장하였다. 그리하여 국경분쟁이 일어났는데 이것을 해
결하기 위하여 1885년과 1887년 조청 양국간에 간도 영유권협상이 있었
으나 결말을 보지 못하였다. 그때 청에서는 간도에 통치권을 행사하고 있
었다. 통치권 외에 관원들의 횡포와 마적들의 출몰도 빈번하여 거기에 살
고 있는 조선인은 온갖 고초를 당하고 있었다. 여기에 이르러 조선 동포들
은 안정을 보장해 달라고 모국에 호소하고 있었다. 이에 대한제국 정부에
서 1902년 5월 이범윤李範允을 시찰원에 임명하여 간도에 파견하였다. 간
도시찰원墾島視察員 이범윤의 보고에 의하면, 그때 동포가 13,000호라고 했
으며 1902년 8월과 1903년 5월 2차에 걸쳐 청국관헌의 불법 약탈이 있
었다고 했다. 그 외에도 동포학교의 교사와 학생에게 자행한 청나라 관리
들의 작폐가 자심하다고 지적되어 있었다. 그러니까 대한제국 정부에서는
이범윤의 권한을 강화할 필요가 제기되어 간도시찰원을 간도관리사墾島管理
使로 승격시켰다. 이범윤은 1903년 8월에 간도관리사에 임명되어 지방관

---

2 간도는 원래 개간한 곳이라 하여 墾島 또는 北墾島라 표기했는데, 일제 통감부가 용정에
統監府間島臨時派出所를 설치하면서 間島로 표기하여 間島라는 이름이 생겨났다.

의 권한을 나타내는 유척鍮尺과 이두마패二頭馬牌를 받았다.

간도관리사가 관할하는 지역은 『대한제국지도大韓帝國地圖』에서 보는 바와 같이 "백두산 정계비 아래로부터 토문강 이남에 이르기까지"였다.[3] 이 범윤은 거기에서 충의대忠義隊란 이름의 사포대를 편성하여 경찰력을 발휘하였다. 그리고 그 지방의 선비 김로규金魯奎(1846~1904)로 하여금 간도의 역사지리서인 『북여요선北與要選』을 편찬케 하였다. 김로규가 편찬한 것을 1925년과 1927년에 박용만朴容萬 등의 인사가 증보·간행하여 배포하였다. 『북여요선』은 간도에 관한 고전으로 중요한 자료이다.[4]

---

3   박민영, 「대한제국의 영유권행사와 일제의 간도 강탈」, 『독립기념관』306호, 2013.8, 12쪽.
4   일제강점기인 1925년 撫松堂에서 발행한 『增補北與要選』(인쇄본) 77쪽에 등재된 「定界碑」의 서술 내용을 소개하면 다음과 같다.
"此는 …… 白頭探檢記事에 비석은 康熙51년 西曆1712년 淸韓 양정부위원의 실지답사로 건설한 것인데 白頭山 동남방 약1리 표고 2200m에 有하니 臨時土地調査局員 약측에 의하면 其經緯度는 좌와 유하다 云함. 북위 42度5分50秒, 동경128度8分40秒, 碑石은 淡黑色 火山巖이니 長方形으로 하고 頭部는 兩隅를 斷하였스며 全長2尺6寸 幅은 上8寸, 下1尺8寸이러라 自然岩上에 제감(臍嵌)하야 수립하였스니 其表面에 記한 것이 좌와 여함. 「烏喇總管穆克登奉 旨查邊至此審視 西爲鴨綠東爲土門故於分水嶺上勒石爲記 康熙五十一年五月十五日筆帖式蘇爾昌通官二哥 朝鮮軍官李義復趙台相 差使官許樑朴道常 通官金應瀗金慶門」定界碑를 距하기 東方百間內外의 地에 石塊數十箇를 疊積하여 方柱形을 作하고 태히 此와 類似한 것은 不正直線을 작하여 山麓에 향한 것이 3.4개가 有하니 此定界碑와 공히 康熙年間에 건설한 石堆니 其延長이 數里에 及하고 그以下에 달한 것을 土堆가 有함을 聞하였스나 此는 實見을 是치 못하고 推憶하니 此石土兩堆는 定界碑와 공히 경계를 是한 것이니 此는 正當한 分界일너라. …… 중략 …… 白頭山을 支那人은 長白山이라 云하고 又古來로 不咸山 徒太山 太白山 白山 蓋馬大山등의 名이 유하더라 淸一統志에 載한바 吳木訥 紀行의 일단을 擧하면 좌와 如하니라. …… 생략 …… 國界의 分界(이하 79쪽) 明治42년 9월4일 日淸兩國政府 대표자는 北京에서 日淸協約을 체결할새 其第1條에 曰日淸兩國政府는 圖門江을 韓淸兩國의 국경으로 하고 江源지방에서 定界碑를 기점으로 하고 石乙水로서 양국의 國界로함을 聲明하다. 本文은 韓淸감계사의 最後談判에서 雙方이 讓步한 結果를 由하여 明治20년4月 淸國政府는 …… 方郞을 총리로 하고 …… 奏煐을 督理로하여 會寧에 파견하고 韓國政府는 덕원부사 李重夏를 감계사로

그럴 때 청과의 마찰이 다시 일어나 1904년에 이범윤은 소환되었다. 그리하여 이범윤은 연해주로 넘어가 최재형崔在亨과 함께 의병을 일으켜 러일전쟁에서 러시아를 도우며 싸웠다. 그러니까 간도에는 공백기가 왔고 그때 일제는 용정에 통감부 간도임시파출소間島臨時派出所를 설치했다.

하니 당시 청국감계사가 十五碑를 紅湍水로 運하여 其水源池 三池淵에 立코저 하는 것을 이중하는 其無理를 論辨함에 淸使曰 穆克登이 건한바 비는 査邊碑요 分界碑는 아니니 홍단수로서 정계하는 것이 如何의 不可함은 없다하나 李重夏는 3백년래 國史野乘에 載在하고 또 盛京通誌에 장백이남은 朝鮮界라함이 유하고 欽定通典에도 조선은 도문강으로서 정계하는 等例를 擧하여 此에 불복하니 各水를 답사한 후에 國境을 의정하기로 합의하고 각사가 茂山을 경하여 산에 입할새 西頭水 합류점에 지하여 청사는 또 제의하여 本水로 도문강의 幹流됨을 주장하는 것도 李氏는 遂히 불응하고 윤4월 16일 定界碑에 到하니 此時 청국위원 3인이 相集하여 李氏를 협박하되 비는 후인이 이건한 것이니 其移建한 사람도 知함을 明言함은 忍置하고 또 淸朝가 長白山을 제사할시 왕래의 표지됨을 明言하는지라 李重夏는 此로서 一大事件을 하여 명백한 공문으로 조회하면 我朝에 奏하여 此를 究辨할 것이라 논하여 辯難 幾回에 추호도 相下치 아니하니 淸國派員은 대로하여 任意로 紅湍水에 決立하랴고 謂하고 또 益益激怒勵聲하여 李를 핍박하니 李는 답하여 가로되 吾頭는 寧斷할지라도 國疆은 축소기 불가하다하고 遂히 淸使 方郞은 5월 16일 이중하를 告別하랴고 방문하기에 임하여 石乙水로서 定界하면 귀국은 長坡를 失한다할지라도 이익이 되거던 오히려 紅湍水를 주장함은 하고이뇨 반문하는지라 李氏는 홍단수와 석을수는 相距가 수리에 불과하고 無用의지이지만 國家의 疆土는 尺寸이라도 甚重하다 답하고 끝내 담판 결국에 不至하고 相別하다.(81쪽) …… 이하 생략"

김로규의 『북여요선』 목차와 그때의 『대한제국지도』

『북여요선』의 목차

「上編」
白頭碑記攷
白頭古蹟攷
白頭舊疆攷
白頭圖本攷

「下編」
探界公文攷
勘界公文攷
察界公文攷
查界公文攷
金仙臺 關北沿革攷
九城沿革攷

附；城津沿革攷
金潮峯 北征記攷
龍堂同袍契講章

附；靖北祠重建記

대한제국지도

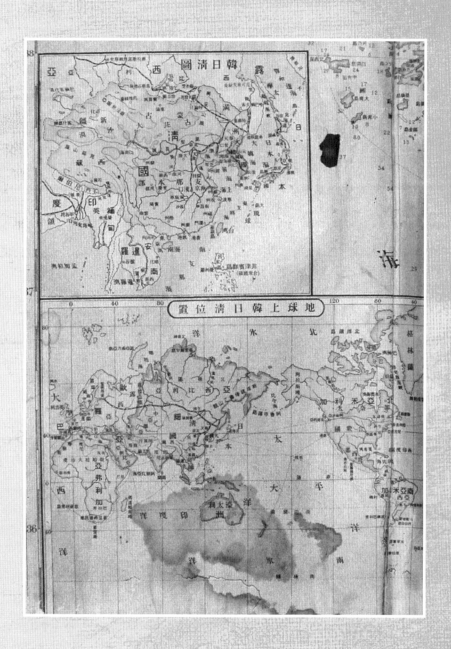

대한제국 6년의 비극

시 기	내 용
1904. 2. 23	한일의정서 늑결 - 일본은 한국에 시정개선을 충고하고 한국은 일본에 군사시설의 편의를 제공한다.
1904. 2	충남 정산군에서 지계사업에 반대하는 농민폭동 - 폭동농민의병으로 활빈당 등 광무농민운동, 중기의병으로 전환 발전
1904. 8	• 한일협약, 고문제도 채택, 메가다(目賀田種太郞) 탁지부 고문과 스티븐슨(D. W. Stevenson) 외부고문 취임 • 송병준은 유신회, 이용구는 진보회를 조직, 두 조직이 일진회로 합병 • 국민교육회 발족 ⇒ 계몽주의운동 출범 신호
1904. 12	경부철도 개통(경의철도는 이듬해 4월 개통)
1905. 2	일본의 독도 점령
1905. 7	• 태프트 - 가츠라 비밀협정 • 9월의 포츠머스조약으로 러일전쟁에서 일본 승리 ⇒ 한국침략의 국제적 보장
1905. 11. 17	을사늑약, 을사5적암살단 발기 이한응 외교권 상실에 격분하여 영국에서 자결, 장지연 "시일야방성대곡" 발표. 민영환·조병세·홍만식 자결 순국
1906	보성·휘문·양정 등 문명학교 개교, 대한자강회 결성
1906	광무황제 을사늑약 무효화투쟁, 헤이그특사 밀파
1906. 3	일제의 통감부 설치, 통감 이토 히로부미 취임
1906	유림의병 재봉기 - 민종식·이남규의 홍주의병, 정용기·정환직의 영천의병, 최익현·임병찬의 태인의병, 이상룡·박경종의 가야산의병, 기우만·양회일의 장성의병
1907. 6	헤이그특사 회의장 입장이 막히자 이준특사 단식 자정
1907. 7	• 광무황제 밀어내고 융희황제 즉위 - 양위라고 거짓발표, 경운궁을 덕수궁으로 고침 • 이완용내각 성립, 보안법 공포, 한일신협약(정미조약) 늑결 - 일본인 차관임용(통감의 감독정치)

시 기	내 용
1907. 8. 1	한국군대 시위대·진위대 해산 – 친위대 일부만 남다. 시위대 제1대대 박승환대장 자결을 신호로 해산군인 집단 항전 – 서소문 일대에서 교전
1907	대구에서 국채보상운동 일어남
1907. 여름	일본군, 의병장 마을과 저택 불태움. – 춘천군 남면 가정리 유인석 마을, 예산군 한골 이남규 저택(아계종 택), 안동군 도산면 토계리 퇴계종택, 영천군 자양면 검단리 정환직 저택, 전남 담양군 창평면 유천리 고광순 저택(고학봉 종택)
1907. 가을	홍범도, 이진룡(이석대), 이범윤등 서북지방에서 의병봉기
1907. 12	양주에 이인영·허위·이은찬·김규식·연기우 등이 13도 연합창의군 형성 – 서울진공전, 왕산 허위의 지휘로 청량리전투(후에 청량리와 동대문간 을 '왕산로(旺山路)'로 이름 지음)
1908. 3	장인환, 샌프란시스코에서 외부고문이던 스티븐스를 저격
1908. 12	일본 동양척식주식회사 설립
1909. 6	2대 통감 소네 아라스케(曾彌荒助) 취임
1909. 7	기유각서(己酉覺書)로 사법권 일본에 이양
1909. 9	• 일본군, '남한폭도대토벌작전' 감행, 호남의병 최후항전 – 포로 전사 순국 • 청일간의 간도협약으로 간도를 청국에 넘겨줌
1909. 10. 26	안중근, 하얼빈역 앞에서 이토 히로부미를 저격
1909. 10	남형우·안희제·서상일·김동삼 등, 대동청년당 결성(1909~1945간 활 동 – 가장 장기간의 독립운동 단체)
1909. 12. 4	일진회, 서북학회·대한협회와의 합당교섭을 깨고 합방을 상소함
1909. 12. 5	이완용계, 원각사에서 '국민연설회' 개최, 일진회와 안중근 성토
1909. 12	이완용, 명동 종현에서 이재명에게 저격당하여 중상, 치료차 도일
1910. 6	경찰권을 일본에 이양, 위수령(衛戍令) 발포
1910. 7	3대 통감 데라우치 마사다케(寺內正毅) 취임
1910. 8. 22	융희황제, 일제의 대한제국 병합조약 조인(29일 발표) – 대한제국 멸망

5장

일제의 강제병합과
강점기의 사회

1. 일제 강제조약의 불법성과 무효론

일본 제국주의는 열국 제국주의의 지원을 받으며 대한제국을 침략하고 식민지로 만들었는데 그래도 불안하여 1904년 한일의정서 이후 조약마다 외형상 절차를 밟으며 성립시킨 것처럼 조작했다. 그런데도 한국은 1945년 해방 후에도 조약의 불법에 의한 무효론을 제기하지 못했다. 해방과 동시에 미국과 소련이 한반도를 분단 점령하여 군정을 강제했고, 이어 6·25 남북전쟁으로 조약의 불법 무효론을 제기할 겨를이 없었다. 전쟁 중이긴 했지만, 1952년에 열국이 샌프란시스코 강화조약을 체결할 때가 50년 전 조약의 불법 무효론을 제기할 기회였는데 열국이 제기하지 않아 국제적 조건을 상실하고 말았다. 샌프란시스코 강화회의에 대한민국 대표가 참가해야 됐는데 그것도 이루지 못했는데 당시 이승만 정부는 그럴 안목이나 능력이 없었다. 그리하여 그 후 한일관계는 샌프란시스코 강화체제 위에서 전개되어도 할 말이 없었고 재론할 수도 없었다. 그렇다고 문제되지 않은 것은 아니었다. 1965년 한일협정이 체결될 때, "1910년 8월 22일 및 그 전에 대한제국과 대일본제국간에 체결된 모든 조약 및 협정이 이미 무효임을 확인한다"라고 규정하여 소급 무효론을 명시하였다. 그런데 무효의 소급 시점을 언제로 볼 것이냐에 대해서는 한국이 그 조약체결 당시로 보는 것과 일본이 대한민국정부 수립 시기로 보는 견해가 맞서 있는 형편이다.

을사늑약의 무효론과 불성립론

러일전쟁에서 승리한 일제는 미국의 중재로 러일강화조약(포츠머스조약)을 체결하고, 1905년 11월 9일 이토 히로부미가 일본 국왕의 친서를 가지고 서울에 와서 흉계를 꾸미기 시작하였다. 이토 히로부미는 광무황제에게 을사늑약의 초안을 제시하며 동의할 것을 요구했으나 이에 동의하지 않자, 하야시 곤스케林權助 일본공사를 동원하여 각료들을 협박하였다. 각료들이 응하지 않자, 이토는 어전회의를 열도록 공작하여 일본군이 어전회의가 열린 경운궁 중명전을 에워싸고 공포분위기를 조성하였다. 그러한 공포분위기 속에서도 참정대신 한규설, 탁지부대신 민영기, 법부대신 이하영 등은 반대하였다.

결론이 나지 않자, 궁내부대신 이재극의 제안에 따라 다수결로 결정하게 되었다. 거기에서 이토가 한규설을 강제로 데리고 나간 뒤에 외부대신 박제순朴齊純, 학부대신 이완용, 군부대신 이근택李根澤, 내부대신 이지용李址鎔, 농상공부대신 권중현權重顯 등, 이른바 을사5적의 동의로 통과시켰다. 그러나 광무황제는 비준하지 않았다. 뿐만 아니라 을사늑약은 5개 조문만 표기되어 있고, ○○○조약이라는 조약 이름이 없다. 그리고 일본군이 포위한 공포분위기 속에서 강제로 체결하여 국가간의 조약은 자유의사가 보장되어야 한다는 국제법을 위반하였다. 그래서 무효이며, 성립하지 않았다는 주장이 설득력을 얻고 있다. 그러한 불법성에도 불구하고 일제는 을사늑약에 따라 외교권을 가져가고 통감부를 설치하여 대한제국의 정치를 일일이 간섭하기 시작하였다.

광무황제의 을사늑약 무효 투쟁

이에 광무황제는 다각도로 을사늑약의 무효화를 위하여 노력하였다. 1906년 1월에는 영국 『트리뷴Tribune』 신문의 더글러스 스토리Douglas Storey기자에게 을사늑약을 부인하는 친서를 전달하며 국제 여론을 일으켜 줄 것을 요구했다. 친서의 내용은 다음과 같았다.

- 1905년 11월 17일 일본 사신과 박제순이 체결한 조약 5조는 한국 황제가 처음부터 인허하지 않았고, 또한 서명하지 않았다.
- 황제는 이 조약을 일본이 반포하는 것을 반대했다.
- 황제는 독립 황제권을 조금도 다른 나라에 양여하지 않았다.
- 일본이 외교권에 대해 조약을 강제한 것도 근거가 없는데 더구나 내치상의 문제를 어떻게 인준할 수 있는가?
- 황제는 통감이 와서 상주하는 것을 허락하지 않았고, 황제권을 조금이라도 외국인이 행사하는 것을 허락하지 않았다.
- 황제는 세계 대국들이 한국의 외교권을 향후 5년간 함께 보호할 것을 원한다.

그리고 광무황제는 대한제국과 수교하고 있는 미국·프랑스·독일 등 9개국 원수에게 친서를 보내며 항의했고, 미국인 헐버트를 특별사신으로 임명하여 그로 하여금 일본을 만국재판소에 소송을 제기하도록 했다. 소송 내용의 요지는, '① 조약은 황제가 허락하지 않았고, 조약을 체결했다는 그때 정부 대신들이 협박을 받았으므로 무효이다. ② 앞으로도 조약을 허락하지 않을 것이므로 일본이 아무리 떠들어도 믿지 말라. ③ 한국은 당당한 독립국이므로 열국은 공사관을 즉시 재설치해 달라'는 것이었다. 그리고 독일황제에게는 별도로 친서를 보내 대한제국을 지원해 줄 것을 간청하였다.[1] 그래도 국제사회가 냉담하자 광무황제는 때마침 만국평화회의가 열린다는 소식을 듣고 거기에 일말의 희망을 걸고 방법을 모색하였다. 광무황제 뿐만 아니라 민족지도자들도 거기에 호응하여 이용익李容翊·이상설李相卨·전덕기全德基·이회영李會榮·이동휘李東輝·이갑李甲·안창호安昌浩·이승훈李昇薰·이준李儁·김구金九 등이 적극적으로 나섰다. 그리하여 1907년 2월에 이상설·이준·이위종이 특사로 선임되어 네덜란드 헤이그로 파견되었다.[2] 만국평화회의라고 했지만 내막은 제국주의 조종회의였다. 그러므로 특사들은 회의장에 들어가지도 못하였다. 울분을 참지 못한 이준은 단식 끝에 자정 순국하고 광무황제의 외교투쟁은 끝내 수포로 돌아갔다.

일본의 한국병합조약 무효론

헤이그평화회의에 광무황제의 특사가 파견되어 외교투쟁을 전개한 것은 일본을 긴장시켰다. 그리하여 지금이라도 광무황제가 을사늑약에 비준할 것을 요구했더니 광무황제는 일언지하에 거절하였다. 그러니까 일제는 광무황제의 양위를 발표하고 융희황제를 즉위토록 하였다. 그 절차를 밟은 곳이 경운궁인데 양위한 궁전이라 하여 중국 선례에 따라 덕수궁이라 일컫게 되었다. 융희황제는 일제에 대하여 무력한 임금이어서 1907년 7월

---

1 이계형, 「을사늑약은 성립되지 않았다」, 『한국근현대사강의』, 한국근현대사학회, 2013, 145쪽.
2 헤이그특사가 파견됐을 때 이승만에게 통역을 맡아줄 것을 요구했는데 불응했다고 한다. 사실이라면 이유가 무엇일까? 이승만은 이듬해 장인환이 스티븐스를 저격 처단했을 때 재판정에서 통역의 요구가 있었는데 자기는 기독교 신자로서 살인자를 변론할 수 없다고 역시 불응했다고 한다.

그들이 요구하는 일본인 차관 임용과 통감의 감
독정치를 규정한 한일신협약(정미조약)을 맺고 말
았다. 그와 동시에 별도 약정으로 8월 1일부터
대한제국의 군대를 해산하여 나라는 형상도 부지
할 형편이 못되었다. 그러한 침략공작을 주도하
던 이토 히로부미가 1909년 10월 26일 안중근
에게 처단되자 당시 통감 소네 아라스케로는 모

안중근

의를 꾸밀 수 없다고 판단하여 이토의 직계 무관인 데라우치 마사다케寺內
正毅로 교체하여 그들의 뜻대로 한국 병탄을 강행하였다.

　이토 히로부미가 하얼빈역 앞에서 죽자 만주를 분할하려던 러일간의 흉
계가 무산되면서 국제적 시선이 하얼빈으로 모였다. 아울러 한일 간에도
새로운 기운이 돌았다. 때마침 일진회·대한협회·서북학회의 합당 추진이
깨어지면서 1909년 12월 4일 일진회가 양국 합방을 제창하기에 이르렀
고, 서북학회 정운복鄭雲復은 도일사죄단을 이끌고 일본으로 건너가고, 선
수를 빼앗긴 이완용은 12월 5일에 국민연설회를 개최하여 일진회와 안중
근을 성토하면서 이토 히로부미 추도강연으로 '합방'을 별도로 추진하였
다.[3] 그리하여 데라우치 통감은 기다렸다는 듯이 실무적으로 병합을 추진
하였다. 한편 그 해 말에 이완용이 명동 종현에서 이재명에게 저격당하여
일본으로 건너가 치료를 받으며 데라우치의 복안을 충분히 이해하고 돌아
왔다. 이제는 데라우치의 각본대로 합방하는 절차만 남은 셈이었다.

　1910년 8월 16일 데라우치는 「합방조약안合邦條約案」을 이완용에게 건

3　조동걸, 「구한말 국민연설회 소고」, 『韓國民族主義의 성립과 獨立運動史연구』, 지식산업
　사, 1989 참조.

안중근의거 보도기사(영국의 찰스 모리어기자가 쓴 공판관람 기사, The Graphic, 1910년 4월 16일자)

넜다. 이완용은 그것을 8월 18일 각의에서 논의하고, 22일 어전회의에서 조인하였다. 이미 군대는 해산하였고, 경찰권도 일본 헌병에게 넘겨준 대한제국이라, 더구나 위수령이 발포된 지 한달이 넘은 때라, 나라가 무너져도 소리조차 낼 수 없었다. 8월 29일 대내외에 '합방'을 선포하여 비로소 알게 된 사람도 적지 않았다.

그런데 일반적으로 조약은 기명날인 후 3개월 정도를 지난 후에 비준 절차를 거치는데 그럴 시간적 여유가 없으니까 융희황제의 사전 승인이라는 편법을 이용하였다. 상품매매계약도 아닌데 그래도 되는 것인가? 융희황제가 1926년 4월 26일 승하하기 직전에 자신은 병합을 인준해준 적이 없다는 유조를 남겨, 그것이 샌프란시스코에서 발행되던 『신한민보』 1926년 7월 8일자에 보도되었던 것을 기억할 필요가 있다.

절차로 보면 더 큰 문제가 있다. 일본은 1910년 8월 22일 한국병합조약을 체결할 때, '통감 자작統監子爵 데라우치 마사다케寺內正毅'를 위임자로 내세워 일했고, 조약에 "통감의 인統監之印"을 날인하였다. 그런데 형식상 대한제국의 통감이 일본제국의 위임자가 될 수 있는가? 될 수 없다면 합방조약은 성립할 수 없는 것이다. 따라서 여기에도 무효론이 존재하는 것이 아닌가?

2. 식민통치의 시기별 특징

일본 제국주의는 1869년에 북해도, 1879년에 유구, 1895년에 타이완, 1905년에 요동반도와 사할린을 병합하면서 1904년부터 대한제국에 대한 침략을 본격화하였다. 그런데 조선에서 언제부터 식민통치가 시작되었다고 말할 것인가에 대하여는 세 가지 의견이 있을 수 있다. 하나는 1904년 2월 23일 한일의정서가 체결되면서 한국이 사실상 일본의 조정을 받았다는 뜻에서 그로부터 식민통치기로 보아야 한다는 주장이고, 하나는 1905년 11월 17일(18일 0시 30분) 강제된 을사늑약에 따라 1905년 12월 21일 일본 국왕의 칙령 267호로 통감부가 설치되어 1906년 2월 1일 조선군사령관 하세가와 요시미치長谷川好道가 임시 통감을 맡아 일하기 시작한 때부터 식민지시기로 보아야 한다는 주장이고, 하나는 1910년 8월 29일 대한제국이 이름까지 없어진 다음에 조선총독부가 설치된 때부터 식민통치가 시작되었다는 주장이다. 제3안에 따르면 형식까지 일치하여 논리를 찾는

표 5 식민통치의 시기별 특징

시기	특징	내용	비고
초기 - 1910년대	식민통치의 기반조성	총독부 설치, 각종 법령공포, 토지조사사업 실시	필요악으로서 무단통치했다고 변명
중기 - 1920년대	지주수탈과 관료수탈	관업사업, 비례세제	문화정치했다고 선전
후기 - 1930년대	만주와 몽골침략에 따른 병참기지화	군수공장 상륙	만주사변에 따른 전시체제라고 했다
말기 - 1938~1945년	1938년 국가총동원법 발포 이후	비상전시체제에 따른 물자와 인력수탈	국가총동원체제

데는 편리한 점이 있으나 1904년부터 대한제국은 준 식민지 상태에 있었으므로 독립국과 같이 이해하는 것은 옳지 않다. 그러한 한계를 포함하여 일제강점기를 시기 구분하면 표 5와 같다.

위설 통감부 시기(1406~1910)

1905년 을사늑약이 비준되지 않았다는 것은 이제 통설이 되었다.[4] 일본은 그렇게 국제법상 효력을 갖지 못한 조약을 근거로 서울에 통감부를 설치하였다. 그것도 처음에는 밖으로 나타나지 않도록 주차 조선군사령관을 임시 통감으로 임명하여 눈치를 보다가 1개월 뒤인 3월 2일에 초대 통감 이토 히로부미가 취임하였다. 그리고 3월 15일에 통감이 한국각료회의를 소집하여 시정개선을 시달하는 등, 이른바 통감정치가 시작된 것이다.

그런데 그 통감부는 법적 근거가 없이 위설된 것이다. 위설僞設된 통감과 통감부 조직을 위시하여, 전국에 산재한 영사관을 통감부 이사청으로 개

---

4 이태진, 『일본의 대한제국 강점 - "보호조약"에서 "병합조약"까지』, 까치, 1995.

편하여 지방행정까지 통할하면서 한국을 완전 식민지로 만들어 갔다. 거기에는 법률도 도덕도 교린의 전통도 일체 무시되었다. 오로지 목전의 이익과 힘만이 존재하였다. 그런데 한국인은 안중근이 옥중에서도 "견리사의見利思義"를 외쳤듯이 도덕과 양심과 정의를 지키려고 노력했다. 그러므로 힘 앞에 도덕이 쓰러지듯이 우선 나라가 망하지 않을 수 없었다. 그러므로 통감부 시기는 거짓과 힘이 난무했던 시기로 특징짓는 것이 좋을 듯하다.[5]

무단통치로 식민통치기반 완성(1910년대)

이때 일본 정계는 군국주의를 대표했던 야마가타 아리토모山縣有朋·가츠라 타로桂太郎·데라우치 마사다케·하세가와 요시미치 등이 장악하여 황도주의와 군국주의를 유착시켜 통치했는데 조선 식민통치도 교원이 칼을 차고 수업했던가 하면, 헌병경찰제를 강행하는 등, 무단통치로 식민지 제도와 조직을 완비하였다. 무단통치란 말도 그들이 일컫던 낱말이다.

이때에 조선총독부와 조선군사령부를 설치하고 조선귀족령·조선토지조사사업령·회사령·조선교육령·조선태형령·포교규칙·서당규칙을 발표하여 무단통치를 강행했다.

관료조직에 의한 수탈의 극대화(1920년대)

1차 세계대전의 반성으로 부상한 인도주의와 신인문주의 사조가 세계적으로 확산되고 있었다. 그의 영향도 있고 군국주의 강경파인 야마가타山縣

5　정재정, 「'통감부지배' 또는 '보호국' 시기를 어떻게 파악할 것인가?」, 『한국사연구』114, 2001, 10쪽.

계 데라우치내각이 물러나고 민정파 정우회의 하라 다카시原敬내각의 등장과 함께(1918. 9~1921. 11) 잠시나마 대정大正 데모크라시가 세력을 얻는 듯했다. 아니라고 해도 1910년대에 식민통치 기반을 완성했다면 군이 무단통치를 고집할 이유가 없었다. 이제는 관료조직을 통한 수탈의 극대화에 주력할 차례였다. 그때에 3·1혁명이 전국적으로, 전 민족적으로 전개되자 무단통치를 후퇴시켜 '문화정치'라는 관료수탈체제를 수립했다. 그러한 수탈체제는 국제적으로 베르사유 안정기조가 보장해 주었다. 베르사유체제는 제국주의 안정체제였다. 그러므로 문화정치가 도전을 받으면 언제나 폭력을 동원했다. 1920년의 경신(간도)참변이나 1923년의 관동대지진 때 조선인학살의 참상이 문화정치 속에서 자행된 폭력이었다. 1925년에 치안유지법을 발포하고 동시에 중학교에 군사훈련을 실시하는 등, 군국주의의 본색을 들어낸 것도 문화정치의 단면이었다.

1920년대는 일제의 회유분열정책이 어느 때보다 극성스럽게 자행되었다. 그리고 1920년대 후반부터 경제공황이 닥치고 있던 것도 이 시기의 특징이다. 산미증식계획과 치안유지법을 발표하고, 조선농회·조선철도국·조선신궁·경성제국대학·조선사편찬위원회에 이어 조선사편수회와 조선사학회를 설치했다.

파쇼화와 중국 몽골 침략을 위해 수탈한 시기(1931~1937)

1929년 경제공황이 세계를 강타하자 세계 각국은 자기 조건에 따라 공황 극복의 방향을 찾았다. 그래서 1930년대의 세계는 공황 극복을 위한 역사였다고 할 수 있다. 영·미·불 등의 선진 자본주의 국가들은 오타와선언·리마선언 등으로 나타난 블럭경제체제를 통하여 극복방향을 찾았고, 러시아를 중심한 사회주의 국가들은 사회주의 통제와 개혁을 강화하여 극복

용산 일본군 사령부 건물

용산 조선군사령관 관저

해 갔는데, 여기도 저기도 끼지 못한 후발 자본주의 국가인 독일·이탈리아·스페인·일본은 히틀러·무솔리니·프랑코·덴노의 파쇼체제를 강화하고 식민지 수탈과 확장을 통해 극복하려고 했다. 그러므로 불럭체제의 식민지에서는 수탈 강도를 완화해 갔는데 비해 파쇼국 식민지에서는 수탈통제가 강화됐다. 뿐만 아니라 식민지 확장을 위하여 기존 식민지는 군수기지로 이용하여 수탈이 더욱 강화될 수밖에 없었다. 일본의 경우 5·15사건(1932) 국제연맹 탈퇴(1933) 2·26사건(1936)이 파쇼 성격을 설명한다. 1931년 만주침략을 통해 괴뢰 만주국을 만들고, 조선에서는 1930년대부터 내선일체로 꽁꽁 묶었던 것이 바로 그것이다. 대륙침략을 위하여 후방의 안전장치를 공고히 하자는 것이었다.

만주사변·조선소작조정령·조선농지령·자력갱생운동·농어산촌 진흥계획·군수공장 상륙·관청과 학교에 봉안전奉安殿 설치·가정에 가미다나 설치·신사참배·황국신민의 서사(국체명징·내선일체·인고단련)·창씨개명·중일전쟁·국민정신총동원조선연맹 결성이 이때의 특징적 기사였다.

국가총동원법 체제기(1938~1945)

중일전쟁과 더불어 비상전시체제에 돌입한 신호는 1938년 5월에 국가총동원법 시행으로 나타났다. 이어 그 해 7월 7일 중일전쟁 1주년에 국민정신총동원조선연맹을 결성하고 1940년에 농·어·산촌진흥회와 국민정신총동원조선연맹을 통합하여 국민총력조선연맹을 두고 말단에는 애국반을 두어 식민지 전체를 군대조직처럼 묶었다. 그것을 총괄하는 부서가 총독부에 신설한 국민총력과였다. 그 해 일본은 대정익찬회大政翼贊會를 만들어 전시체제를 강화하고 밖으로는 일·독·이 3국 동맹을 맺고 세계대전체제를 갖추었다. 1941년에 국방보안법을 공포하여 조선인의 심성까지 통제하였다. 그리고 태평양전쟁을 도발한 것이다. 이제는 세계정복의 야망을 위하여 조선인은 희생되어야 했다. 전쟁에 필요한 모든 물자와 인력을 국가총동원법에 의하여 합법적으로 동원할 수 있었다. 국가총동원법에 근거하여 소작료통제령·임금통제령·직업이동방지령을 만들어 농민과 노동자의 요구를 봉쇄하였고, 금속회수령으로 밥그릇까지 빼앗아 갔다.

쌀공출·말풀공출, 그리고 징병·징용·징발·여자근로정신대·일본군 '위안부' 등의 인력 공출, 애국일·대조봉대일·폐물수집·방공법 시행·진주만폭격·태평양전쟁·대동아공영권 등이 특징적 기사였다.

3. 일제강점기의 식민지 생활

일제강점기 한인의 생활 유형은 소수의 직업성 독립운동가 외에 다음과 같이 몇 가지로 나눌 수 있다.

① 8할이 넘는 농민·어민·화전민·노동자

② 영세 상인

③ 식민지하에서도 천민으로 묶여 있던 머슴·백정·무당·점쟁이 등

④ 신교육을 받은 언론인·교원·학생 또는 지식인

⑤ 조선시대와 다름없이 생활하던 양반 유생이나 불교의 승려와 기독교·천도교·신흥종교 종교인

⑥ 중소 지주와 중류 상공인과 지방관청(도·부·군·읍·면)의 하급관리

⑦ 대지주와 식민지 신귀족과 조선총독부 관리

거기에서 ①, ②, ③은 하층 백성이고, ④, ⑤, ⑥은 중류 생활자였고, ⑦은 상류의 생활자였다. 거기에서 하층민이 8할 5부에 이르고 중류생활자가 1할을 넘고 상류는 2부 정도로 2400만 인구 중에 30만에 이르지 못했다. 그렇게 보면 식민지하의 민족문제라면 농민문제라고 할 수밖에 없다.

일제하의 농민은 8할이 소작농민으로 고율 소작료에 시달리며 살았다. 그러므로 소작쟁의가 전국적으로 확산되고 있었다. 1930년대에 이르면 적색농민조합운동이 고조되었으므로 농민들이 사회주의운동의 영향을 받게 되는 이유가 되었다. 조선후기부터 성장하고 있던 농민의 권리가 1910년대 조선토지조사사업으로 봉쇄당하고(전술) 식민지하에서 소작농민으로 생활하는 동안 무엇 하나 개선된 것이 없었다.

일제강점기 중류 생활자 대부분은 교육을 받은 신지식인이었다. 이들은 세 끼의 밥을 먹으며 양복을 입고 시계를 차고 궐련을 피우며 지팡이를 짚고 인력거를 타고 다니기도 했다. 국학운동이나 사상운동을 일으킨 사람을 제외하면 대개 개량주의 성향을 나타내는 사람이 많았다. 개량주의자는 글이나 말끝마다 조선을 쳐들고 민족을 이야기하는 특성을 가지고 있다. 언제나 열등의식에 사로잡혀 자기를 비하하는 패배주의에 젖어 있었다. 그러나 대부분의 가정에서는 한글을 익혀 민족으로서 최소한의 양심은 지키며 살았다. 그래서 기회주의와 이중인격의 소유자로 살았던 사람이 많았다. 자치운동을 변론하는 특성도 이중인격의 자신의 변론일수 있었다. 그런데 일제 식민통치가 직접통치로 강행되었기 때문에 특히 자치운동은 식민통치의 통로를 넓혀주는 결과를 초래한다는 것은 알지 못했다. 이것은 인도 같은 간접 식민통치에서 자치운동이 민족운동의 주류를 형성했던 경우와 다른 한국독립운동의 특성이라는 점은 앞에서 지적한 바와 같다. 중류 생활자라도 학생인 경우는 꿈을 아끼는 학생의 순수성, 신세대의 대변자, 민족지성의 대변자 등의 역사적 위치가 그들을 규제하여 자신의 가정조건에 불구하고 개량주의를 거부하고 있었다. 그것이 민족역량을 성장시켰던 것은 물론이다.

식민지 생활문제로 특별히 주목할 것은 여성문제였다. 이 시기 여성의 지위 변화는 여성의 지위가 낮았던 일본의 전통에 영향을 받았던 탓이 컸다. 여자의 재산 상속권이나 호주 상속권이 없어진 것이 식민지 유산인 것이다. 그 대신 출가하면 남편의 성을 따를 수 있는 것을 여성의 권리를 얻었다고 자랑하는 경우가 있는데 그것도 여권 침해로 보아야 한다.[6] 때문에 식민지하의 여성운동은 여권운동과 독립운동의 이중성격을 가지고 있다.

결국 식민지 강점기간에 소작농민과 화전민이 증가하였고,[7] 화전민의 생활은 날이 갈수록 악화돼도 대책이 없었다.[8] 뿐만 아니라 한일노동자의 임금차별이 심화되어 해방직전의 『경성연감京城年鑑』을 보면 조선 노동자의 임금이 일본 노동자의 절반에도 미치지 못하였다. 조선인은 그렇게 식민지 수탈을 당하다가 1941년 태평양전쟁 하에서 징병·징발·징용과 여자근로정신대까지 인력수탈을 당했고, 거기에 곡물과 말풀과 금속류까지 공출해야 하는 물자수탈을 당해야 했다. 일제는 1938년에 국가총동원법을 발동하여 모든 것을 빼앗아 갔다. 그렇게 잔인하게 수탈해 갔는데 어떻게 식민지근대화론을 제기할 수 있는가?

끝으로 이야기할 것은 일제 식민통치의 역사를 볼 때 가장 문제가 되는

---

6 구한말에 서양의 풍속을 따라 서울여자교육회를 일으켰던 이옥경이 원래의 성인 홍씨를 변성한 경우도 있었다.

7 조동걸, 『일제하 韓國農民運動史』, 한길사, 1979, 108~109쪽.

8 강만길, 「일제시대 빈민생활사 연구」, 창작사, 1987, 234쪽.

것이 식민통치가 일본사 발전에 크게 기여했을 것은 물론이지만, 한국사 발전에도 기여했는가의 문제이다. 소위 식민지근대화의 여부이다. 인간 가치는 저락하고 자주개혁은 후퇴하고 민주주의는 말살되어도 경제는 발달했다는 국부발전론을 제기하는 수가 있다. 식민통치가 아니고 조선인이 이끈 역사라면 불가능한 경제발전이었던가를 물어야 한다. 그리고 중요한 것은 경제발전은 경제발전 자체를 목적하는 것이 아니라 사회발전을 목표한 것이라는 점을 안다면 국부발전론은 무의미하다는 것을 알 수 있을 것이다. 그에 비하여 독립운동을 통해 근대화가 촉진된 것이 적지 않다. 해방 후 남북한에서 민주공화국이나 인민공화국을 표방한 원천이 어디에 있었던가? 남북에서 실시한 농지(토지)개혁이 어디에서 연유한 것인가? 신분제를 타파하고 남녀평등을 규정한 법률의 연원이 어디에서 온 것인가? 민족의 말과 글을 지키며 맞춤법통일안을 만든 것이 누구의 노력으로 이룬 것인가? 모두 조선총독부의 식민통치의 결실이 아니라 독립운동의 결실이었음을 누구도 부정할 수 없는 것이다. 학교를 세우고 철도를 부설한 것이 어떤 의미를 갖는다는 것은 앞에서 지적한 바와 같이 민족동화나 경제수탈을 위한 것일 뿐이었다.

역대 조선총독과 정무총감

조선총독부 청사는 1910~1926년에 서울시 중구 예장동 남산기슭에 있다가, 1926년부터 1945년에는 서울시 종로구 세종로 경복궁내에 신축하여 이전하였다. 이때 신축청사의 석재 화강암은 동대문 밖의 낙산에서 채석하였다. 총독부의 담은 경복궁 담을 허물고 철책 울타리를 했는데 전쟁 중 금속회수령金屬回收令에 따라 걷어가고, 1943년에 화강암 돌담으로 바꾸었다.

역대 조선총독 및 정무총감

시기	총독	정무총감
1910. 10	寺內正毅	山縣伊三郎
1916. 10	長谷川好道	
1919. 8	齋藤實	水野鍊太郎, 有吉忠一, 下岡忠治, 湯淺倉平
1927. 4	宇垣一成	湯淺倉平
1927. 12	山梨半造	池上四郎
1929. 8	齋藤實	兒玉秀雄
1931. 6	宇垣一成	今井田淸德
1936. 8	南次郎	大野綠一郎
1942. 5	小磯國昭	田中武雄
1944. 7	阿部信行	遠藤隆作

6장

독립운동의 전개와 특징

1. 한국독립운동의 특징

한국독립운동은 1894년 7월 23일 일본군이 경복궁을 점거하자 안동과 상원에서 의병이 일어나 일본군 타도의 기치를 올리면서 시작하여 1945년 8월 15일 일본이 항복할 때까지 60년간 계속하였는데 그의 특징을 보면 다음과 같았다.

① 먼저 역사적 전통의 기반위에서 독립운동이 전개되었다.
② 전통 정신을 기반으로 한, 독립운동이라도 근대화를 추진하면서 독립운동을 했다.
③ 독립운동 주체세력으로 보면 각계각층의 사람이 참가한 독립운동인데 점점 대중화하여 아래로부터 이룬 독립운동이 발달한 점이 특징이다.
④ 이념과 방략은 다양한 것이 특징이었다.
⑤ 이념과 방략, 즉 독립운동의 사상이 다양했더라도 그것이 분열을 나타내면 통일전선을 추구했던 것이 특징이다.
⑥ 독립운동은 독립전쟁을 비롯한 무력항쟁을 본류로 하여 격정적으로 전개되었다.
⑦ 온건한 문화운동으로도 전개되었다.

해방 후 중경임시정부 요인들의 모습

⑧ 독립운동은 1894년부터 1945년까지 꾸준히 전개된 시간의 연속성을 특징으로 한다.

⑨ 국내에서만 전개한 것이 아니라 아시아, 아메리카, 유럽, 아프리카, 오세아니아 등 세계 곳곳에서 전개되었다.

⑩ 그와 같은 독립운동은 세계에서 한국독립운동만의 특징인데 그 독립운동의 보상은 뜻밖에 미약하였다. 해방된 한국은 분단 조국이었다. 그 이유는 무엇일까?

2. 한국독립운동의 반성

앞에서 나열한 독립운동의 열 가지 특징을 하나하나 검토하면서 반성해 보기로 하자.

① 먼저 한국독립운동은 전통사상과 유구한 역사위에서 전개한 것이 특징이라고 했는데 그것은 아프리카처럼 신생국가가 아니라 한국의 독립은 수 천 년의 역사를 광복한 독립이라는 뜻이다. 그러므로 한국독립운동은 새로운 역사의 창조가 아니라 구시대 역사의 회복인 것이다.

② 다음에는 근대화를 추진하면서 독립운동을 전개한 특징인데 그것은 한국이 근대화를 추진하고 있는데 일본 제국주의가 편승하여 한국을 식민지로 만들었기 때문에 한국은 본래의 근대화를 독립운동과 동시에 추진해야 했던 것이다. 그것이 일제의 강점으로 말미암아 봉쇄당하거나 지연되고 있었으므로 그것을 바로 잡고 빨리 추진할 민족사적 책임이 있었다. 그리하여 광복 한국은 민주공화국으로 독립한 것

이다. 1948년에 대한민국을 수립했는데 민주공화국으로 독립하였
다. 그것을 어디에서 배웠던가? 1919년 대한민국임시정부 헌장에서
배운 것이다. 그리고 양반 상놈 없이, 남녀노소 차별 없는 사회를 표
방한 것도 독립운동을 통해서 배운 사상이었다. 종합해서 말하면 독
립운동을 통해 근대화가 달성된 것이다.

③ 독립운동은 각계각층의 사람이 가담하여 전개했는데 점점 대중화가
진행되어 아래로부터 전개한 독립운동이 발달한 것이 특징이다. 그
리하여 현대사에서 아래로부터 달성한 민주화가 달성된 것이다. 이
것은 아시아에서 대개의 나라와 민족이 맥아더헌법을 인수하듯, 주
어진 독립, 주어진 민주화를 이룬 것과 다른 한국만의 특징이요 영광
이기도 하다.

④ 그렇게 각계각층의 인원이 참가한 독립운동이었으므로 이념과 방략
은 다양하였다. 그리하여 1919년 3·1혁명에서 선언서마다 인도주
의를 제창한 후, 인도주의의 실현 방안으로 자유주의·사회주의·무
정부자치주의를 표방했던 것이다. 이때의 사상의 다양화를 분열로
볼 것이 아니라 누구는 국밥을 좋아하고 누구는 비빔밥을 좋아하듯,
꽃밭에 여러 가지 색깔의 꽃이 피듯, 아름다운 삶의 현상으로 이해되
어야 할 것이다.

⑤ 그래도 사람이 하는 일이라. 이념과 방략의 차이가 분열로 나타나면
그때는 1926년 국내외에서 유일당운동이 일어났듯이, 1927년 신간
회가 결성됐듯이, 통일전선의 형성으로 극복한 것이다.

⑥ 다음에는 독립운동이 독립전쟁을 주류로 추진하여 격정적으로 전개
한 특징이 있었는데 그것은 전반적으로 비타협노선을 추구하고 민중
운동이 발달한 가운데 얻은 특징이기도 했다. 그리하여 타협노선의

추구는 민족적 의미를 가질 수 없었다.

⑦ 그런 가운데에서도 국학운동이 민족문화운동으로 추진되었는데 그것은 일제의 민족말살정책에 대응한 민족보존운동으로 전개한 것이다.

⑧ 한국독립운동은 1894년부터 1945년까지 60년간 단절 없이 지속적으로 전개한 특징을 가지고 있었다. 이것은 세계에서 유일한 경우로 민족적 긍지이기도 하다.

⑨ 그리고 한국독립운동은 국내에서만 전개된 것이 아니라 세계 곳곳에서 전개한 특징을 가지고 있는데 이것은 그 만큼 적극적으로 전개되었다는 것을 의미했다.

⑩ 그렇게 적극적이요, 다양하게 전개한 한국독립운동인데 1945년 해방될 때 그의 보상은 분단 조국이었으니 만족할 수준의 것이 못되었다. 그것은 독립운동에 이유가 있는 것이 아니라 미국과 소련의 패권주의에 이유가 있었다. 전쟁 후의 문제를 협의한 1945년 2월 4일의 얄타회담에 모인 스탈린·루즈벨트·처칠이 다 함께 치매를 앓고 있어 인간의 길을 지키지 못했다고 한다. 그 결과 한국도 분단되는 등, 크게 손해를 본 것이다.

⑪ 한국독립운동의 시기별 특징은 다음의 표와 같았다.

한국독립운동으로 1945년 8월 15일 일본의 항복과 더불어 해방된 한국은 당연히 독립하는 것이 원칙이었다. 그리고 그에 상응한 손해배상을 일본은 부담해야 했다. 그것이 1952년 샌프란시스코 강화회의에서 명시되어야 했다. 아니면 1965년 한일협정에서 밝혀져야 했다. 그런데 어디에서도 실현되지 못하였다. 그것은 당시의 집권자의 중대한 실수였다. 1952년의 이승만정부는 그것을 챙길만한 능력도 없었지만, 집권연장을 위한 정

시기	특징	내용	비고(친일조직)
구국운동기 1876~1910년	종속해방운동	의병전쟁 계몽운동	의병전쟁이 독립전쟁으로 발전(일진회)
초기 – 독립운동정비기 1910년대	망명촌 건설 독립군기지건설	만주와 연해주동포사회의 활동	하와이동포 동참(조선귀족령, 총독부관리, 이회광 불교 합병)
중기 – 민족총력항쟁기 1920년대	정치 경제 사회 문화 각방면의 독립운동 전개	재만독립군의 독립전쟁, 임시정부의 정치투쟁, 국내동포의 사회문화운동.	독립운동 중심지는 만주였다(도평의원 참가).
후기 – 독립운동의 민중화시기 1930년대	노동운동. 농민운동. 학생운동의 발달, 국학민족주의의 고양	혁명적 노농운동조직의 발달, 조선어학회.진단학회 결성	대동 민족주의의 정착 (도회의원 참가)
말기 – 독립전쟁기 1938~1945년	독립전쟁과 독립군지원활동	한국광복군과 조선의 용군의 활동, 88여단의 조선인부대의 활동	일본군 한인병사의 탈출, 탈출병사에 의한 게릴라활동, 조선어학회사건(임전보국단, 창씨개명)

치파동을 일으키느라고 샌프란시스코 강화회의를 돌볼 여유도 갖지 못했다. 1965년의 박정희정부는 청구권 협상에 의한 돈 받아오기가 바빠 민족문제는 생각하지 않은 과오를 저지르고 말았다.

위의 표에서 친일파를 언급했는데 친일파의 형성을 구조적으로 보면 대한제국이 병탄되기 전의 일진회, 1910년대의 조선귀족령에 의한 식민지 귀족, 총독부 관리, 식민성 대지주, 이회광의 행보처럼, 나라가 합병됐으니 불교도 합병할려고 했던 종교 분위기, 1920년대의 도평의원 참가, 1930년대의 도회의원 참가, 말기의 임전보국단 같은 것이었는데 그에 대하여 민원식이나 박춘금을 처단하고 혹은 부산에 동본원사東本願寺 별원을 설치하여 일본불교가 침략하고 있었던 사실에 대하여 한용운의 불교유신론의 제창이나 동래 범어사를 중심으로 「선불교禪佛敎를 지키자」「선대찰禪大刹을 지키자」라는 구호 아래 민족종교운동을 전개하면서 극복해 갔지만 만족스러운 정도는 못된 것 같다. 아울러 이 기회에 언급할 것은 친일 인사의 후손이 해방후에 그들의 조상의 죄과를 언급한다고 해서 연산군처럼 반감을 갖는 경우가 있는데 조심할 일이다. 역사적 평가인 만큼 공손하게 수용해야 할 것이다.

일제강점기에 대한 일본 고위 인사의 견해 표명

일자	주요 인사	발언 내용
1983년 8월 23일	호소가와 모리히로 총리의 국회 연설	과거 일본의 침략행위와 식민지 지배가 많은 사람에게 참기 어려운 고통과 슬픔을 초래한데 대해 깊이 반성하며 사과한다. ⇒ '침략' 표현을 처음으로 사용
1984년 9월 6일	히로히토 일왕, 전두환대통령 방일 만찬사	금세기의 한 시기에 양국간의 불행한 역사가 있었던 것은 진심으로 유감이며 다시 되풀이되서는 안된다고 생각한다.
1990년 5월 24일	아키히토 일왕, 노태우 대통령 방일 만찬사	우리나라에 의해 불행했던 이 시기에 귀국의 국민이 겪으셨던 고통을 생각하며 통석의 념을 금할 수 없다.
1995년 8월 15일	무라야마 도미이치 총리 담화	과거 한 시기 식민지 지배와 침략으로 아시아제국의 여러분에게 많은 손해와 고통을 안긴 역사적 사실을 겸허하게 받아들이고 통절한 반성과 마음으로부터 사죄의 기분을 표명한다.
1998년 10월 8일	오부치 게이지 총리, 한일파트너십 선언	과거 한 시기에 한국 국민에게 식민지 지배에 의해 많은 손해와 고통을 안긴 역사적 사실을 겸허하게 받아들이고 통절한 반성과 마음으로부터 사죄의 기분을 표명한다.
2005년 8월 15일	고이즈미 준이치로 총리 담화	식민지 지배와 침략에 의해 아시아제국의 여러분에게 많은 손해와 고통을 안겼다. 통절한 반성과 마음으로부터 사죄의 기분을 표명한다.
2010년 8월 10일	간 나오토 총리 담화	이러한 식민지 지배가 초래한 다대한 손해와 아픔에 대해 여기에 재차 통절한 반성과 마음에서 우러나오는 사죄의 심정을 표명합니다.

위의 담화들은 정치적 수식일 수도 있다. 그러나 그런 과오를 한일 지식인은 잘 알고 있다. 2010년 5월 10일 한일 양국의 지식인 213명은 "한국병합 100년을 맞아 그것은 원천무효였다Null and void"고 선언하였다.

7장

한국현대사 총론

세계대전 마지막의 3개월에 오키나와 전투가 있었는데, 오키나와를 미군이 점령하면 거기에 비행장을 건설하고 B29기가 출격하게 되니 일본 본토는 큰 피해를 보게 되므로 일본은 1945년 여름의 오키나와 전투에 전력을 쏟아 싸웠다. 결국 6월 23일 오키나와 전투는 미군의 승리로 끝났는데 일본 측 사망자와 행불자가 188,136명(오키나와 출신 122,228명, 민간인 94,000명), 민간인 사망자 중에는 서로 죽인 경우와 일본군이 목 졸라 죽인 경우도 있었다. 그것이 일본 교과서에 등재되어 있었는데 정부 주도로 그것을 삭제하여 2007년 가을에 오키나와에서 일본역사교과서 왜곡을 비판하는 대규모 시위가 열렸다.

일본은 1945년 8월 10일 포츠담선언에서 명시된 무조건 항복을 결정하고 소련에게 연합군에 통보하여 조종해 줄 것을 요망한다는 내용의 전문을 보냈다. 그런데 그것은 연합군에게 도청되어 소련이 알려주기 전에 연합군이 알게 되었다. 8월 10일 한국광복군 전선을 시찰하기 위해 서안西安에 갔던 대한민국임시정부의 주석 김구가 광복군의 본토 진격작전 전에 일본군이 항복하여 종전 후 한국의 발언권이 약화될까 걱정했다는 이야기가 『백범일지白凡逸志』에 전해 오는 것이 이때의 이야기이다.

8월 10일에 일본의 항복을 알았던 경우는 특별한 경우이고, 대개는 8월 15일 12시 정오에 일본 국왕의 항복 방송을 듣고 알았다. 필자의 고향에서도 그랬다. 필자의 고향은 태백산맥의 끝부분 일월산 산골마을인데 8월 15일 징병에 소집되어 가는 청년 송별회 잔치가 매계천이라는 개울가에서 열리고 있었다. 온 동네에서 술과 안주를 다투어 내와 걸판진 잔치가 열리고 있었다. 그런데 12시에 특별방송이 있다는 예고를 듣고 어디에선가 고물 라디오를 구하여 천전댁(조성길趙星吉·성을星乙·성대星大)에 일부 청년이 모여 12시를 기다리고 있는데 국왕의 항복 방송이 아닌가? 모두 놀랐다. 그리고 징병에 갈 사람이 안가도 되는 기쁨을 맞았다. 그리하여 송별잔치가 해방잔치로 변하여 집집이 새로 호박전, 닭볶음, 부추전이 술과 더불어 푸짐하게 나왔다. 얼마 전까지 눈물 속의 잔치가 웃음 잔치로 변하고 언제 준비했는지, "동해물과 백두산이 마르고 닳도록" 하는 애국가 가사를 적은 종이가 돌고, 신흥무관학교에서 공부한 어른들이 "한산도의 왜적을 처서 파하고 청천강의 수병 백만 몰살하옵든"이라는 용진가 가사를 적어 돌렸다. 그리고 모두 군청이 있는 영양읍으로 달려갔다. 해방만세를 부르며 조용한 시골장터를 울리고, 북쪽 언덕에 있는 봉안전 신사神祠를 때려 부셨다. 그리고 거기에 보관해 있는 대고북을 가져왔다.

서울에서도 해방의 잔치는 열렸다. 안국동 휘문중학교 교정에서는 여운형呂運亨의 강연이 열을 올렸고, 그것은 곧 안재홍安在鴻과 함께 건국준비위원회建國準備委員會로 수습되었다. 건국준비위원회는 9월 6일에 인민공화국을 탄생시켰다. 이것은 임시정부가 9월 4일 '고국동포에게 고함'이라는 성명에서 환국하면 과도정부를 수립할 것이라는 계획에 대한 조치였다. 그리고 며칠 뒤에는 미군이 진주하였다.

북한에서도 소련군이 진주하였는데 그때 소련의 하바로프스크에 약소민족연합군으로 조직되어 있던 소련 88여단 제1영장 김일성이 동행 진주하였다. 88여단의 참모였던 최용건은 만주 봉천(심양)으로 진주하였다. 그리하여 북한에는 김일성의 선점으로 임시인민위원회를 결성하고 자리를 잡아갔다.

이러한 한국현대사는 1945년부터 오늘날까지를 옛이야기 방식으로 이해할 것이 아니라 시기를 구분하여 살피는 것이 정확하게 이해할 수 있다. 현대사의 시기 구분은 다음과 같이 3시기로 나누면 이해가 쉽다.

제1시기 : 해방직후의 혼돈기(1945~1960)
제2시기 : 4·19혁명과 민주화운동기(1960~1993)
제3시기 : 민주주의 개혁과 통일운동기(1993~오늘날)

첫 번째 시기인 혼돈기는 해방과 더불어 미국과 소련이 남북을 분단하여 점령하여 군정을 실시했는가 하면 1948년에 분단정부를 수립하고 그 직후인 1950년에는 동족상잔으로 6·25전쟁을 치렀다. 그때 남북한에서 사망한 인원이 550만 명에 달했다. 누구를 위한 죽음이었던가? 그런 비극이 연출되고 있었는데 이승만대통령은 집권 연장을 위하여 1952년 전쟁중인데도 부산에서 정치파동을 일으키고 있었다. 이것이 어떻게 정상적 국가운영이라 할 것인가? 그래서 혼돈기라 한 것이다.

두 번째 시기는 4·19혁명을 계기로 민주화운동이 꾸준히 전개되던 시기이다. 1961년에 5·16군사쿠데타를 맞아 민주주의가 실종할 뻔했는데 1964년 6·3항쟁을 통하여 민주주의를 소생시키고 그를 위하여 청년 학생들이 끈질기게 투쟁하였다. 1969년에는 3선개헌 반대투쟁을 전개했고, 1972년 유신헌법이 나오자 유신반대투쟁을 전개했다. 그러니까 유신정부는 긴급조치 9호까지 발동하여 탄압할 때 전태일의 자결을 비롯하여 노동자와 농민의 극단적 저항이 민주화 의지를 불태웠다. 민주화운동은 전국적으로 확산되어 부마釜馬민중항쟁으로 나타났다. 그런 와중에서 1979년에 10·26사태가 돌발한 것이다. 그런데 10·26사태를 수습하는 가운데 신군부가 부상하였다. 민주화운동이 전국운동으로 확산될 때 1980년에 광주민주화운동이 전개되었는데 이것을 진압하기 위하여 동원된 군인이 신군부의 주류를 이루었다. 신군부는 무자비하게 광주 시민을 학살하고 탄압하여 한국현대사를 눈물로 얼룩지게 하였다. 그 후 신군부에 의해 전두환 정부가 들어서고 1988년에는 노태우 정부가 들어섰다. 이와 같이 신군부가 집권한 데에는 민주화운동의 선두주자 김영삼·김대중의 단일화를 요구하는 국민의 소리를 외면하며 서로 경쟁한 과오가 있기는 하지만, 국민은 그런 한계에서도 민주화운동을 꾸준히 전개하여 1987년 6월 10일을 전후하여는 민중적 항쟁을 군부도 막지 못하였다. 탱크까지 출동하여 시위를 막았지만 시위 군중은 탱크에 올라타고 민주화를 부르짖었다. 결국 전두환은 설악산 백담사에 은신하였고, 1993년에 김영삼이 대통령에 당선됨으로써 민간정부가 들어서게 되었다. 그리고 전직 대통령 전두환과 노태우를 감옥으로 보냈다. 그리고 조선총독부 청사를 철거하고 광화문을 복원하여 민족의 양심을 바로 세웠다. 아울러 지방자치제를 실시하고 문화를 정리하여 국보가 402종에 이를 정도가 되었다.

세 번째 시기인 민주주의 개혁과 통일운동기는 그 동안 민주화운동을 전개하는 가운데 혼란했던 정치·경제·사화·문화 각 방면의 어지러운 문제를 정리하여 정상적 국가운영을 도모한 개혁을 단행하는 시기로 이때 통일운동도 새롭게 일으키는 것이다. 통일문제는 1972년에 7·4공동성명을 발표한 이래 1973년에 6·23선언으로 평화통일의 원칙을 세우고, 남북화해협력합의서 교환이 있었다. 그때 1994년에 김일성이 사망하여 차질을 빚는가 했더니 그를 계승한 김정일이 통일운동도 계승하여 2000년에는 6·15공동선언에 이르게 되었다. 그 후 노무현정부가 10·4선언으로 이를 발전시켰으나 곧이어 금강산 관광객 사망사건, 천안함침몰사건, 연평도포격사건 등으로 남북관계가 냉전시대로 돌아가는 듯 하였다. 그러나 2013년에 이르러 9월 16일부터 개성공단도 다시 운영되고 이산가족 상봉과 금강산 관광도 다시 실현될 전망이다.

그런 한편에서 민주주의 개혁이 추진되었다. 그러나 군부의 경제 파탄이 곪아터진 나머지 1997년에 IMF신탁의 경제위기를 겪기도 했으나 금 모으기운동 등으로 극복하여 2013년 달러 보유고가 3천만 달러를 초과할 정도로 정상을 회복하고 있다. 그리하여 비무장지대 248km가 평화공원으로 조성된다는 이야기가 있지 않은가?

1. 민족의 해방, 분단과 혼돈의 현대 초기

북한에 진주한 소련군은 진주하기 전에 점령지 군정을 어떻게 전개할 것이라는 준비를 갖추고 진주하였다. 그런데 남한의 미군은 준비가 없었다. 한국은 중국전구사령관인 웨드마이어 관할 하에 있었으나 종전 직전에 태평양전구로 이관되어 맥아더사령관의 지휘를 받게 됐으니 태평양전구의 미군은 그 해 9월에 하지중장을 사령관으로 서울에 진주하기는 했으나 한국이 생소하여 점령군 이상의 구실을 하지 못했다. 그러므로 혼란만 가중되고 있었으나 점령군은 아무 대책이 없었다. 그들은 자신을 해방군이라 했지만 점령군이었다.

임시정부 요인이나 한국광복군이 귀국하고 일제강점기에 징병·징용·일본군'위안부'로 끌려갔던 젊은이가 돌아왔으나 점령군은 아무 대책이 없

미군 진주 후 조선총독부의 광경

었다. 일본인으로 돌아가지 못하고 조선에 살게 된 사람이나 일본에 살던 한국인 동포 중 돌아오지 못한 인원이 많았으나 점령군은 돌아볼 겨를이 없었다. 그와 같이 하와이·시베리아·동남아시아·중국이나 만주에서 돌아와야 할 해외 한인이 500만 명을 넘었는데 무정부상태의 한국으로서 대책이 있을 수 없었다.[1] 점령군이나 연합군총사령부도 대책이 없었다.[2]

미국과 소련의 점령정책도 달랐다. 합작품으로 내놓은 것이 점령 4개월 후인 그 해 12월 28일에 해방정국을 수습하는 임시정부를 수립하고, 수습

1   장석흥, 「해방 후 해외 한인의 귀환」, 『한국근현대사강의』, 한국근현대사학회, 한울, 2012, 448쪽.
2   황선익, 『연합군총사령부의 해외한인 귀환정책 연구』, 국민대 박사학위논문, 2012.

안이 확정될 때까지 5년간 유엔이 신탁통치한다는 것이었다. 한국에는 임시정부가 있는데 또 무슨 임시정부란 말인가? 그것이 잘못된 데가 있다면 다듬으면 될 일을 한국인 스스로 만든 임시정부는 무시하고 미국과 소련이 만든 임시정부의 행정을 받으라니 말이 안 되었다. 그리고 5년간 신탁통치한다는 것이다. 이것이 어떻게 해방군인가?

신탁통치는 새로운 식민통치였다. 진작부터 한국에 대한 국제관리설이 있었으므로 1941년부터 중경에서 자유한인대회를 열고 전후 국제관리설에 대하여 반대한다는 민족의 의사를 분명하게 표시해 왔던 것이다. 그런데 염려하던대로 국제관리인 신탁통치한다는 것이다. 그래서 민족의 전역량을 쏟아 신탁통치 반대운동을 전개하였다. 당시의 한국독립당·한국민주당·국민당·조선인민당·조선공산당 등이 모두 반탁의 깃발을 높이 들었다. 그리고 임시정부에서는 12월 30일 국자國字 1호와 국자 2호를 공표

얄타회담의 치매노인들

1945년 2월 4일에 흑해 연안의 얄타에서 곧 승전할 소련·미국·영국 정상이 모여 전승 후의 처리를 협의했는데 그들은 모두 치매를 앓고 있어서 영국의 BBC방송에서 치매가 역사를 만든다고 비꼬기도 할 정도였다. 연령순으로 보면 스탈린·루즈벨트·처칠의 순서인데 연령도 적지 않지만 세계 중대사를 치매 노인이 결정했다고 하니, 거기서 어떻게 결정하느냐에 따라 나라 운명이 결정됐던 코리아Korea 같은 나라사람들은 비록 역사라고 해도 강대국의 무성의에 여간 섭섭하지 않을 수 없는 것이다.

하여 미군의 군정을 외면하고 임시정부가 국정을 담당하겠다고 선언했다. 그러므로 한국인은 미군의 말을 듣지 말고 임시정부의 행정에 순응하라고 했다. 정국은 예측이 안 되었다. 정국의 초긴장 속에 1946년 1월 1일 반도호텔에서 김구-하지 회담이 열렸다. 김구는 민족의 생명과 명예를 안고 참석하였다. 하지는 회담이 결렬되면 임시정부 요인들을 모두 인천의 옛 포로수용소에 가두었다가 중국으로 추방할 계획이었다. 정국은 파국으로 치닫고 있었다. 회담은 결렬이 예견되었다.

한국현대사의 운명을 결정할 반도호텔 회담에서 한국은 신탁통치반대운동을 자유롭게 전개한다. 임시정부는 국자 1·2호를 철회한다는 내용으로 타협하였다. 그리하여 숨막히는 정국은 풀렸다. 차라리 회담이 결렬되

조선인의 일본민족화와 일본인의 조선민족화

임진왜란 때 일본으로 납치되어간 도예공의 후예인 박무덕朴茂德이 1940년대 일본정부의 외무대신 도고 시게노리東鄕茂德인데 누구도 그를 일본민족이 아니라고 하지 않았다. 그와 같이 임진왜란 때 왜군으로 조선에 귀화한 김충선金忠善의 후예인 김치열金致烈이 박정희 정부의 법무장관을 역임하고 명나라 병부상서 석성石星의 후예인 석상룡石祥龍이 대한제국의 의병장으로 지리산 일대에서 활약했는데 누구도 그들을 한국인이 아니라고 하지 않았다.

그와 같이 세월이 가면서 조선사람이 일본민족이 되고, 일본사람이 조선민족이 되었던 것이다. 오늘날의 다문화가정의 여러나라에서 온 남녀도 세월과 더불어 조선민족이 될 것을 예상해야 한다.

었다면 어떻게 되었을까?

그런데 1946년 1월 3일 서울운동장에서 신탁통치반대 전국대회를 개최했는데 반탁대회가 찬탁대회로 변신하고 말았다. 그동안 반탁을 주장하던 조선공산당이 신탁통치 찬성으로 정책을 바꾸어 1월 3일부터 찬탁을 외치기 시작하였다. 결국 찬탁과 반탁은 좌익과 우익의 구호로 자리를 잡아갔다. 역사가 어디로 갈까?

2. 분단정부의 수립과 농지개혁

이승만의 분단정부

미소의 38선 분할점령으로 조국이 분단의 운명을 맞게 될 염려가 짙게 되고 있었는데 그러한 염려는 1946년부터 현실로 다가오고 있었다. 당시의 정치지도자 이승만이 분단정부 수립을 제창하고 나선 것이다. 그것이 당시의 내외 여건으로 보아 불가피론이라고 하더라도 우리가 먼저 외친다는 것은 위험한 일이었다. 그리하여 정국은 분단정부론과 통일정부론으로 양분되었다. 통일정부론은 백범 김구의 임시정부를 중심한 독립운동 인사들에 의해서 주장되고 추진되었다. 그리하여 정국은 분열과 혼란으로 치달을 때, 그 수습방안으로 좌우합작위원회가 열려, 김규식金奎植·여운형이 합작을 위해 노력했으나 1947년 여운형이 암살되면서 좌우합작도 공염불이 되고 말았다. 그러니까 통일정부를 고집하던 김구는 북한의 김일성·김두봉과 남북협상을 추진하게 되고 여기에 김규식이 민족자주연맹을 결성하여 합류하였다. 그러나 역사는 분단정부 수립으로 가고 있었다. 분단정부의 선두주자 이승만은 국내에서 가장 강력한 조직체인 김성수의 한국민

안재홍

주당과 손잡고 있었고, 국제적으로도 유엔을 조종하던 미국이 유엔 감시하의 총선거를 통해 정부를 수립한다는 정책을 밀고 있었으므로 결국 분단정부로 갈 수 밖에 없었던 것이다.

미국의 트루먼 정부는 1947년 8월에 웨드마이어A. C. Wedmeyer 사절단을 남한에 파견하여 동정을 살피고 여론을 조사하였다. 그때 한국인의 의견을 수집했는데, 이승만·이시영·김구·김규식·김성수·정인보·강용흘·오기영·신남철·김연수·박흥식·안재홍·이선근·설의식 등 450여 명의 건의서가 있었다고 하는데 그 여론이 단독정부 수립의 핑계였던 것이다. 그렇게 되자 1948년 2월 김구가 「삼천만 동포에게 읍고泣告함」이라는 성명을 발표하고 "38선을 베고 죽을지언정 분단정부에 참여할 수는 없다"라고 외치며 다급하게 남북협상을 추진하였다. 그러나 민족자주연맹이 참가하고 문화인 108인을 비롯한 국민 다수인원의 지원 성명이 발표되는 긍정적 추세가 있기는 했으나 끝내 감상적 구호에 머물고 말았다.

1948년 5월 10일 남한의 단독선거를 앞두고, 4월 19일 김구·김규식·조소앙趙素昻 등이 38선을 넘어 평양으로 갔으나 북한에서도 은밀하게 단독정부 수립을 추진하고 있던 때였으므로 극적인 변화를 일으키지는 못하였다. 결국 5월 10일 남한에서 선거가 실시되어 이승만·이시영李始榮·이범석李範奭·김성수·신익희申翼熙·김동원金東元·조병옥趙炳玉·윤치영尹致暎·장택상張澤相·유진오兪鎭午 등에 의한 헌법이 제정되고 동시에 분단정부 대한민국이 수립되어 8월 15일 내외에 공표했다. 그때 북한에서도 나름의 절차를 밟아 9월 9일 조선민주주의인민공화국을 수립 공표하여 이 땅에 분단국가가 탄생한 것이다.

좌우합작에 힘썼던 김규식, 서재필, 여운형

남북협상을 위해 38선을 넘는 김구

안개정국과 민족의 실종위기

분단정부를 수립하는 가운데 정국은 대단히 혼란해졌다. 1945년 한국민주당 당수 송진우宋鎭禹 암살을 비롯하여 1947년 여운형의 암살, 이듬해의 장덕수 암살로 이어진 정가는 공포 분위기가 넘쳤다. 그러한 정국에 따라 1948년 4월에는 제주도민의 분단정부에 반대하는 반란에 이어, 그것을 진압하라는 명령을 거부한 여수·순천 주둔 국군의 항명반란이 역사를 울렸다. 그 후 지리산과 태백산 일대에는 반한反韓 빨치산의 활동이 계속되었는데 그것은 대구 10·1사건을 계기로 전국적 현상이 되었다.

신생 대한민국의 헌법을 보면, 자유민주주의를 표방하고 있었다. 그러나 빨치산이 걱정하는 그런 초기자본주의를 지향한 것은 아니었다. 헌법 전문에서 대한민국은 대한민국 임시정부를 계승하여 수립한다고 선언하고 있으며, 그에 따라 임시정부 건국강령 정신을 계승하여 정치적·경제적·사회적 민주주의를 표방한다고 명시하고 있었다. 아울러 제15조에서 '재산권은 보장된다'라고 자본주의를 표방하면서, 재산권의 사용은 공공복리에 적합하여야 한다고 수정자본주의를 지향하고 있었다. 그래서 경제조항 첫 번째 조문인 제84조에서 '인간의 기본적 수요를 충족할 수 있는 국민경제를 달성하자'고 규정하고 있는 것이다. 그런데 이러한 금과옥조의 조문도 안개정국과 정치혼란으로 말미암아 보장되지 못하고 공문화되고 있었다. 우선 집권자 이승만이 자유주의자이기는 했지만 민주주의자는 아니었다. 민주주의는 다수인원의 의사와 행복이 중요하지만 자유주의는 개인의 자유가 더 중요했다.

그래서 이승만은 공산당과 빨치산 토벌을 위하여 친일파 정객과 일제강점기의 일본군 및 경찰 출신자들을 등용하기 시작하였다. 아울러 1949년 6월에는 반민족행위자처벌특별법을 무시하고 반민특위를 습격, 해체하였다. 그리고 국회에 대하여는 남로당프락치사건을 일으켜 유수한 국회의원을 숙청하고 6월 26일에는 드디어 독립운동의 최고 지도자 김구를 암살하였다. 이런 판국이었으니 역사가 어디로 갈 것인가? 민족이 실종될 운명을 맞은 것이다.

농지개혁

이승만 정부가 수행한 업적으로 괄목되는 것은 농지개혁이었다. 북한이 1946년에 토지개혁을 실시하여 농민들의 환영을 받아 정권 안정을 기했는데 남한에서 대지주체제를 답습하다가 보면 농민들로부터 외면당하여 정권을 유지할 수가 없을 수 있었다. 그래서 정권 차원에서 농지개혁을 추진했으니 이것은 미국측의 종용이라고 말하기도 한다. 아무튼 그리하여 이승만 정부는 수립과 동시에 농지개혁을 구상하여 사회주의 경력을 가진 조봉암을 농림부장관에 기용했던 것이다.

농지개혁에서 가장 쟁점이 되었던 것이 유상몰수 유상분배이냐, 무상몰수 무상분배이냐의 원칙 결정이었는데 대한민국임시정부에서는 무상몰수 무상분배의 원칙을 세워놓고 있었다. 그러나 신생 대한민국이 자유민주주의와 자본주의를 지향하는 한, 최저가격이라도 유상몰수 유상분배할 수밖에 없었다. 그 다음에 쟁점이 되는 것은 무엇이었던가? 토지 소유한도를 얼마로 결정하느냐에 있었다. 여론은 1정보町步설에서 10정보설까지 다양하게 주장되고 있었다.

한국민주당에서는 최대 10정보설을 주장했고, 안재홍의 국민당은 5정보설을, 조소앙의 사회당은 1정보설을 주장했다고 한다. 여기서 조봉암이 3정보설을 제기하였다. 임야와 과수원은 제외하고 농지만 3정보는 9,000평으로 노동력 3인의 농가에서 자작농으로 적당하다는 것이었다. 그러한

조봉암

원칙으로 농지개혁을 단행하여 1949년의 한국 농촌은 재구성되고 있었다. 아울러 농민은 새로 분배받은 농토에 농사를 지으며 새 삶을 영위하고 있었다. 만일 이때 농지개혁을 안했더라면 이듬해 6·25전쟁 때 전국적으로 소작농민이 봉기하여 대한민국을 멸망으로 몰고 갔을런지 알 수 없었다. 그리고 이때 경주의 최준崔浚 같은 지주는 소작농을 농지개혁을 예상한 위치로 배치하여 소작농의 이권을 사전에 보장해주는 조치를 강구하여 휴머니티한 칭송을 듣기도 했다.

3. 6·25전쟁과 정전 60년

남침설과 북침설의 설득력

필자가 1987년에 대학원에서 종강하고 종강파티를 하는 중간에 어느 수강생이 "6·25전쟁이 일어날 때 어디에서 무엇을 했고, 전쟁이 일어난 것을 어떻게 알았느냐?"라고 질문하기에, 필자는 즉각 "그날은 일요일이어서 장충단공원 개울에서 빨래를 하고 있었는데 '휴가 장병 본대로 돌아가라', '외출장병 본대로 귀환하라'는 가두 방송이 요란하게 계속되어 또 38선 충돌이 일어난 모양인데 가두 방송까지 나온 것을 보면 이번에는 종전과 달리 크게 충돌한 모양이라고 느꼈다"고 대답하였다. 그랬더니 어느 학생이 "그렇다면 남침이 아니냐"고 소리쳤다. 거기에서 필자는 6·25가 남침인가, 북침인가를 알고 있는대로 손을 들어보라고 물었더니 약 30명의 수강생이 전원 '북침'이라는 것이다. 수강생은 당시 국민대학원생 10명과 서울대학원생 20명 합반 수업이었다. 지금은 모두 대학의 중견교수로 활약하고 있는 그들의 북침설 인식에 필자도 놀라, 그날 종강파티는 뜻하지 않게 장황한 강의시간이 되고 말았지만, 그와 같이 6·25전쟁 발발에 대하여 바로 이해하기가 어렵던 한 동안이 있었다. 북한에서는 현재도 북침설을 주장하고 있는 것으로 알고 있다.

스탈린은 미국이 아시아에 힘을 분산함으로써 유럽의 나토NATO를 약화시킬 수 있다고 예상했다. 모택동은 1949년에 장개석을 타이완으로 축출했는데 남한을 적화함으로써 타이완의 반격력을 약화시킨다고 생각하였다.

남북한의 국력

남북한 국력과 군사력을 비교해 보면, 북한이 월등하게 우세했던 것을 알 수 있다. 그러므로 일방적 전투로 끝날 것 같은 전쟁이었다. 북한군의 탱크는 대전자포를 발사해도 꿈틀하고는 그대로 갔다. 26~28일 연거푸 북한 비행기가 서울 상공을 공습해도 남한에서는 그를 막을 방도가 없었다. 서울은 피난행렬이 밤낮 줄을 이어 남쪽으로 갔고, 28일 새벽에 한강 인도교를 폭파시킨 뒤에는 광나루를 통해 필사적인 탈출을 시도하였다. 북한군의 남진을 막기 위해 다리를 폭파시킨다면 임진강 다리를 폭파해야 할 것을 한강 다리를 폭파하는 어리석은 남한군이었다.

26일에 남한의 이승만대통령을 비롯한 정부는 수원, 대전, 대구로 도망하면서도 방송을 통해 북진통일을 외치고 있었으나 그것을 믿는 백성은 없었다. 유엔 안전보장이사회가 열려 유엔군의 파병을 결정하여 그 선발대가 28일부터 참전했으나 힘을 못 쓰고 후퇴를 거듭했다. 필자는 신당동에 살았는데 28일 새벽에 비가 쏟아지는데 청량리 방면에서 총소리가 요

표 6 경제지표의 비교 (국방부 집계)

구분	기준년도	남한	북한	비고
총인구	1949	20,190,000명	9,750,000명	남한이 갑절
국민 총생산	1949	7.1억 달러	3.9억 달러	남한이 우월
수산물 생산량	1949	21.6만 톤	27.3만 톤	인구감안, 북한 우세
석탄 생산량	1949	112.9만 톤	400.5만 톤	북한 우세
식량 생산량	1950	345.5만 톤	124.4만 톤	인구감안, 비슷
전기 발전량	1950	23.1kW	104.7kW	북한 우세
철도 총장	1950	4,423km	3,815km	비슷
도로 총장	1949	24,932km	13,549km	비슷
무역 총액	1949	1.4억 달러	5.1억 달러	북한 우세

란하게 들려오는 속에 한남동 나루를 건너 진흙길을 걸어 밤새 양재동까지 갔다. 언주국민학교에 들어가 한잠을 부치고 그날로 수원까지 걸었다. 피난민 행렬에는 국군도 있고 경찰도 있었지만 패잔병의 초라한 모습뿐이었다. 그대로 전쟁했더라면 북한의 남한 적화통일은 시간문제였다. 그것을 막기 위해 유엔군이 참전하였고, 북한에는 중공군이 참전하여 전쟁 성격을 한결 복잡하게 만들었다.

16개국의 병력지원과 39개국의 물자 지원을 받은 남한이 유리한 남북전쟁이었으나 실제는 남한군이 패전을 거듭하여 수원, 대전과 추풍령방어선도 허무하게 무너져 곧 북한군이 승리하는 듯하였다. 그리하여 그 해 8월에는 낙동강전선과 팔공산전선이 결전장이 되어 혈전을 거듭한 안동전투와 다부동전투의 기록을 남겼다.

남한이라고 해도 대구와 경주와 울산과 부산으로 이어지는 경상남북도의 동남부 외에는 안동·상주·김천·거창·진주·마산이 북한군의 점령지가 되었다. 점령지에서는 젊은이가 인민군의용군으로 차출되어 갔고, 모

표 7 남북 군사력 비교

구분	남한 병력	북한 병력	남한 장비	북한 장비
지상군	96,140명	191,680명	곡사포 91문 대전차포 140문 박격포 960문 장갑차 27대	곡사포 552문 대전차포 550문 박격포 1,728문 장갑차 54대 전차 242대
해군	6,956명	4,700명	경비함 28척 기타 함정 5척	경비함 30척 보조함 80척
공군	1,897명	2,000명	연습, 연락기 22대	전투기, 전폭기, 기타 211대
계	105,752명	198,380명		
비고	남한 약세	북한 우세	남한의 대전차포는 유명무실	북한의 전차는 위력적

표 8 남한 지원 참전국 상황

국명	참전 인원(명)	지상군(명)	해군	공군
미국	1,789,000	302,483	극동해군, 7함대	극동공군
영국	56,000	14,198	함정 17척	
오스트레일리아	17,164	2,282	함정 4척	비행대대 1, 수송대대 1
네덜란드	5,322	819	구축함 1척	
캐나다	25,687	6,146	구축함 3척	수송대대 1
뉴질랜드	3,794	1,389	함정 1척	
프랑스	3,421	1,119	구축함 1척	
필리핀	7,420	1,496		
터어키	14,936	5,455		
타일란드	6,326	1,294	함정 8척	수송편대 1
그리스	4,992	1,263		수송편대 1
남아프리카	826			전투비행대대
벨기에	3,498	900		
룩셈부르크	83	44		
콜롬비아	5,100	1,084	함정 1척	
이디오피아	3,518명	1,271		
의료지원국	스웨덴, 인도	덴마크	노르웨이	이탈리아

표 9 남한에 대한 물자지원[3]

	국가명	지원시기	지원기관	지원액($)	지원내용
1	과테말라	1953. 12 이전	UNKRA	7,704	목재
2	도미니카	1953. 6	UNKRA	275,200	현금
3	독일	1954. 8 이전	ERP	47,619	현금
4	라이베리아	1951	CRIK	15,000	생고무
5	리히텐슈타인	1956. 6 이전	UNKRA	465	현금
6	레바논	1952. 12 이전	UNKRA	50,000	현금
7	모나코	1954. 8 이전	UNKRA	1,144	현금과 물자
8	멕시코	1951	CRIK	346,821	두류, 닭고기
9	버마	1951	CRIK	49,934	식량
10	베네주엘라	1951	CRIK	180,842	현금과 의료품
11	베트남	1952. 12 이전	UNKRA	11,943	현금과 물자
12	사우디아라비아	1952. 12 이전	UNKRA	20,000	현금
13	시리아	1953. 12 이전	UNKRA	3,650	현금
14	스위스	1953. 6 이전	UNKRA	313,954	현금과 물자
15	아르헨티나	1952. 5 이전	CRIK	500,000	식량, 의약품.
16	아이슬란드	1951	CRIK	45,400	간유
17	아이티	1954. 8 이전	ERP	2,000	현금
18	이스라엘	1951	CRIK	96,600	미곡, 의약품
19	이란	1952. 5 이전	CRIK	3,900	미곡, 직물
20	이집트	1953. 12 이전	UNKRA	28,716	현금
21	인도네시아	1952.12 이전	UNKRA	143,706	현금
22	일본	1951	CRIK	50,000	현금
23	에콰도르	1951	CRIK	99,441	미곡
24	엘살바도르	1953. 12 이전		500	현금
25	오스트리아	1952. 5 이전	CRIK	3,616,446	현금과 미곡
26	온두라스	1952. 12 이전	UNKRA	2,500	현금
27	우루과이	1954. 8 이전	ERP	250,780	모포
28	자메이카	1951	CRIK	25,167	미곡
29	타이완	1952. 5 이전	CRIK	634,782	석탄, 미곡
30	칠레	1953. 12 이전	UNKRA	250,000	현금

	국가명	지원시기	지원기관	지원액($)	지원내용
31	쿠바	1951	CRIK	270,962	미곡, 의약품
32	캄보디아	1951	CRIK	27,429	현금과 미곡
33	코스타리카	1951	CRIK	?	물자
34	파나마	1953. 12 이전	UNKRA	3,000	현금
35	파라과이	1954. 8 이전	UNKRA	10,000	현금
36	파키스탄	1951	CRIK	378,285	소맥, 현금
37	페루	1954. 8 이전	ERP	58,723	군화밑창
38	헝가리	1951	CRIK	?	물자
39	교황청	1956. 6 이전	UNKRA	10,000	현금

든 인력은 노력동원에 동원되어 북한군을 지원하였다. 그때 9월 15일에 인천 상륙작전으로 9월 28일에 서울을 탈환한 남한군이 북진하여 10월 1일에는 38선을 넘어 평양으로 진군하여 압록강에 이른 것이 그 해 10월 26일이었다.

이렇게 전투가 전국에 걸쳐 전개되다가 보니 국토는 완전히 폐허가 되고 청천강·대동강·임진강·한강·금강·낙동강·섬진강·영산강 교량이 모두 파괴되었다. 뿐만 아니라 부자 형제가 맞서 싸운 골육상쟁骨肉相爭의 비극이 연출되었다. 참전한 젊은이가 포로가 되어 남한인이 북한에서 살고 북한인이 남한에서 살고 있는 인원이 부지기수다. 작금에도 전사자의 유골이 발굴되고 있다. 필자의 뒷집에 살던 조기화趙基華란 친구가 있었는데 남북전쟁 때 전사 통지를 받았으나 유골은 오지 않다가 52년이 지난 올봄에 유골을 찾았다고 보내왔다. 이와 같이 비극은 비극을 물고 이어지고 있는 남북전쟁의 후유증이다.

---

3 국방부 군사편찬연구소, 『軍史』87, 83쪽.

표 10 남북한의 인명 피해 상황

구분	민간인 사망자	병력 피해	포로	비고
남한	990,968	776,360	8,668 5,148(유)	
북한	1,500,000	2,035,000	110,653 21,374(중)	

　표 10의 통계에 나타난 인명피해를 보아도 550만 명이 죽었다. 무엇을 위한 죽음이었고 누구를 위한 죽음이었던가? 그야말로 동족상잔이었다. 여기서 남북이 전쟁중에 점령지에서 저지른 잘못 한가지씩을 소개하여 반성의 자료로 삼고자 한다. 북한은 그 해 7월에는 경상도 일부만 남기고 삼남지방을 점령하여 최후의 승리를 눈앞에 두고 있었다. 그때 인민공화국으로서 시행한 정책이 무엇이었던가? 북한은 1946년에 임시인민위원회를 설치하고 토지개혁을 하였다. 그리하여 반민족 친일지주를 모두 추방하고 농민의 농촌을 건설하여 특히 소작농민의 열화 같은 환영을 받았다. 그러한 농촌개혁이 남한에서 재현되기를 기대하며 6·25전쟁기 점령지에 토지개혁을 단행하였다. 그것은 박헌영의 주장이기도 했다. 그런데 반응이 없었다. 남한에서는 조봉암 농림장관 주도하에 농지개혁을 실시한 것이 1년밖에 안되어 전통적 소작농민은 자작농으로 성장하여 아침 저녁으로 새로 분배받은 논밭에 나가 즐겁게 농토를 가꾸고 있을 때 6·25를 만난 것이다. 그런 그들을 지주라고 토지를 빼앗으니 농민은 공산주의의 진의를 판단할 수가 없었다. 그리고 전농토에 대한 예상 수확량을 조사했는데 벼알을 세고 나무에 달린 대추를 세어 수확량이 얼마이므로 현물세 25% 얼마를 내야 한다고 했다. 농민은 숨이 막혔다. 이것이 공산주의라면 못한다는 소리가 났다. 그리하여 그 해 9월 말부터 북한 인민군이 후퇴할

때 따라간 농민이 적었지 않은가?

남한의 국군은 그 해 9월 말부터 북진하여 연말경에는 북한 전역을 거의 점령하였다. 북한 인민은 자유가 어떤 것인지는 몰라도 자유해방군이 승리한다니 모두 환영의 태극기를 들고 만세를 불렀다. 그런 북한에 대하여 동해안 YY중학교에 선발대 중대장이 가서 "간호사병이 없어서 어려움을 당하고 있으니 여학생을 동원해 줄 수 없느냐"고 했다. 그 중학교 교장은 이런 영광이 어디 있겠는가를 외우며 비상연락망을 통해 여학생을 소집하여 보냈다. 어떻게 되었을까? 이튿날 돌아오는데 모두 파김치가 되어 돌아왔다. 중대장은 공개 총살되었지만 그 지방민은 그 후에는 한국군이 콩을 콩이라고 해도 믿어주지 않았다.

사람마다 건망증이 있는 것은 보물일수도 있다고 생각한다. 6 · 25전쟁을 겪으라고 갖은 비극을 보고 또 당했는데 1953년 7월 정전협정 후에도 60년 세월이 흐르는 가운데 무력충돌까지 자주 있었다. 정전 이후 1991년까지 유엔군 측이 제기한 공산군측이 협정을 위반한 건수는 41만 4,730건이고 공산군 측이 주장하는 유엔군 측의 위반건수는 77만 8,523건이라고 하는데,[4] 60년간에 야기된 문제로 일반인에게 알려진 문제를 보면 표 11과 같다.

표 11과 같이 정전 60년간 협정위반사건이 많았다. 여기에 남한의 HID 같은 특수부대가 북한에 도발한 것을 합치면 두 배를 넘을지도 모른다. 위에서 KAL기 납북사건, 수차의 어선 납북사건, 판문점 도끼살인사건, 이수근위장간첩사건, 삼척울진 공비사건, 청와대 기습미수사건, 아웅산 폭살사건, KAL기 공중폭파사건 등은 전쟁도발 수준의 대사건이어서 전쟁이 재

---

4 역사문제연구소, 『역사비평』104호, 2013, 206쪽.

표 11 정전 60년간의 남북충돌사건

시기	사건명	내용 요약	처리	비고
1964. 8. 8	남해군공비사건	남해군 당포리에 잠입한 무장간첩 사건	5명 사살, 2명 생포	한일회담 방해목적
	위장간첩 이수근사건	월남으로 가장하여 활동하다 월북 시도	베트남에서 체포	유세강연 내용이 수상 했다
1967. 1. 19	해군 56함 침몰사건	동해안 휴전선 부근에서 어로감시선 침몰	승무원 39명 전 사, 30명 중경상	10명 생환
1967. 9. 5	열차 레일 폭파 사건	레일에 TNT매설 폭파	범인 추적 중	
1968. 1. 21	청와대 습격 미수사건	28명 사살, 2명 도주, 김신조 생포	김신조의 자백으 로 내막 탐지	종로경찰서 장 전사
1968. 1. 23	푸에블로호 납치사건	미군 정보수집보조함의 납북사건	동해공해상에서 원산항으로 납북	승무원 83명
1968. 11. 3	울진·삼척공비 사건	2개월간 소탕작전		
1969. 3. 16	주문진공비사건	강남여인숙에 침투 활약	경찰과 충돌 후 사살함	
1969. 6. 8	북평공비사건	밤중 교전 후 도주		해안경비의 일환
1969. 12. 11	KAL기 납북사건	강릉발 대한항공기 납북사건	39명 귀환, 12명 미귀환	자진월북을 주장
1973. 8. 7	재일민단 간첩사건	재일거류민단 간부의 간첩침투사건	자수	
1974. 8. 15	대통령 저격 미수사건	문세광사건으로 육영수여사 사망	29회 광복절행사	
1974. 11. 15	땅굴사건	제1호땅굴 : 고랑포	모두 7·4공동성 명 후에 일어남	
1975. 3. 19		제2호땅굴 : 철원		
1978. 10. 17		제3호땅굴 : 판문점		
1976. 8. 18	도끼살인사건	판문점에서 유엔군 경비병 습격	유엔경비병 2명 사망, 9명 중상, 차량 3대 파손	재발방지 약속

시기	사건명	내용 요약	처리	비고
1983. 10. 9	아웅산 묘소 폭살사건	전두환 대통령에 대한 폭살계획, 시간 착오로 부총리 등 수행원 17명 폭살	미얀마 정부에 의해 처리	
1987. 11. 29	대한항공 858기 폭파사건	북한특수공작원에 의해 폭파, 승무원 115명 전원 사망	한국의 대선정국을 혼란시킴	김현희 사건
2008. 7. 11	금강산 관광객 사망사건			
2010. 3. 26	천안함 침몰사건			
2010. 11. 23	연평도 포격사건			

발할 가능성도 있었다.

　그러나 이제 어쩌랴? 분단의 비극인 것을. 그러므로 그의 해결방안은 통일이다. 앞으로 화해와 통일을 위하여 노력해야 한다. 1972년에 7·4공동성명이 있었고, 1991년에는 남북한이 유엔에 동시 가입하였다. 그리고 1998년부터 금강산 관광에 이어 2000년에는 6·15공동선언이 있었다. 그에 발맞추어 개성공단이 문을 열어 남북의 노동자가 함께 상품을 만들어 국제시장에 팔고 있다. 오랫동안 분단됐던 나머지, 서툴고 생각하지 못한 부작용이 일어나기도 했지만, 과거를 반성하면서 추석을 전후하여 이산가족 상봉이 이루어지고, 개성공단도 2013년 9월 16일부터 다시 문을 열고, 금강산 관광도 순조롭게 실현될 전망이다. 그런 가운데 6·25전쟁의 상처도 씻어질 것이 확실하다. DMZ 248km가 평화공원으로 조성된다는 이야기도 있지 않은가?

통일로 가는 역사일지

1948	남북한의 단독정부 수립
1949	남한의 농지개혁, 김구 암살
1950	6·25전쟁
1952	부산에서 대통령직선제 개헌과 정치파동
1953	휴전협정(7월)
1954	사사오입 개헌파동 – 이승만 종신임기 지향
1958	진보당사건
1960	4·19혁명, 이승만 하와이 망명
1961	5·16쿠데타 – 국가재건최고회의 설치, 중앙정보부 창설
1962	제1차 경제개발 5개년계획 발표, 김종필 – 오히라 대일청구권 합의
	민주공화당 창당
1963	제5대 대통령선거 박정희 당선, 황태성사건.
	광부들 돈 벌러 독일가기 시작 – 8,000명
1964	6·3항쟁 – 군사정권에 반대하는 시민운동
1965	한일협정, 한국전투부대 베트남 파병.
	간호사들 돈벌러 독일가기 시작 – 10,000명
1966	KIST한국과학기술연구소 설립(2월), 중국 문화대혁명
1967	제6대 대통령선거, 제2차 경제개발계획 발표, 울진·삼척일대 공비 출몰
1968	청와대 습격대 북악산 기슭에서 토벌(1월 21일), 푸에블로호 납치사건, NPT(핵확산금지조약) 서명(7월 1일)
	주민등록증 제도시행
	국민교육헌장 발표
	닉슨 미대통령에 당선 – '아시아인의 아시아로'
1969	삼선개헌(7월), 닉슨독트린 공표 ; 아시아인의 아시아로

1970	박대통령 지방장관회의에서 새마을운동 제창(4월 22일)
	경부고속도로 개통, 마포 와우아파트 붕괴
1971	남북적십자사 예비회담
	광주대단지 이주자 폭력시위 – 성남시로 정비
	주한미군 제7사단 철수 – 대안은 핵개발(?)
1972	7·4공동성명, 남북적십자 회담
1972	유신헌법 공포(10월)
1973	중화학공업화 선언 – 핵개발의 신호인가?, 개정 가정의례준칙 발표,
	평화통일외교선언 – 6·23선언 발표(7월 4일)
	김대중 납치사건 발생
1974	민청학련사태, 대덕연구단지 조성
	문세광사건 – 육영수 여사 유탄에 사망
	통일벼 생산으로 4,000만 석 쌀자급 달성
1975	긴급조치 9호발동
1976	베트남사회주의공화국 출범
1977	국제기능올림픽대회 우승, 미국 카터대통령 취임
1978	남한의 미사일발사 실험
1979	YH사건, 부마민중항쟁 폭발(10월)
	박정희 대통령 김재규에게 총살당함(10월 26일)
	신군부의 쿠데타 – 12·12사태(12월 12일), 각급학교 강제휴업, 계
	엄령 선포, 저녁 7시 통행금지
	4년간 중동건설 수익 – 205억 700만 달러 – 수출 총액의 40%
1980	방학중 각처에서 민주화운동 영호남의 지역감정으로 군부 긴장(1월)
	광주민주화운동, 금남로의 희생(5월 18일), 언론기관 통폐합
1982	부산 미국문화원 방화
1983	KAL기 피격참사, 간염백신 개발
	아웅산사건 – 한국정부인사 17인 참살
1985	서울 미국문화원 점거 농성, 남북이산가족 첫 상봉

1987	민주화운동 절정에 오르다(6월 10일), 대통령직선제 선언(6월 29일)
	KAL기 폭발사건 – 승객 95명 사망(11월 30일), 제13대 대통령 – 노태우 당선
1988	올림픽경기대회 개최, 각종 월드컵대회
	국회5공비리특위, 광주민주화운동조사특위
1989	전국교직원 노동조합 결성
1990	한국 소련과 수교 – 동구권 국가와도 수교
1991	남북한 유엔 동시가입(9월), 남북기본합의서 합의
1992	한국 중국과 수교, 주한미사령관, 한국군의 평시 작전권을 한국군에 반환, 제14대 대통령선거 김영삼 당선
1993	공직자재산등록, 금융실명제 실시, 4·19국립묘지 조성
1994	김일성 주석 사망(7월 8일)
1995	지방자치제 전면 실시, 조선총독부 청사 철거 – 광화문 복원, 삼풍백화점 붕괴, 전두환·노태우 구속기소, WTO 가입
1996	OECD 가입
1997	15대 대통령선거 김대중 당선
	한국 IMF관리를 받음(12월), 전국적인 금모우기운동 전개
1998	현대와 북한, 금강산관광 합영회사 설립
1999	제1차 연평해전, 북한의 NLL무효선언
2000	남북정상회담 – 공동선언 – 통일시대개막(6월 15일)
2001	국가인권위원회 발족
2002	비무장지대내 도라산역 개통, 제2차 연평해전
	제16대 대통령선거 노무현 당선
2003	북한 NPT 탈퇴, 개성공단 기공식, 북한핵문제 – 6자회담, 용산미군 평택이전 합의
2006	북한 제1차 핵실험(10월 9일)
2007	남북공동선언 – 6·15선언의 실천 선언임(10월 4일)

이와 같이 6·25전쟁은 긍정 부정간에 많은 유산을 남겼다. 정신적으로도 적지 않은 영향을 남겼다. 몇 가지를 손꼽아 보기로 하자.

- 남북한이 사상으로 대립해 있었기 때문에 자유주의와 사회주의, 자본주의와 공산주의 등의 사상을 중시하는 풍토가 조성됐다.
- 500만 명이 죽고 죽인 남북전쟁이었으므로 생명의 존엄성이 희석된 것은 불행한 이야기로 남을 것이다.
- 남북한 사람들의 국제의식이 높아졌다. 학교에서나 배우던 스웨덴·노르웨이·벨기에·이디오피아·이란·아르헨티나 사람들을 앉아서 보면서, 의식의 국제화가 촉구된 것이다.
- 우리들의 전통적 관혼상제례가 크게 무너졌다. 관례는 거의 혼례와 통합되었고 전쟁 중 셋방을 살면서 상례나 제례를 지킬 수가 없었다. 그리하여 간소하게 거행했다.
- 부부유별이나 장유유서 같은 오륜을 지킬 수가 없어 남녀간의 내외 풍속은 거의 없어지고, 단칸방에서 장유유서도 편리한 방법으로 고쳐 나갔다.
- 중학교 학생인 아들의 대학 입학금을 위해 준비한 송아지를 키우던 방식의 저축생활이나 그런 장기적 희망을 품고 살던 삶은 끝나고 현실을 따지고 심지어 찰나주의적 사고가 확산되었다.
- 사생아가 출생하고 정조관념이 희박해진 것이 전쟁이 남긴 유산이었다.
- 남자들이 전쟁에 매달려 있을 때 여자들이 일을 했으므로 그 기회에 여권이 크게 성장하였다.
- 전사자가 속출하면서 아들 선호사상이 크게 후퇴한 것으로 안다.

4. 남북한의 문화적 업적과 문화재 정비

해방 후 남북한에서 이룬 문화적 업적으로 먼저 손꼽아야 할 것은 1950
년 6·25전쟁 전후에 북한에서 청동기시대의 유적이 발굴된 데 이어 1960
년대에 남북한에서 공히 청동기시대의 유물·유적이 발굴되었다는 사실
이다. 그리고 뒤따라 1960년대에 남북한에서 구석기시대의 유물·유적
이 발견·발굴되어 우리의 역사가 구석기시대, 신석기시대, 청동기시대,
철기시대로 변천했다는 정상적 역사발전을 이야기하게 되었다. 그 전에는
구석기시대 유적이 발견되지 않아 우리나라에 사람이 살기 시작한 것은
신석기시대부터라고 했고, 그러한 우리의 선인들이 청동기시대를 거치지
않고 금석병용기를 거쳐 철기시대로 넘어갔다고 말해 왔는데 1960년대에
구석기시대와 청동기시대 유물·유적이 발견, 발굴되면서 그러한 비정상
적 역사변천이 아니라 세계사의 일반 원칙처럼, 정상적 역사 발전의 코스
를 밟았다고 이야기하게 되어 역사의 자존심을 찾았다는 뜻에서 여간 반
가운 일이 아니었다.

다음에 문화적 업적으로 주목되는 것은 가야 유적 발굴조사였다. 가야
의 역사는 오랫동안 전설상의 역사처럼 분명하게 정리되어 있지 못했다.
그런데 가야 유적이 폭넓게 발견되고 또 고대 왕권을 입증하는 갑옷과 무
기 등이 발굴되면서 가야의 역사적 존재가 뚜렷해진 것이다. 이러한 유물
은 특히 경상남도지방의 대학 박물관에서 소장 전시하고 있다.

다음의 문화적 업적은 백제 유적이 다양하게 발견되고 있는 것이다. 공
주 무녕왕릉의 발굴을 비롯하여 곳곳에서 백제 문화의 우수성을 입증하는
유물이 발견되었다. 그와 더불어 경주를 중심한 신라 유적이 새롭게 발견
되고, 충주 고구려중원비를 비롯하여 뜻하지 않게 고구려 유적까지 발견

되어 한국고대사 연구에 활기를 불어넣고 있다. 이러한 문화적 업적은 일제 강점기의 식민지 문화행정에서는 도저히 바랄 수 없는 성과라는 점에서 반갑기 이를 데 없었다. 그런 뜻을 더욱 높여주었던 것은 서남해의 바다 속에서 그 옛날 도자기 같은 문화재를 실은 선박이 발견되고 있는 것이라 할 수 있다. 바다 속 침몰 선박의 발견은 당초에 해양대학교가 충무공의 거북선 원형을 탐색하는 일환으로 꾸준하게 작업하던 가운데 이루게된 성과이기도 하지만, 수준 높은 유물을 원형대로 얻을 수 있어 이 방면의 큰 행운이기도 했다. 작금의 소식에는 진도 앞바다에서 각 시대의 유물이 동시에 나와 학계의 주목을 받고 있다고 한다.

그렇게 문화적 업적이 쌓이는 가운데 프랑스에서 병인양요 때 약탈해간 강화도 외규장각 도서를 반환한 사실은 제국주의의 반환이라는 뜻에서 특별히 기억해야 할 것이다. 그렇다면 1965년 한일협정 때 일본이 약탈해간 문화재를 반환 받지 못한 것이 누구의 잘못 때문이라고 해도 반성의 이야기로 남는다. 그런 일도 있었으므로 끝으로 「국가지정 문화재 일람」을 여기에 소개하고 싶은데 국보만 400점을 넘으니 지면관계로 생략하고, 한국에 있는 유네스코등재 세계문화유산을 소개해 둔다.

유네스코 세계문화유산으로 등재된 문화재

문화유산

- 창덕궁
- 석굴암과 불국사
- 종묘
- 고인돌 유적(고창, 화순, 강화)
- 안동 하회마을
- 수원화성
- 해인사 장경판전藏經版殿
- 경주역사 유적지구
- 조선시대 왕릉
- 경주 양동마을

- 김장문화

기록유산

- 훈민정음
- 직지심체요철
- 동의보감
- 해인사 대장경판 및 제경판
- 5·18민주화운동기록물
- 새마을운동기록물
- 조선왕조실록
- 승정원일기
- 조선왕조의 의궤
- 일성록
- 난중일기

무형유산

- 종묘제례 및 종묘제례악
- 강릉단오제
- 남사당놀이
- 제주칠머리당영등굿
- 가곡
- 줄타기
- 한산모시짜기
- 매사냥
- 판소리
- 강강술래
- 영산재
- 처용무
- 대목장
- 택견
- 아리랑

자연유산

- 제주 화산섬과 용암동굴

8장

4 · 19혁명과
민족주의의 고양

1. 4·19혁명의 민주주의와 민족주의

4·19혁명은 독재와 부패로 일관한 이승만의 자유당정권에 대한 시민혁명이었다. 이승만은 권력을 장악하기 위한 일이라면 갖은 방법을 모두 동원하였다. 전주이씨라고 해서 조선왕실의 왕족을 자처했고, 미국의 후진국을 포용하기 위한 방법으로 박사학위를 용이하게 개방한 것을 이용하여 얻은 철학박사를 최대로 활용하고, 자신은 독립운동 실적이 적은데도 독립운동의 화신처럼 과장하고, 항상 민족을 앞세웠다. 가령 헤이그평화회의나 장인환張仁煥 재판의 통역을 거부하는 식으로 자신에게 불리할 때는 외면하고, 미국에서도 서재필·안창호·박용만의 도움으로 도미해서는 그들과 분란을 일으키는 배신자로서, 해방후 환국해서는 남북한 분단정부 수립에 누구보다 앞장선 트러블 메이커였다.

그러한 이승만이 대한민국의 대권을 위해서 앞잡이로 하여금 경쟁자 여운형과 김구를 암살하고 초대대통령에 올라 자유당을 창당하였다. 그리고 대통령의 자리를 지키기 위하여 1952년에 피난수도 부산에서 정치파동을 일으킨 후, 다음에는 사사오입 개헌으로 독재하면서 정치판을 엉망으로 만든 한편, 전쟁 인플레이션을 수습하지 못해 1950년대 경제가 해마다 화폐 발행고가 10배를 육박할 정도로 혼란하고 궁핍해 갔다. 그 속에 농촌에는 가을을 맞아도 수확양곡이 수확임금이 안되어 수확을 포기할 정도로 피폐하여 굶어 죽는 이가 많아졌고, 전쟁 중 국민방위군을 모집하여 열차 안에 가두어 놓고, 보급품은 팔아 착복하는 부정을 저지르고, 밤낮없이 도적이 오가고 도덕이 무너진 사회악이 만연한 실정이었다. 거기에 미국 문화에 경도된 나머지 민족문화는 실종한 상태였다. 이러한 11년 8개월에 걸친 독재와 부패와 무능에 대한 시민혁명이 4·19혁명이었다.

직접적인 계기는 1960년 3·15부정선거였다. 그전의 1956년 선거도 부정선거였는데 1960년에 또 부정선거를 감행하려고 했으므로 참을 수가 없었다. 그 해 2월 28일 대구의 8개 고등학교 학생의 봉기에서 비롯되어 삼남지방 고등학교 학생의 시위 항쟁으로 발전하였다. 그리고 3월 15일에는 마산고등학교 학생의 시위가 있었는데 김주열 학생이 경찰 발포에 죽

3·15 부정선거의 실상

종전의 부정선거는 개표부정이 일반적이었는데 3·15부정선거는 투표부정으로 시작되었다. 거의 공개투표를 계획하여 사전에 5인조 3인조를 편성하여 투표토록 하였다. 그것을 위하여 매달 반상회를 열어 방법을 강조하였다. 반상회에는 지도위원이 배치되어 있었는데 지도위원은 교원이나 공무원으로 충당하고 있었다. 반상회가 열리면 지도위원은 특별자금을 받아 술병을 들고 참석하여 술잔을 돌리며 부정선거 방법을 홍보하였다. 그런 연후에 반상회 참석 보고서를 반장의 확인 도장을 찍어서 소속 기관에 제출하였다.

은 것을 감추기 위하여 시신을 바다에 버린 사건이 있었다. 그런데 경찰은 극구 부인하였다. 그러나 얼마 안가서 바다에서 김주열의 시신이 떠 올라왔다. 온 시민이 흥분하였다. 4월 18일에 고려대학생이 일어났다. 그때까지 고등학생의 시위였는데 이제는 대학생이 나온 것이다. 그리고 퇴계로에서 이정재, 임화수의 깡패에게 무차별 폭행을 당하여 시민을 격분케 하였다.

필자가 20년 전에 남긴 「4·19혁명의 민족주의적 성격」이란 글을 여기에 옮기니 참고하기 바란다.

「4·19혁명의 민족주의적 성격」

4·19혁명의 범위는 4월 19일에 한정하지 않고 그를 전후하여 일어난 자유당 독재정권에 대한 항쟁과 그와 같은 성격으로 연속된 일체의 정치운동과 사회운동을 총괄한다.[1] 그런데 여기서는 4·19혁명의 주체가 학생이므로 학생운동을 중심으로 살피기로 한다. 그리고 4·19혁명에 대한 민족주의의 성격문제는 먼저 민족의식의 상태를 살펴보고, 다음에 4·19혁명

---

1 4·19혁명이 4월 19일에 한정하지 않는 것은 3·1혁명이 3월 1일에 한정하지 않는 것과 같은 이치이다. 필자는 4월 혁명이라는 용어도 사용해 왔는데 이 글에서는 보다 더 분명한 4·19혁명이란 칭호를 사용했다. 토론에서 기간에 대하여 논란이 있었으므로 기간문제에 대하여 추가로 언급해 둔다. 4·19혁명의 기간은 두 가지 경우로 해석해야 한다고 생각한다. 하나는 좁은 의미에서 1961년 5·16 군사쿠데타가 일어나기 전까지의 기간이고, 하나는 넓은 의미에서 4·19혁명부터 군사정권 속에서 6월 항쟁까지의 모든 민주화운동을 총괄해서 가리킨다. 넓은 의미를 너무 넓게 규정한다고 생각할 수 있는데, 가령 프랑스혁명을 말할 때 좁은 의미로는 1789년의 혁명을 말하지만 넓은 의미로는 1848년의 2월 혁명까지 60여 년간을 총괄해서 말하는 경우를 생각하면 歷史像을 규정하는 기간이 긴 것도 아닌 것이다. 프랑스혁명 60여 년간에 군사 쿠데타도 있었고, 전제군주제가 수립된 반동기간이 몇 번이나 되풀이되던 가운데 7월 혁명이나 2월 혁명으로 민주주의를 쟁취한 것을 보면, 4·19혁명의 성과를 성급하게 '미완의 혁명'으로 끝난 것으로 단정하는 방식의 이해는 옳은 것 같지가 않다.

의 민족운동 양상과의 관계를 규명하는 순서로 천착하는 것이 편리할 것 같다. 민족운동의 양상은 한국의 경우나 세계사를 통해서 보나 민족혁명운동과 민족해방운동과 민족통일운동으로 그 유형을 나눌 수 있으므로[2] 4·19혁명과 민족주의의 관계도 그러한 세 가지 유형의 민족운동과 4·19혁명이 어떠한 관계를 가지고 있는가 하는 방식으로 검토해 보기로 한다.[3]

혁명은 항구의 바람을 먹어야 힘을 얻는다

1776년 미국의 독립혁명은 보스톤항구의 바람이 추동하였고, 1789년의 프랑스혁명은 마르세유 청년의 힘입은 바가 컸고, 1917년의 러시아혁명은 북쪽 페테르부르크항구에서 시작되었다. 한국의 혁명사에서도 마산이나 목포 같은 항구의 바람이 부채질한 경우가 많은데 우연으로 처리하기에는 미련이 남는다.

---

2 사회주의의 개념으로는 반봉건적 민족혁명운동이나 반제국주의적 민족해방운동이나 반봉건 또는 반제국주의적 민족통일운동이나 모두 민족해방운동으로 본다.

3 필자가 이 글을 작성하는데 참고한 저술은 다음의 것이었다. 安東壹·洪基範, 『奇蹟과 幻想』, 영신문화사, 1960 ; 姜萬吉 외, 『4월혁명론』, 한길사, 1983 ; 韓完相 외, 『4·19革命論』 1·2, 일월서각, 1983 ; 학민사편집실 편, 『4·19의 民衆史』 학민사, 1984 ; 학민사편집부 편, 『혁명재판』, 학민사, 1985 ; 사월혁명연구소 편, 『한국사회변동운동과 4월혁명』 1·2, 한길사, 1990. 위의 저술들은 모두 자료와 여러 분의 논문으로 편집한 것인데 그 가운데 민족주의와 관련된 논문은 많지 않았고, 이 논문과 같은 주제는 없었다. 그러나 선행연구로서 참고할 내용은 적지 않았다. 특히 안동일·홍기범의 『奇蹟과 幻想』은 혁명 와중인 그 해 5월에 편집한 것이므로 그때의 생동감을 그대로 느낄 수 있어 많은 참고가 되었다.

4·19혁명 당시 민족의식

먼저 4·19혁명에서 민족의식이 어떻게 표현되고 있었던가를 보기로 하는데 그것은 두 가지 측면에서 접근해야 할 것이다. 하나는 4·19혁명의 자주성이나 주체성의 문제이고, 또 하나는 그때의 민족의식이 민족주의 성격을 어떻게 규제하고 있었던가 하는 것이다.

4·19혁명은 그 해 2월 8일 공명선거추진전국학생투쟁회公明選擧推進全國學生鬪爭會가 3월 1일 서울운동장에서 열린 3·1절 기념식장에서 "3·1정신 받들어 민주주의 사수하자" 등의 몇 가지 전단을 뿌려 정가에 파도를 일으키는 한편,[4] 2월 28일 서울의 사회지도자들이 투쟁회 학생과 연합하여 공명선거추진전국위원회를 결성한[5] 바로 그 시각에 대구의 고등학교 학생들이 부정선거에 항의하는 시위항쟁을 전개한 데에서 비롯되었다.[6] 그 후에

---

4   전단 살포 후 公明選擧推進全國學生鬪爭會 대표였고, 公明選擧推進全國委員會 상임위원이던 卜鎭豊(건국대)의 종로구 화동 집에는 협박장이 투입되었고, 그래도 굴복하지 않자, 가옥이 파괴당하였다는 기사가 발견된다.(그 후 투쟁회의 회원들은 협박과 회유에 못 이겨 투쟁회에서 탈퇴한 인원이 적지 않았다. 卜鎭豊의 증언에 의하면 끝까지 탈퇴하지 않은 학생은 이우대[동국대], 김용식[유도대], 문정수[고려대], 조웅[건국대], 신태현[성균관대] 등이 대표적인데, 이들 가운데는 고문으로 정신이상이 된 사람도 있었다고 한다. 『朝鮮日報』1960년 3월 1일자 ; 『東亞日報』 1960년 3월 2일자·4월 21일자) 3·1절기념식장에서 전단 살포를 주도한 卜鎭豊의 증언에 의하면 전단은 등사판과 그에 필요한 기구를 구입하여 우이동 신익희 묘소 재사에 잠입하여 제작한 것이라고 한다. 살포한 전단은 1천 매였는데 2월 28일 건국대학 여학생 변소에 숨겼다가 3월 1일에 가져갔다고 한다. 자신은 전단 살포 후 도망하여 안국동 윤보선 국회의원 댁에 숨었다가 2일 후에 종로경찰서에 감금되었다고 한다.

5   『東亞日報』1960년 2월 28일자. 공명선거추진전국위원회에는 30명의 상임위원 가운데 6명이 학생이었다.

6   安東壹·洪基範, 『奇蹟과 幻想』, 영신문화사, 1960, 65·96쪽 ; 이대우·손진홍·최용호·이영옥, 「대구 2·28의거의 전개」, 『4·19의 民衆史』, 학민사, 1984, 105~108쪽 ; 趙東杰, 「2·28운동의 역사적 의미와 오늘의 반성」, 『2·28운동 35주년기념론집』, 2·28민주의거기념사업회, 1995.

도 주로 고등학생들의 시위가 이어져 3월 15일 마산에서 전개한 학생시위 이후, 시위 분위기가 더욱 고조되어 전국 각처에서 고등학생들을 중심한 부정선거를 규탄하는 시위항쟁이 계속되었다. 3월 15일의 항쟁을 계기로 "학생운동의 기본목표가 학원의 자유에서 민주주의 사수로 전진했다. 현실에 대한 불만은 학생의식을 정치질서의 모순으로 집중"시킨[7] 가운데 그 것이 4월 18일 고려대학생의 국회 앞 시위로 발전, 정치투쟁의 양상을 띠기 시작하여 '피의 화요일'인 4·19에 이르렀던 것이다. 4·19에 이르러는 학생운동에만 한정되지 않고 시민항쟁으로 발전하여 끝내 자유당 독재정권을 무너뜨리고 민주주의를 쟁취하였다.

이와 같이 4·19혁명은 민주주의 혁명이었다. 그리고 청소년 학생들이 2개월에 걸친 장기항쟁을 통하여 혁명의지를 성공시켰다. 거기에는 전국민의 박수와 호응이 뒷받쳐 준 효과가 있었다. 따라서 4월 혁명은 전국적이요, 전민족적인 의지의 산물이라고 이해된다. 이러한 민주주의 혁명이 민족의지로 표현된 것은 1919년의 3·1혁명 후에 처음 맞는 역사적 대사건이었다. 그런데 3·1혁명은 중앙에서 지방으로 대중화되어 갔으나 4·19혁명은 지방의 대중운동으로 출발하여 중앙으로 집약된 것이다. 대중운동 과정에서 3·1혁명의 경우는 농민이 주축이었지만 4·19혁명의 경우는 학생이 전담하였다. 학생은 여러 계층의 이익을 대변하는 복합성을 띠고 있지만[8] 무분별한 복합성이 아니라 여러 계층의 지성을 종합하고 있다는 점에서 보면, 특수 계급이나 특수 직업의 이익을 대표하는 것이 아닌 민족 지성의 대변자로 이해할 수 있다.[9] 그렇게 보면 4·19혁명은 3·1혁

---

7 高永復, 「4월혁명의 意識構造」, 『4월혁명론』, 한길사, 1983, 97쪽.
8 朴玄埰, 「4월민주혁명과 민족사의 방향」, 『4월혁명론』, 한길사, 1983, 57쪽.

명보다 더 주관적 주체 조건이 발전적이었다는 것을 알 수 있다.

타율과 자율의 대치관계인, 식민통치와 독립운동의 역사가 끝난 지 15년이었고, 해방과 동시에 타율의 지배인 국토분단과 미·소의 군사점령, 그리고 미·소 냉전을 화전火戰으로 만든 6·25전쟁을 정전한 지 7년 밖에 안 되었던, 그리고 미 공법 480호를 중심한 원조에 의지하고 있던 경제 환경 등, 그만큼 타율적 지배가 강한 조건 속에서 자율적으로 민족지성을 표출한 4·19혁명 같은 경우가 우리의 역사에서도, 또 타국의 역사에서도 찾아보기 힘든 경우로 이해된다. 그것을 4월 25일 대학 교수단의 성명에서는 "부정 불의에 항거하는 민족정기의 표현이다"라고[10] 민족정기에서 근원을 찾고 있다. 그래서 "변혁의 의지 표출이 없었다면 거기에는 피압박사회의 정체된 연대기는 존재하나 역사는 부재한다. 역사란 본질적으로 역사의 주체를 드러내는 선구적 각성과 실천에 의해서 비로소 반역사성 또는 역사의 부재를 면제받을 수 있는 것이다."[11]라고 자기 발견에 의한 주체적 각성에 주목하게 된다. 서울의 공명선거전국학생투쟁회가 3·1절을 택하여 3·1정신 계승하여 봉기한 것도 그것을 대변해 주고 있다.

다음에 그러한 주체의식이 민족주의를 어떻게 추구하고 규제하였던가를 보기로 한다. 이 문제는 4·19혁명 전개과정 가운데에서도 봉기의식이 중요하므로 4·19까지의 문서만을 보면, 문서마다 민족이라는 단어를 부각시키지는 않았다. 오히려 자유와 인간 이성에 호소한 문서가 많다. 그러

9 趙東杰, 「한국 근대학생운동조직의 성격변화」, 『한국근대민족주의운동사 연구』, 역사학회(일조각), 1987, 317쪽.

10 韓完相 외, 『4·19혁명론』 1, 일월서각, 1983, 381쪽.

11 高銀, 「그 革命은 무엇인가-4·19의 歷史的 連結論理를 위하여」, 『4월혁명론』, 한길사, 1983, 239쪽.

나 3월 24일 부산고등학교 학생이 "학도들은 일어섰다. 우리가 단군의 자손인 이상 우리의 가능성은 죽지 않고 살아 있다"라고[12] 민족 자존의식을 나타냈던 경우도 있다. 4 · 18의 고려대학생은 "민족의 체면"을,[13] 4 · 19의 서울대학생은 "각가지의 부정과 사회악이 민족정기의 심판을 받을 때는 왔다"고 민족정기의 심판을 선언하면서 이승만 정권이 그의 독재를 민주주의(민족주의)로 위장하고 있는 사실을 규탄하고 있다.[14] 4 · 19 당시 가장 민족적 애정을 실은 문서가 중학생에 의해서 작성된 것이 발견된다. 4 · 19 혁명 희생자 가운데 유일하게 유서를 남긴 한성여중 2학년 진영숙陳英淑은 시위하러 나가면서 그의 홀어머니에게 다음과 같은 유서를 남겼다.

　　…… 어머니 데모에 나간 저를 책하지 마시옵소서. 우리들이 아니면 누구가 데모를 하겠습니까. 저는 아직 철없는 줄 압니다. 그러나 국가와 민족을 위하는 길이 어떻다는 것은 알고 있습니다. …… 온 겨레의 앞날과 민족의 해방을 위하여 기뻐해 주세요. 이미 저의 마음은 거리로 나가 있습니다 …….[15]

위의 진영숙의 유서에서 어린 학생의 민족애가 맹목적이 아니었다는 것을 알 수 있다. 맹목적이거나 편협한 민족애가 아니었다는 사실은 2월 28일 대구의 고등학생이 "우리에게도 인류애를 달라"[16]라는 구호에서 잘 나

12　安東壹 · 洪基範, 앞의 책, 149쪽.

13　4 · 18시위 때 4개항의 건의문 제2항은 다음과 같았다.(심재택, 「4월혁명의 전개과정」, 『4 · 19혁명론』, 일월서각, 1983, 42쪽) "행정부는 이 이상 민족의 체면을 망치지 말고 무능정치 · 부패정치 · 야만정치 · 독재정치 · 몽둥이정치 · 살인정치를 집어 치우라"

14　위의 책, 「자료」, 377쪽.

15　심재택, 「4월혁명의 전개과정」, 『4 · 19革命論』 1, 일월서각, 1983, 51~52쪽.

16　학문사편집실 편, 『4 · 19의 民衆史』, 학민사, 1984, 42쪽.

타나고 있다. 3월 15일 마산 시위에서 희생된 김주열의 시신이 발견되어 4월 11일 제2차 마산시위가 일어났을 때, "1,000여 학생들이 연 3일간 '꽃잎처럼 쓰러져간 전우야 잘 자라'의 전우가를 부르며 야릇한 동족의식을 고양"[17]했다는 것도 기본의식은 인간애에 호소하면서 민족적 에너지의 결속을 촉진했다는 의미로 이해된다. 실제 서울의 대학생 시위가 본격적으로 준비되기 시작한 것도 이때부터라고 한다.[18]

이와 같이 4·19혁명의 민족의식은 한국 민족주의의 역사성으로 볼 때 인간애를 바탕한 보편적 민족주의 의식이었다고 이해된다. 거기에서 '단군의 자손'이라고 표현한 것을 종족주의나 국수주의의 표현으로 볼런지도 알 수 없으나 그것은 민족을 나타내는 일반용어로 이해되어야 할 것이다.[19] 즉, 과거의 종족주의나 국수주의의 잔영이 발견되지 않는다는 점에 주목이 간다. 우리의 민족주의는 처음에 종족주의에서 출발하여 1920년대까지는 국수주의에 머물고 있었는데 1930년대에 비로소 보편적 민족주의가 확산되어 갔다.[20] 해방 후에 그것을 신민족주의로 부르기도 했지만, 4·19의 문서에서는 종족주의나 배타적 국수주의의 문구를 발견할 수 없을 정도로 민족주의 의식이 개방적이고 보편성을 강조하고 있다는 점에[21] 주목

---

17 高永復, 앞의 글, 99쪽.

18 高永復, 위의 글, 99~100쪽.

19 1960년 11월 3일, '학생의 날'을 맞아 연세대학교, 「문과·이공·정법대학 학생회 성명서」에서 "미국인 선교사 사위 이사장과 원일한 총장서리는 현직을 사임하라. 외국인에 의하여 한국대학의 참다운 민족교육이 성취될 수 없다"라는 주장은 일반 교수가 아니라 두 경영자가 모두 외국인이라는 점과 당시 통일운동이 고조되던 시기라는 점을 함께 고려하여 이해되어야 할 것이다.

20 보편적 민족주의를 安在鴻은 1930년대 초에 民世主義로 표현하기도 했다. 民族과 世界의 모순 없는 존재와 발전을 뜻했다. 이것을 필자는 大同 民族主義라고 한다.

21 安東壹·洪基範, 『奇蹟과 幻想』(영신문화사, 1960)의 緒論, 제1장 「젊은 世代의 民族史

해야 할 것이다. 그러나 4·19 이후의 문건에서는 그와 다른 것도 발견되는 것을 보면 일정하다고 말할 수는 없다.[22]

민족운동으로서 민주주의 혁명

4·19혁명은 민주주의를 쟁취하기 위한 혁명운동이었다. 앞의 머리말에서 이야기한 민족운동의 제1유형인 민족혁명운동은 반봉건적 근대 시민혁명을 가리키는데, 우리의 역사에서 사상적 연원을 찾으면, 그것은 조선후기 실학운동 당시에 태동하였다고 보겠다. 그것이 사회운동이나 정치운동으로 나타나기는 실학 당시로부터 거의 100년을 지나 갑신정변과 동학농민전쟁이나 갑오경장 그리고 의병운동과 계몽운동 등을 통하여 성격과 수위를 달리하며 다양하게 나타났다. 그러나 어느 것도 성공하지 못하였다. 그러므로 자연 다음의 식민지시기의 민족해방운동에 민주주의 혁명운동이 내재할 수밖에 없었다. 더구나 일제의 식민통치가 봉건적 잔재를 최대한

觀」에 보편적 민족주의가 적절하고 훌륭하게 서술되어 있다. 그와 같은 것을 4월 혁명 당시라고 할 수 있는 1960년 5월에 서술했고, 저자가 당시의 학생이라는 점을 고려하면 당시 학생 엘리트의 민족주의 의식이라는 점에서 주목되어야 한다. 저자는 "자손을 위한 창조적 봉사"를 거듭 강조하고 있다. 그리고 이 글에는 4월 혁명의 역사적 맥락에 대하여 학생 수준으로는 놀라울 정도로 훌륭하게 서술해 놓고 있다.

22 4·19 직후인 그 해 5월에 편찬한 安東壹·洪基範, 「附錄」(위의 책, 329~370쪽)에 '젊은 이들이 말하는 新世代에 대한 提言'이 9편 실려 있는데 민족주의 의식이 크게 다르다. 거기의 필자는 朴清邦(서울대) 朴淳正(계명기독대) 吳鍾浩(공주사대) 金仁虎(제주대) 黃善峰(경북대) 李錫衡(중앙대) 李眞一(해인대) 朴贊世(고려대) 裵在均(성균관대) 등으로, 박청방과 박찬세의 글에서는 민족주의적 사고를 발견할 수 있으나 그 밖에는 다양하지만 인간 이성과 신세대의 자부심이 강조되어 있는 것이 공통된다. 특히 박순정의 글은 역사 모멸의식이 강한 느낌을 준다. 반면 박찬세의 글은 민족을 종족과 동일시하고 민족주의를 어떤 이념보다 앞선 최고의 가치로 인식하고 있다. 가히 국수주의와 종족주의가 결합된 인식처럼 느껴진다.

으로 이용한 식민성 봉건체제를 기반으로 한 것이었으므로 제1유형인 혁명운동은 일제에 대한 민족해방운동(독립운동)에 내재하여 두 가지 민족운동이 동시에 추진되지 않으면 안되었다. 때문에 독립운동에서 봉건적 복벽주의나 보황주의가 3·1혁명 전인 초기 독립운동 때에 한정되었고, 3·1혁명 후에는 자취를 감추었던 것이다.[23] 3·1혁명 후에는 종전에 공화주의로 표현되던 혁명사상이 민주주의 사상으로 발전하여 독립운동의 기본 이념으로 자리잡았다.

그렇다면 민주주의는 8·15해방과 더불어 어떠한 장애도 없이 실현되는 것이 순리였다. 그런데 독립운동 과정에서 발달한 민주주의 사상이 1948년 대한민국 정부가 수립되면서 중심 이념이 되었던 것은 틀림이 없으나 이승만(자유당) 독재정권으로부터 파괴당하고 말았다. 특히 1949년 반민특위사건 이후 민주주의에 대한 경험과 훈련이 없는 식민지시기 총독부로부터 비호를 받던 인물이 자유당에 대거 참여함으로써 민주주의는 그들에 의해 탄압을 받았다. 그것은 1952년의 부산정치파동이나, 1954년의 사사오입개헌파동이나, 1956년의 정부통령선거의 부정선거로 이어진 일련의 반민주적 과정에 잘 나타나고 있었다. 그러므로 자유당 독재정권을 타도하고 민주주의를 쟁취한다는 것은 단순하게 정권 교체의 의미가 아니라 구한말 민족운동 이래 독립운동에서도 줄곧 표방하고 있던 근 200년래의 민족주의적 과제라는 측면에서 중요한 의미를 갖는 것이다. 즉, 4·19혁명을 통하여 민족주의의 제1차적 명제인 민주주의를 쟁취하고 성장시켰다고 이해해야 할 것이다.

---

[23] 1920년 만주에서 朴長浩를 중심으로 결성한 大韓獨立團이 유일하게 復辟主義를 표방한 예외는 있었다. 그러나 생명은 길지 못하였다.

4·19혁명 당시 서울대학교 학생회의 격문인 「자유의 종을 난타_{亂打}하는 타수의 일성을」에서 한 말이나 동아대학교의 4·19 성명서에서 한 말도 민주주의 투쟁사의 역사성을 지적하고 있는 것이다.[24] 그 역사성이 곧 민족운동이나 민족주의의 역사성인 것이다.

우리는 캄캄한 밤의 침묵에 자유의 종을 난타하는 타수의 일익임을 자랑한다. 일제의 철퇴 아래 미친 듯 자유를 환호한 나의 아버지, 나의 형들과 같이 ……
－「자유의 종을 난타하는 타수의 일성을」

우리들의 선배는 일제의 사슬에서 조국의 광복을 위하여 피를 바쳤고 이제 우리는 이 땅의 민주주의를 수호하기 위하여 피를 바칠 때가 온 것이다.
－동아대학교 4·19 성명서

4·19혁명으로 이승만 독재정권을 퇴각시킨 뒤에 민주혁명을 완성하기 위하여 허정 과도정부의 미봉책에 저항하고, 민주혁명의 사회화 대중화를 달성하기 위하여 국민계몽운동과 신생활운동을 전개함으로써 민주주의의 민족적 정착을 도모하였다. 여기에 대해서는 다음에 다시 언급하기로 한다.

독립운동 의식의 파괴와 재건
다음으로 민족운동 제2유형으로서 민족해방운동과의 관계를 보기로 한다. 민족해방운동은 반식민지해방운동(구국운동)과 식민지해방운동(독립운동)으로 나눌 수 있는데, 여기서는 두 가지를 독립운동으로 묶어 이해하도록 한

24　安東壹·洪基範, 앞의 책, 270쪽.

다. 일제에 대한 독립운동은 1945년 8·15해방과 더불어 일단락되었으므로 4·19혁명과 관계가 없다고 생각할 수도 있다. 그러나 식민지 잔재가 정부 수립 후에도 그대로 존재하였다. 특히 1949년의 반민특위사건을 일으킨 이승만 정권은 독립운동의 전통을 파괴하고 식민지 잔재의 옹호자로 군림하였다. 이승만이 내걸고 있던 반일정책反日政策을 가지고 변명할지 모른다. 그러나 그것은 식민지 잔재청산 자체와는 무관한 것이었다. 항일독립운동 이념과 이승만의 반일정책과는 일치하지 않았다는 말이다. 식민지 잔재세력은 이승만 정권에 기생하고 있었던가 하면, 이승만의 반일은 8·15 후의 일본을 겨냥한 것이다.

8·15 후의 일본은 새로운 경쟁자이기는 해도 엄격히 말해서 종래의 일본 제국주의자는 아니었다. 일본에 제국주의 잔재가 있기 때문에 반일이 필요하다고 한다면 반일도 8·15전의 일본제국주의를 겨냥한 것이어야 했다. 그에 따라 식민지 잔재를 청산했어야 했다. 그렇지 못한 이승만의 반일정책이었기 때문에 그의 반일 구호는 허공에 뜰 수밖에 없었다. 더구나 일제의 식민지 잔재를 옹호하면서 반일을 외쳤으므로 반일 구호가 허공에 뜬 채 앉을 자리를 잡지 못했다. 이승만은 식민지 잔재세력을 옹호했을 뿐 아니라 독립운동자를 냉대하고 학대하였다. 그것은 1949년 백범 김구암살사건 이후에 노골화되었다. 그리하여 독립운동을 대표하는 인사들은 모두 은거하거나 또는 야당에서 활동하게 되었다.[25]

이러한 사정들을 놓고 보면, 이승만 정권의 타도가 곧 독립운동의 이념인 민주주의를 쟁취한 것이므로 그 자체로서 독립운동의 양심을 재건한

---

25 광복군 출신자로 군대에 있던 사람이 광복군 경력을 숨기는 웃지 못할 사정이 있기도 했다.

것이기는 하지만 한편, 식민지 잔재 청산이 가능해졌다는 측면에서 이승만의 퇴각이 독립운동 의식의 복구요 민족 양심의 재건이라는 의미를 갖는 것이다. 4·19혁명이 우선 당면한 민주주의를 쟁취한 다음 단계에서 표방한 식민지 잔재청산의 문건 가운데 하나를 소개해 둔다.

> 일제시 민족적 양심을 수치로 여기고 일인의 식민지 정책에 앞장섰던 이사와 교수는 학원에서 떠나라. 제2공화국의 주인공은 그대들이 쓴 양의 가죽을 용납치 않으리라.[26]

위의 문건은 4·19혁명을 혁명되게 하자면 민족의 양심과 정의가 바로서야 가능하다는 것을 말해 주고 있다. 이와 같이 4·19혁명은 파괴된 독립운동의 전통을 재건하는 의미를 가지고 있었다. 요사이 문자로 이야기하면 역사를 바로 세우자는 것이다. 그런데 실제에 독립운동 이념을 재건한 구체적 절차가 있었던가의 문제는 4·19 후의 민주화운동이나 과도정부와 장면 정권의 성격과 함수관계에 있다는 것은 뒤에서 말하는 바와 같다.

4·19혁명과 통일운동의 전개

4·19혁명으로 독립운동의 양심이 재건되고 그동안 숨도 못 쉬고 살던 독립운동자들이 활보하게 되었는데 그들이 새 세상을 만나 활보하면서 민주주의 다음에 요구한 것이 있다면 그것이 무엇이었겠는가? 그것은 말할 것 없이 통일문제였다. 독립운동자의 머리에 가득 차 있는 민족주의의 이론으로 봐도 당연한 순서였지만 독립운동의 전통으로 보아도 당연했다. 독

---

26 연세대학교, 「문과·이공·정법대학 학생회 성명서」, 1960년 11월 3일.

립운동은 중국에서 전개된 독립운동이 큰 비중을 가지고 있는데 거기에서 줄곧 추구된 노선이 통일이요, 협동전선의 형성이었다.[27] 그러니까 거기에서 독립운동을 주도하던 김구, 김규식, 조소앙이 이승만의 단독정부 수립에 반대하여 남북협상을 고집하며 평양까지 갔던 것이다. 이제 그들은 이 땅에 없지만 그를 따르던 정치세력은 4·19혁명과 더불어 골방에서 뛰쳐나와 오매불망, 통일 논의를 다시 일으켰다. 그리고 진보적 지식인이 일으킨 통일 논의도 있었다. 그러나 일반적 이유는 다른 곳에 있었다.

국토의 분단은 미·소의 패권주의적 발상에서 나온 것이므로 그들의 책임이지만 국토의 분단을 민족 분단으로 몰고 간 것은 민족 자신에게 책임이 있으므로 4·19혁명과 함께 민족의 자각과 주체성을 회복하면서 그 책임에 대한 자각의식이 살아나 자연 통일문제의 논의를 일으키고 고조시킨 것이다. 그런데 자각의 결과를 수습할 혁명정권이 수립되지 않아 통일문제가 구체화되지 못하고 있었다. 그것을 학생들이 떠맡았던 것이다. 학생들은 예나 지금이나 정치인이나 지도층에서 할 일의 허점과 공백을 보이면 거기에 뛰어드는 속성을 가지고 있다. 그 이야기부터 먼저 하기로 한다.

4·19혁명으로 이승만 정권은 무너뜨렸으나 혁명을 완성할 혁명정권은 수립되지 않고 그것을 과도정부가 대신했다. 그러나 과도정부는 혁명의지를 준비할 겨를이 없었다. 퇴각하는 이승만에 의해서 탄생한 과도정부였기 때문이다. 그러므로 혁명을 추진한 학생들 일각에서는 즉각적인 불만

---

27 중국에서 활동하던 독립운동자들이 統一을 추구하던 전통은 1919년 臨時政府 수립과 더불어 각처의 임시정부를 통합한 것을 선두로, 1923년의 국민대표회의, 1926~29년의 민족유일당운동, 1935년의 민족혁명당의 결성과 연합전선의 추구, 1938년의 한국독립운동단체연합회의 결성, 1939년의 7당회의와 5당회의, 1942년 임시정부의 통합의회의 형성으로 이어졌고, 그것이 해방 후에는 남북협상으로 계승된 것이다(趙東杰, 「中國關內에서 전개된 독립운동의 特徵」, 『한국독립운동사연구』 7, 1993).

을 토해냈다. 그것이 '4·19희생자 합동위령제'가 열린 5월 19일에 은밀하게 추진된 '학생과도정부' 수립 계획이었다.[28] 그것은 사전에 무산되었지만, 그와 같은 혁명 진행상의 결함은 국회도 가지고 있었다. 자유당정권을 무너뜨리고 혁명헌법을 만드는 작업을 자유당 국회가 수행한 것이다. 그리하여 새로 구성할 입법부를 위한 국회의원 선거인 7·29선거에서 자유당 의원이 거침없이 출마하여 선거공작을 폈다. 선거공작으로 자유당 죄과를 공공연하게 합리화하며 당선 여부간에 국민의 혁명 감각을 흐려 놓았다. 그렇게 흐린 선거, 혼돈의 선거를 통하여 탄생한 새 국회가 혁명의지를 관철할 기력이 있을 수 없었다. 집권당인 민주당조차 정상배의 농간에 말려 신구파의 싸움을 연출하기에 바빴다.[29] 그렇게 정국의 혼돈이 이어진 가운데 혁명을 완수하고 통일문제를 감당할 사명을 띠고 출범한 장면정권은 정국 수습도 감당하지 못했다.

장면 정권도 혁명에 의해 탄생한 정권이기 때문에 통일방안을 내놓고는 있었다. '유엔감시하 남북한총선거를 통한 평화적 자유민주통일'이라는 것이다. 그러나 그것은 장면이 이승만 정부 시절 미국대사를 역임할 때 외교용으로 발설하던 구호와 본질적으로 다른 것이 아니었다. 당시에는 진보정당도 있었다. 온건 진보를 지향하던 사회대중당과 한국사회당은 유엔감시하 통일방안 이상의 구체적 정책을 내놓지 못하고, 혁신계의 민족자주통일연맹은 중립화 통일론을 주장하고 있었다. 어느 것이나 공허하게 보

---

28 學生過渡政府 수립 계획은 내각에 내무장관으로 예정되어 있던 복진풍의 증언에 의하면 이석환(경희대)이 주동하여 추진한 것이라고 한다. 거기에 참여한 사람으로 현재 대학교수나 국회의원들이 있는데 본인들이 참여 사실을 밝히기를 꺼린다고 했다.

29 민주당 신구파의 알력은 1960년 9월 22일 구파의 분당 선언으로 확대되어 끝내는 1961년 2월 20일 신민당으로 창당을 보았다.

이기는 마찬가지였다.

그래서 학생들은 공허한 빈틈을 구체적인 통일운동으로 대치시켜 갔다.[30] 학생들의 통일운동은 두 번의 고개를 오르며 진행되었다.[31] 하나는 1960년 11월 3일 '학생의 날'이었고, 또 하나는 이듬해 4·19혁명 1주년을 맞는 고비였다.

그에 앞서 학생들은 4·19 후에 학원민주화운동과 국민계몽운동 및 신생활운동을 전개하고 있었는데 국민계몽운동은 4·19혁명 정신을 농촌까지 확산하는 구실을 하였는데 그것은 학생들이 시골에서 보다 깊은 민족애에 젖어들 기회가 되었다.[32] 신생활운동도 사치와 허영을 배격하고 양담배를 소각하고 관용차의 불법운행을 고발하며[33] 혁명 에너지를 민족적으로 결집시켜 갔다. 그리고 신생활운동은 전국적으로, 중등학교에 이르기까지 확산되어 국산품애용과 교복간소화운동으로 나타나고 있었다. 그러한 가운데 학생들에게는 민족운동 또는 민족주의 정서가 응집되어 극단적인 행동을 보일 때도 있었다. 그들의 행동이 과격하게 되자, 정부에서 제

---

30 학생 지성은 이상주의를 추구하고 순수하지만 이론이 빈곤하여 그의 운동양식은 거칠고, 과격한 경우가 많은 것이 특징이다. 그러므로 통일운동도 거칠게 표현되어 불안감을 주기도 했다. 그러나 그것은 혁명의지인 학생지성과 민족지성을 정치 집단에서 수용하지 못하니까 다듬지 않은 채 분출되었기 때문이다.

31 학생의 통일에 대한 구체적 의견을 나타낸 문건으로 朴贊世,「새로운 統一論과 對日論」이 가장 빠른 것이 아닌가 한다. 이승만의 북진통일론에 반대하여 평화통일론을 제기한 내용이다(安東壹·洪基範, 앞의 책, 362쪽).

32 국민계몽운동은 1960년 여름방학에는 주로 서울대학생이, 겨울방학에는 일반적으로 확산되어 많은 학교의 학생들이 참여했는데 학생들이 농촌에서 계몽운동을 전개하는 방식은 1930년대 식민지하에서 전개한 농촌계몽운동을 방불케 했다. 국민계몽운동에 나가는 학생은 '國民啓蒙隊', '國土開發隊', '鄕土開拓隊' 등의 이름을 사용했다(고영복, 앞의 글, 116~118쪽).

33 『東亞日報』1960년 7월 16·18일자, 8월 18일자.

동을 걸었다.[34] 그러니까 학생들은 방향을 바꾸어 그 동안 키워온 민족적 관심과 힘을 모두 통일논의에 싣고 모은 것이 아닌가 한다.

그들은 민족주의를 어떤 이념보다 최상의 가치로 믿고 정부나 정당들의 통일론을 공허하다고 불신하고 통일운동을 행동으로 보였다. 그리하여 서울대학생들이 1960년 11월 1일 '민족통일연맹'을 발기하여(18일 결성) 통일운동의 새 장을 열었던 것이다.[35] 여기에 소개한 발기문의 일단을 보면 4·19혁명 봉기 당시에 비하여 민족주의 의식이 엄청나게 심화된 것을 알 수 있다. 연세대학교의 학원민주화운동 과정에서 11월 3일 학생들이 요구한 외국인 총장과 이사장 그리고 식민지시기 친일행적이 현저한 교수와 이사에 대한 배척도 정서적으로는 궤를 같이 하는 모습인 것이다.

학생들의 통일운동은 4·19혁명 1주년을 맞아 더욱 적극적으로 전개되었다. 대학마다 '4·19 제2선언문'이 발표되었는데 모두 통일에 대하여 깊은 관심을 표명하고 있었다. 그 가운데에도 고려대학교 '4·18 시국선언문'에서는 "온갖 형태의 이데올로기를 초월하여 민주적 주체세력을 총집결하고 내외 사정이 허락하는 대로 적절한 시기에 서신왕래, 인사교류 및

---

34 학생들의 과격한 행동과 공권력이 충돌한 대표적 사례는 9월 22일, 신생활운동 학생 5백여 명이 국회의사당 앞에 주차해둔 가넘버 차량 51대를 강제로 시청 광장에 억류하고 폐차처분할 것을 결의하고, 국회에 대하여 신생활운동을 입법화할 것을 요구하자, 정부에서는 경찰력으로 제지하고 이후 신생활운동과 국민계몽운동을 불법으로 단정한 사례일 것이다(사월혁명연구소, 「혁명일지」, 『한국사회변동운동과 4월혁명』2, 1990, 423쪽 ; 서울대 신생활운동대, 「국회의원에 드리는 공개장」, 1960년 9월 22일).

35 다음에 발기문의 일단을 소개해 둔다(서울대학교, 『大學新聞』 1960년 10월 31일자). "우리는 제국주의자와 독재주의자에게 물려받은 유일한 유산인 소라껍질 속의 안일을 과감히 내던지고 영원한 민족의 공생을 이념으로 하는 민족의 광장으로 가는 길에서 우리는 만난 것이다. 우리의 조국은 완전 무결한 자주독립 민주공화국이어야 한다. 우리의 조국은 여하한 국가나 여하한 형태의 외세에 의해서도 지배 간섭받아서는 아니 된다."

4·19혁명

기술협정 등 단계적 남북교류를"[36] 제창하고 나섰다. 그것은 오늘날 추진
하고 있는 것들이지만, 당시로서는 대담한 제안이었다. 그것을 민주당 정
부는 받아드릴 준비가 되어 있지 않았다. 그때 한국교수협회에서는 「북한
지식인에게 보내는 메시지」를 발표하여 남한의 학생이 독재정권을 무너
뜨렸듯이 북한 괴뢰정권을 축출하여 통일의 광장을 마련하자고[37] 호소했
는데 여기에는 학생들의 통일 논의에 대한 수위 조절의 의미도 있었던 것
같다.

그러나 학생들의 통일운동에는 가속이 붙어 급진전하였다. 5월 4일에는
서울대학 민족통일연맹이 남북 학생회담과 남북교류를 제안하였고,[38] 5일

---

36 姜萬吉, 「4월혁명의 민족사적 맥락」, 『4월혁명론』, 한길사, 1983, 22쪽.
37 『高大新聞』1961년 4월 29일자.

에는 전국 17개 대학 학생대표 50여 명이 모여 '민족통일 전국학생연맹 결성준비대회'를 열고[39] 5월 중에 판문점에서 남북회담 개최를 결의하였다. 그리고 「학우에게 보내는 글」에서 "북한 학생과 만나서 민족의 노래, 도라지와 아리랑을 부르며 통일 축제를"[40] 열자고 했다. 오늘날 체육대회가 열려 공동응원단이 마련되거나, 해외에서 남북한 사람이 만나 동족애를 달랠 때면 예사 도라지와 아리랑을 부르는 눈으로 보면, 있을 수 있는 일이었다고 할런지 모르나 지금부터 36년 전의 역사 환경으로는 가히 혁명적 제안이었다. 그래서 위험시 했고 얼마 뒤의 5·16쿠데타로 철저히 그리고 비극적으로 봉쇄되고 말았다.

민족주의의 안목에서 보더라도 성과를 얻는 방법론으로는 논란의 여지가 많다. 그러나 학생들의 제안들이 오늘날 통일정책에 거의 그대로 반영되고 있다는 사실을 감안할 때, 열화 같은 통일의지는 분단정부 수립 후 처음 맞는 민족주의의 사자후 같은 함성으로 기록될 것이다. 아울러 1960년대를 민족주의의 시대라고 말할 정도로 지구 곳곳에서 민족주의의 노래가 울려 퍼지던 세계적 분위기로 볼 때는[41] 4·19혁명이 그와 병진하여 민

---

38 학생회담과 아울러 학술토론회, 체육대회, 기자교류 등을 동시에 제안하였다.

39 이날 모인 대표는 건국대, 경북대, 경희대, 국민대, 국학대, 단국대, 대구대, 동국대, 부산대, 서울대, 성균관대, 연세대, 외국어대, 전남대, 조선대, 중앙대, 청구대 등이었다(서울대학교, 『大學新聞』 1961년 5월 8일자).

40 서울대학교, 『大學新聞』 1961년 5월 11일자.

41 1960년대를 '아프리카의 해'라고 할 정도로 아프리카의 국가들이 줄을 이어 독립하였다. 그밖에도 프랑스의 드골이 NATO 본부를 쫓아내며 프랑스 민족주의를 표방하던 일이나, 루마니아 45차 공산당대회에서는 차우세스쿠의 제의로 사회주의에서도 Nation의 개념을 새로 정립해야 한다고 선언하고 나서, 성급한 서양의 언론인들은 냉전체제 이후 새로 일어나는 민족주의의 바람을 '드골레스쿠주의'라고 명명하기도 했지만, 그와 같이 동서 진영을 가리지 않고 민족주의가 크게 부상하였다. 중소분쟁이 일어난 것이나 알바니아사

족주의의 파고를 높였고, 그에 따라 통일운동을 전개했다고 기록될 것이다. 그것이 4·19혁명의 유산이라고 생각한다.

이상과 같이 민족주의 기준에서 본 4·19혁명은 민족 자각에 근거하여 민주주의 혁명, 독립운동이념의 복원 그리고 통일운동의 전개를 단계적으로 추진한 민족운동이었다. 4·19혁명이 처음에는 민주주의 혁명으로 출발하였다. 민주주의 혁명으로 출발하자니 프랑스혁명 때처럼, 인간애와 인간 이성이 강조되기도 했다. 그런데 인간애와 이성적 안목일수록 한국적 환경에서는 여러 가지 민족문제가 눈앞을 가렸다. 그리하여 민족주의적 사고가 부상하고 확산되면서 통일문제에 눈을 뜬 것이다.

처음에도 민족주의의 요구가 없었던 것은 아니지만, 그러한 민족과 역사보다는 개인의 이성적 판단에 의한 현실 개혁이 중요하다는 사고가 우세한 편이었다. 그러나 현실 개혁에 뛰어들면 들수록 민족문제가 가로 놓여 있다는 것을 자각하게 되어 민족주의의 조류에 동승하여 민주주의 혁명과 더불어 통일운동을 전개하였다. 그러한 민족주의의 조류가 때마침 일어난 세계 조류와도 합치했기 때문에 더욱 힘차게 뻗어 나갔다. 학생들의 통일운동에 대하여 6·25를 경험한 세대들은 급작스러운 변화에 크게 불안을 느끼며 걱정했지만, 그렇다고 어떤 뾰족한 대안을 가지고 있지도 않았다. 그럴 때 5·16을 맞아 통일운동은 전면 봉쇄되고 말았다.

한편, 독립운동 이념의 복원문제는 민주주의 혁명이나 통일운동처럼, 직접적인 위치가 아니고 간접적인 것이어서 당면과제로 제기되지는 않았

태가 일어난 것도 1960년대 초반의 일이었다(1960년대의 민족주의 또는 신민족주의의 문제는 당시의 신문에서 연일 보도되고 있었으며 그때의 교양지를 보아도 그에 관한 논설이 많이 실려 있는 것을 발견할 수 있다).

다. 즉 식민지 잔재세력을 옹호한 이승만 정권이 타도됨으로써 상대적으로 독립운동 이념이 복원될 가능성이 있다는 것이다. 그런데 실제의 복원작업은 연세대학교의 경우처럼, 개별로 나타난 것 뿐이었다. 장면 내각에는 식민지시기 관료 출신자가 상당수 가담하고 있었으므로 구조적인 복원은 기대할 수 없었다. 그것은 4월 혁명이 퇴색할 수밖에 없는 이유가 되었다. 혁명 이념이 탈색되고 있을 때 친일 정상배와 자유당 정상배가 다시 고개를 들고 세상을 혼란으로 몰고 갔다.

그 틈에 5·16군사 쿠데타가 일어나 4월 혁명은 뿌리째 파괴당하고 말았다. 그러나 4월의 꽃은 떨어지거나 시들지 않았다. 군사정권 속에서 6·3항쟁으로, 1970년대의 유신반대운동과 부마항쟁으로, 1980년대의 광주민주화운동과 6월 항쟁으로 피어나 강렬한 향기를 내뿜었다. 그리하여 '93정부'를 탄생시킨 것이다.

그런데 오늘날 역사의 독버섯이 또 다시 돋아나고 있다. 해방 후에 친일 정상배가 준동하듯이, 4·19 후에 자유당 정상배가 혁명을 흐려 놓았듯이, 구시대의 부정에 능숙한 정상배가 정치·경제·사회를 혼탁하게 만들고 있다. 한보사태의 흙탕물이 튀지 않는 곳이 없다. 그리하여 정상적인 정치인도 기업인도 없는 정상배만 날뛰는 세상이 되고 있다. '역사 바로 세우기'가 아니라 역사가 곤두박질치고 있다. 역사가 바로 서자면 독립운동과 4월 혁명과 6월 항쟁의 양심이 오늘날의 양심으로 이어져 그것이 민족의 기상으로 우뚝 서야 한다. 그래야 민주주의와 민족주의가 존립할 근거를 갖는 것이다. 그런데 반대로 식민지 근대화론과 군사정권 현대화론을 선동하는 정상배들이 있다. 그들은 식민지 36년과 군사정권 32년에 걸쳐 훈련된 능숙한 수완으로 역사를 오도하고 있다. 그 능숙한 음모를 극복하는 길도 독립운동과 4·19혁명과 6월 항쟁으로 쌓은 양심과 정의의 전통을 민족사의 중심 주맥主脈으로 올라 세우는 데 있다. 작금에 요란한 "경제를 살립시다"도 주맥이 서야 임시 방편이 아닌 내구력을 갖는 것이다. 바로 그것을 위하여 민주화의 고비 때마다 역사를 망쳐 놓았던 정상배의 척결이 전제되어야 한다. 4·19혁명의 후속사업도 보다 더 활성화하여, 가령 문화사업 같은 것을 크게 일으켜 주맥을 형성할 대중적 기반을 확보하고 아울러 차세대가 계승할 인력을 확보해야 한다.

민주주의의 쟁취가 이렇게 어려운데 4·19혁명의 또 하나의 유산인 통일이념은 언제 달성할 것인가? 영웅의 격정은 일반의지에 의하여 보편화된다고 말하나, 일반의지에 오물이 끼었다면 먼저 그 오물을 수술하는 용단이 필요한 것이다. 그것이 4·19혁명 정신에도 합당하다고 생각한다. 그래야 사필史筆이 다시 울지 않을 것이 아니냐.

이상과 같은 4·19혁명은 이기붕李起鵬의 아들로 이승만의 양자였던 이강석이 사기 부모와 함께 자결하고 25일 서울 교수단의 시위에 이어 28일 이승만이 퇴각함으로써 끝났다. 정국은 허정許政과도정부에 의해 운영되었는데 그때 이승만이 하와이로 망명하고 이승만의 마지막 각료는 혁명재판

이승만이 언어치매로 영어를 잊다

하와이로 망명한 이승만이 만년에 언어치매증이 와서 영어를 못했다고 한다. 그래서 부인 프랑체스카여사와의 대화도 통역이 있어야 했다고 1994년 하와이대학에 갔을 때 최영호 교수에게 들었다.

에서 숙청되거나 브라질로 이민을 갔다. 그 후 혁명선거를 통하여 윤보선尹潽善 · 장면張勉 · 김도연金度演 · 백낙준白樂濬 · 곽상훈郭尙勳 · 박순천朴順天 · 이철승李哲承 · 김영삼金泳三 등의 민주당 정권이 들어서니 제2공화국이라고도 한다.

2. 5·16쿠데타와 민주주의의 파탄

"자유인이 자유향유의 능력을 상실하면 자유인은 그 자유로 말미암아 자유 자체를 빼앗기게 된다"라는 말은 필자가 만든 말이다. 1795년 프랑스혁명이 5인의 총재정치를 할 때가 프랑스 역사상 가장 많은 자유 향유의 시기였을 것이다. 그에 앞서 마라 · 당통 · 로베스피에르로 이어지는 공포정치기간을 겪은 나머지라, 어떤 구속도 거부하며 자유를 만끽하던 때가 5인의 총재정치 기간이었다. 그런 나머지 노래조차도 자유의 노래 이외의 노래는 반동으로 몰릴 정도였다. 파리의 좁은 골목은 교통질서를 잃었고, 몽마르트 언덕에는 밤낮 없이 패싸움이 벌어져도 이미 치안력을 상실한 경찰로서 어떻게 할 바를 몰라 헤맸다. 그때 나폴레옹 쿠데타가 닥친 것이다. 그리하여 먼저 교통질서를 잡았다. 그리고 새로 법질서를 잡기 위하여 법전 편찬을 강행하였다. 그러니까 자유에 지쳐 있던 파리시민들이 우선 시원해서 좋다고 했다. '그렇다면 내가 황제를 하는 것이 어떠냐'고 물었다. 모두 박수로 환영했다. 그가 1904년 황제위에 오른 나폴레옹 1세이다.

1918년 바이마르 헌법으로 독일 역사상 가장 많은 자유를 향유하던 게르마니안들이 히틀러의 나치체제하에 들어가게 된 것이나, 1917년 2월

혁명으로 병사들도 스트라이크를 벌일 수 있을 정도의 자유를 향유하던 러시아인들이 레닌의 볼셰비키 10월 혁명을 맞아 프롤레타리아트 독재정치에 이어 스탈린시대를 맞아야 했던 것도 모두 자유향유의 정도를 스스로 조종하지 못해 자초한 결과인 것이다.

한국이 4·19혁명으로 자유를 쟁취한 것은 위대한 승리였지만 그 후 노동조합마다 파업하기에 바쁘고, 교원도 데모하고, 전차도 3사통합반대의 데모를 하고, 초등학교 아동들도 머리 길러달라고 데모할 때 자유향유 능력을 생각한 사람이 몇이나 됐을까? 결국 5·16쿠데타를 맞고야 역사적 교훈 앞에 머리를 숙였던 것이다. 그때 모두 쿠데타군의 실체를 파악하려고 노력했으나 쉽게 밝혀지지 않았다. 그런 판국에서 필자는 위의 말을 만들어 오늘날까지 만고의 진리인양 외우고 있는 것이다.

과연 박정희는 누구인가? 한국의 역대 대통령 가운데 유능하면서 문제아 방식의 화제를 남긴 인물이 이승만, 박정희, 김대중이라고 할 수 있다. 그들은 큼직큼직한 화제를 던지지 않고는 밥맛이 없을 것 같은 인물이다.

쿠데타군이 발표한 "혁명공약"의 반공정책

쿠데타의 중심인물은 박정희와 김종필이었다. 그들은 함께 공산주의운동과 관련이 있던 인물이다. 따라서 국민이나 국제적으로 그들이 공산당 또는 북한과의 관계를 어떻게 가질 것이냐 하는 의문을 가지고 있었다. 이것은 그들 자신이 잘 알고 있는 문제였으므로 "혁명공약"의 가장 앞에 반공反共을 국시의 제1의第一義로 삼는다고 선언했다.

그런 박정희였으므로 보좌역을 김종필·이후락·김재춘·김형욱·김재규·김계원 등 하나같이 강온 모험성을 갖춘 이가 맡았던 것이 아닌가 한다.

그래도 만전을 기한다고 박정희는 집권 기간에 박종홍朴鍾鴻·이은상李殷相·이선근·이병도李丙燾·박일경朴一慶·문홍주文鴻柱·신기석申基碩·백낙준·최호진崔虎鎭·이가원李家源 등 원로 학자들의 후원과 현역교수인 평가교수들의 직접적 지원을 받으며 독재를 강화하고 있었다. 필자도 평가교수에 몇 번 위촉된 것을 사양하느라고 고역을 겪었지만 그때는 평가교수는 돼야 교수대열에 낄 수 있었고 그래야 어깨를 펴고 다녔다. 그래서 서로 평가교수가 되려고 막후 교섭하는 추태까지 연출하기도 했다. 근래 젊은 교수들의 연구동향으로 볼 때 머지않아 평가교수의 조직과 활동에 대한 논문이 나올 것으로 전망되기는 하지만, 군사정권 속에서 평가교수로 활동하던 이가 무슨 민주화운동의 기수이었던양, 자신을 위장하는 경우가 없지 않아 답답함을 느낄 때가 있다.

그리고 박정희 정권은 영남정권으로 알려져 있다. 그가 선산군 구미 출신에 대구사범학교를 졸업하고 문경에서 교편을 잡은 적이 있어 그 지방과 인연이 깊었다. 그런 인연을 빙자하여 국가업무가 처리될 때가 있어서, 가령 이효상·김성곤·백남억 등 영남인의 중앙정계 진출이나, 낙동강 유역 개발처럼, 영남이 이득을 본 것이 한두 가지가 아니었다.

3. 군부독재와 민주화운동

군사정권은 권력만 장악하면 모든 것이 달성될 것으로 생각했으나 사실은 그렇지 않았다. 정치 자금이 필요했다. 그리하여 집권하면서 성급하게 한일회담을 추진하였다. 당시 중앙정보부장인 김종필이 일본 도쿄로 파견되었다. 일본으로서는 한국의 약체 정권이 한일협정을 도모하는 것이 일본에게 유리할 것이므로 기피할 이유가 없어 적극적으로 대응하였다. 그리하여 독도문제는 거론하지 않기로 하고 상세한 자료검토는 실무진에서 별도로 하고 총괄해서 '김金 – 오히라大平메모'에서 합의한대로 3억 불 산업지원과 3억 불 차관지원으로 도합 6억 불 지원으로 타결하고 있었다. 그래서 한국의 한일회담 반대 세력은 제2의 이완용을 소환하라고 외쳤고, 『사상계思想界』는 신을사조약 특집호를 간행하며 군사정권의 한일회담 변칙 추진에 경종을 울렸다.

박정희 집권기간에 민주화운동은 1964년 6·3항쟁에서 비롯되었다. 6·3항쟁은 처음에 한일회담 반대운동으로 시작했으나 나중에는 군사정권 퇴진운동으로 발전하여 군사정권 속에서 민주화운동의 선두주자가 되었다. 그러므로 필자가 20년 전에 6·3항쟁에 대한 글을 발표한 것이 있으므로 그것을 여기에 소개해 둔다.[42]

『6·3항쟁 33주년의 반성과 과제』

6·3항쟁은 1964년 3월 9일 '대일굴욕외교반대 범국민투쟁위원회'가 결성되고, 24일부터 각 대학 학생들의 시위항쟁이 일어나 그 후 65년 6월 22일 한일협정의 조인 전후는 물론, 그 해 9월까지 전개된 군사정권 타도를 위한 민주화투쟁과 굴욕적 한일회담에 대한 저지투쟁을 총칭한다. 군이 '6·3'이라고 말한 것은 1964년 6월 3일 대규모 항쟁으로 발전한 가운데 비상계엄령이 선포되어 많은 학생과 시민이 끌려갔고, 휴교령으로 각

---

42 『6·3운동의 재조명과 6·3세대의 과제』, 6·3동지회, 1997. 6. 3

급 학교까지 폐교 위기를 맞았던 그날을 전체 항쟁의 상징으로 나타낸 것이다.

5·16군사쿠데타가 일어난 것이 1961년인데 1964년 3월에 이르러서야 군사정권에 대한 시위항쟁이 일어났던 것은 그럴 이유가 있었다. 쿠데타 군부는 민정이양을 선언하고 있었고, 몇 번이나 번복하며 연막을 뿌려도 국민은 참고 참으며 민정이양을 기다렸다. 그런데 민정이양은 말뿐, 국가통치자여야 생의生意할 수 있는 한일협정을 은밀히 추진하면서, 1962년 11월 12일에는 「김－오히라 메모」까지 교환하면서 집권의 포석을 깔고 있었다. 그래도 국민은 그것을 대통령선거를 통하여 청산할 수 있을 것으로 예상하고 참았다. 그렇게 기다리고 참는 가운데 군부는 1963년 10월 15일 대통령선거를 부정으로 강행하고 12월 17일 기어이 군사정권을 창출해내고 만 것이다. 그런데 그때는 겨울방학 때였다. 역사적으로 민주화운동의 전위적 역할을 담당했던 학생이 방학을 맞아 흩어진 때였다. 그러니까 새 학기가 시작된 1964년 3월에 이르러서 민주항쟁이 폭발한 것이다.

그리고 3월 이후로 더 늦출 수 없었던 것은 3월 12일부터 한일회담 본회담이 개최되어 기다릴 수 없었기 때문이다. 더구나 한일회담을 조기 타결하기 위하여 도쿄에 머물고 있던 김종필 중앙정보부장은 한일회담이 5월에 조인될 것이라고 공언하고 있어 기다릴 여유가 없었다. 그리하여 3월 9일에는 사회 지도층의 '대일굴욕외교반대 범국민투쟁위원회'가 결성되었고, 3월 24일에는 전국 주요 도시에서 8천여 명의 학생과 시민의 굴욕외교 반대시위가 폭발하였다. 그 후 25, 26, 27, 28일 연속하여 전국에서 대학생·중고학생·양심적 시민이 무장 폭력과 집단 구속에 맞서 연일 항쟁했다. 이때의 구호는 ① 대일 굴욕외교 반대, ② 미국은 한일회담에 간섭치 말라, ③ 제2의 이완용을 소환하라 등이었다. 여기에서 한일회담은 한국의 쿠데타군부와 일본정부와 미국정부 간의 교감으로 추진되었다는 것을 알 수 있다.

그리고 때마침 다가온 4·19혁명 4주년을 맞아 민족적 울분은 다시 터졌다. 4월 17일부터 20일까지 전국 각지에서 시위 항쟁이 일어났는데 이때는 ① 굴욕외교 반대 외에, 새로 ② 정경유착을 규탄했다. 증권파동(62. 5. 31)과 4대 의혹사건(63. 3. 6, 수사발표), 삼분폭리사건(64. 2. 1, 폭로)에 이어 한일회담 이면의 리베이트설이 나돌아 부정부패를 규탄하는 소리를 새삼 높였고, ③ 특히 군사정부가 5·16쿠데타를 4·19혁명의 계승처럼, '5·16혁명'이라고 선동하는 데 반발하여 "5·16은 4·19의 연장이 아니다"라고 외쳤다. 여기에서 한일회담은 재벌들의 지원을 받으며 추진하였고, 군부는 5·16쿠데타를 4·19혁명의 계승이라고 선전하며 국민을 현혹시키고 있었다는 것을 알 수 있다.

5월 11일 정일권 내각이 한일회담 타결의 '돌격내각'으로 들어서서 언론탄압, 학원사찰, 군인동원까지 서슴치 않자 민중은 다시 크게 일어났다.

그리고 5월 20일에는 서울대학교에 시내 9개 대학생이 모여 '한일굴욕외교반대 대학생총연합회' 주최로 굴욕적 회담을 위장하기 위하여 군사정권이 내놓은 '민족적 민주주의'에 대한 장례식이 거행되었다. 이어서 21, 22, 23, 24, 25, 26, 27, 28, 29, 30, 31일, 그리고 6월 1,2일 까지 전국적인 항쟁이 전개되었는데 언론인, 변호사, 교수, 학생이 모두 일어났다. 그때 무수한 시민, 학생이 구인 당했고 무장군인들이 법관 가택까지 습격할 정도로 난폭하게 탄압했다. 악덕재벌에 대한 규탄 소리가 더욱 높아 갔고, 박정희 군사정권 타도의 구호를 외치면서 정치투쟁의 양상을 본격화시켰다.

6월 3일에 이르러 학생 중심의 시위군이 '박정희 김종필 화형식'을 거행하고 '박정권 타도'를 외치는 군중이 청와대 근방까지 육박하는 등 폭넓은 시민항쟁으로 확대되고 있었다. 이에 정권의 위협을 느낀 군사정부는 그날 밤 8시를 기하여 비상계엄령을 선포하고 군대를 출동시켜 항쟁시위를 탄압하고 초등학교까지 각급 학교에 대한 휴교령을 발동하여 시위를 봉쇄하였다. 이날의 항쟁에서 '6·3항쟁'이라는 호칭이 나온 것이다.

1965년에 이르러 시위항쟁은 전국으로 확대되어 갔다. 특히 한일 간의 현안이었던 청구권문제, 어업협정문제, 재일동포의 법적지위문제 등, 이른바 3대 현안문제가 굴욕적으로 타결되어 가조인된 4월 3일부터 '매춘외교 타도하자'라는 구호까지 외친 굴욕외교 반대투쟁은 4·19를 앞두고 파고를 더욱 높였다. 그러자 군사정부는 6월 21일에 13개 대학과 58개 고등학교에 정치방학을 강제하고 이튿날 6월 22일 한일협정을 체결하였다.

이후부터는 협정비준 반대투쟁으로 옮아갔다. 당시 한국인의 지성을 대변하던 『사상계』는 '신을사조약의 해부'라는 '긴급증간호'를 간행하면서 (7.13) 항거했으니 이 책은 현대사의 고전으로 남아 있다.

유별나게 무덥던 여름, 정당의 이합집산과 군복 벗은 정치인의 출입이 무상하던 정계, 군인의 학원난입이 자행되던 한편, 예비역장성의 군속이 긴장을 고조시키던 분위기, 해마다 보릿고개를 한탄하며 기아선상에서 헤매던 농촌, 이른바 정치교수에 대한 압박이 강화된 데 놀라 방황하던 지식인 사회, 그 가운데 최후로 남은 민족자존심 조차 짓밟힌 1965년의 여름이었다. 여름방학중인 8월 14일 한일협정 비준안이 국민을 대표한다는 국회를 통과한 것이다(야당 불참). 사람의 의사는 대신할 수 있어도 대표할 수 없다는 말을 되새기게 하는 국회였다.

변칙 국회를 보고 실망한 학생들은 방학 중이었는데도 항쟁의 고삐를 늦추지 않았다. 군사정부는 위수령을 발포하고(8·26) 새 학기를 맞는 주요

대학에 휴업령을 내리고, 그래도 성이 안 차 양심적 지식인을 구속하고, 그의 집을 폭파하는 등, 원시적 방법까지 동원하여 무참하게 탄압하였다. 그와 같이 질식할 압제 속에 지성의 소리도 표면적으로는 일단 사라져 가야 했다. 서울대학교 시위에서 핵심으로 활동했던 황성모 교수가 지도한 민족주의비교연구회 학생들도 9월 16일 모두 구속되고 말았다.

이와 같이 6·3항쟁은 굴욕적 대일외교 반대투쟁을 앞세우고 군사정권 타도를 겨냥한 민주주의 혁명운동으로 전개되었다. 군사정권 타도를 위한 최초의 봉기였으므로 혹심한 탄압을 받아 희생이 컸다. 반독재민주문화운동의 측면에서 보면 4·19혁명을 계승하여 군부 지배 하에서 민주화운동의 첫 포문을 열었다는 점에서, 또 4·19에서 6월 항쟁에 이르는 징검다리의 구실을 했다는 점에서 주목해야 한다. 그리고 올바른 한일관계, 한미관계의 정립을 위한 투쟁이었다는 점에서 민족주의운동의 성격에서 이해해야 한다. 주체 성격으로 보면 학생운동을 중심으로 한 시민항쟁이었다. 학생운동을 중심으로 한 주체 성격은 멀리 보면 일제하 학생운동 이래 한국 민족운동의 전통이었고, 가깝게는 4·19혁명의 주체 성격과 같은 궤도 위에서 이해되어야 한다. 시민항쟁이라는 것은 이 시기 민족운동의 특징이었다. 그러한 시민적 성격이 70년대 유신반대투쟁에 이르면 개발독재의 산물이기는 하지만 산업화의 진행에 따른 대중세력의 성장으로 민중항쟁의 성격으로 전이되어 갔다.

민주주의 혁명사상의 위치와 과제

한국의 민주주의 혁명운동은 1960년 4·19혁명을 분수령으로 그 전과 그 뒤의 것을 따로 이해해야 한다. 그것은 4·19혁명에 이르러 민주주의 혁명은 일단락되었다는 말이 된다. 일단락은 되었으나 그렇다고 민주주의 혁명이 거기에서 완성된 것은 아니다. 61년 군사쿠데타를 맞아 민주주의의 발전 진로가 차단되고 말았다. 여기에서 민주주의 혁명운동은 새로운 역정이 시작되었다. 긴 역정에서 1막으로 연출된 것이 6·3항쟁이었다. 제2막이 3선개헌 반대운동, 제3막이 70년대의 유신반대투쟁, 제4막이 부마항쟁, 제5막이 80년대의 광주민주운동, 제6막이 6월 항쟁이었다. 93정권의 문민정부는 제7막으로 올라선 것이다. 4·19의 후신은 제7막으로 또다시 일단락된 것으로 이해된다.

세계에서 민주주의 혁명의 표본으로 이야기하는 프랑스혁명이 1789년에 시작하여 몇 번의 군사정권 등의 반동정권을 거쳐 1848년의 2월 혁명에 이르러 일단락된 63년간의 운동과정을 고려하면, 4·19에서 93정권 성립에 이르기까지 32년간의 기간은 오히려 길지 않았고, 어쩌면 필요했던 기간이었고, 민주주의로 가는 영광스러운 기간이었다.

제7막의 '문민정부' 수립은 93정권의 수립으로 막을 올려 민주화 개혁을 적지 않게 달성하였다. 그런 한편에서 '역사 바로 세우기'는 지금도 맹렬하게 진행되고 있다. 다만 주체가 정부에서 국민으로 옮겨졌을 따름이다. 정부가 단행한 12·12정권에 대한 심판, 군부개혁, 조선총독부 청사철거, 지방자치제 실시, 금융실명제 실시 등으로 한 고비를 넘기고, 이어 국민에 의한 '역사 바로 세우기'가 시작되어 목하 정경유착의 척결과 청와대 권위주의의 청산을 추진하고 있는 것이다. 그런 뜻에서 작금의 신문에서 대서특필되고 있는 한보사태와 김현철 사건의 보도가 '역사 바로 세우기' 파탄이나 망신이 아니라 그 자체가 '역사 바로 세우기'의 일환이라고 이해되어야 한다. 한보사태는 자유당 정권 당시 중석불 사건(1952. 7. 18)과 장마카리오 사건(1956. 11. 21)등에서 비롯되어 군사정권의 개발독재가 만들어낸 증권파동, 4대의혹사건, 삼분폭리사건 등으로 나타난 정경유착의 (희망이긴 하지만) 마지막 모습인 것이다. 개발독재는 독재자 자의로 경제를 조정하고 기업을 창립하고 폐쇄 또는 육성하는 것을 말하는데 그것은 원초적으로 정경이 유착하는 과정의 모습인 것이다. 그 외에도 정경유착은 성실성을 상실하는 건성의 생활풍토를 조성하는 것이나, 향락 풍조를 조장하는 등의 사회악을 극대화하는 폐단이 있지만, 무엇보다 그 자체가 정경유착의 고질병을 만들어 내는 반동체제이다.

청와대의 권위주의(김현철 사건)는 원래 자유당 정권 하에서 이강석사건이래 민주주의 너울 속에 가려져 있던 암을 수술하는 (역시 희망이지만) 마지막 모습인 것이다. 그러한 정경유착과 권위주의를 청산해야 역사가 바로 서고 그것은 '역사 바로 세우기'를 시작할 때 갈 수밖에 없는 정해진 길이었다.

필자도 금번의 한보사태를 보면서 당초에는 '역사 바로 세우기'가 파탄에 이르러 역사가 곤두박질치고 있다고 말해 왔다. 그런데 국회청문회와 5월 17일이던가? 줄줄이 감옥행하는 것을 보면서 이것이야말로 '역사 바로 세우기'의 모습이라고, 역사의 파탄이나 망신이라는 종전 생각을 바꾸었다. 개혁의 파탄이나 망신으로 보는 것은 특정 개인을 기준한 시각이고 국가적 안목으로 보면, 이승만 정권과 군사정권 이래 누적된 권위주의와 정경유착을 청산하는 '역사 바로 세우기'가 밟아야 할 필연의 코스인 것이다. 그런 의미에서 필자는 망신스러운 작금의 사태를 역사 발전적 측면에서 이해하는 것이다.

근자에 화제에 올랐던 리베이트설도 한일회담 과정에서 제기된 해묵은 문제라는 것을 기억할 필요가 있다. 그렇게 잘못된 역사를 모두 바로 잡아야 민주주의가 정착하는 것이다. 대선자금을 비롯한 정치자금 문제도 군사정권이 만들어낸 버릇을 버리지 못하고 있는 것이다. 군사독재 또는 유신독재와 싸우다가 자기들이 유신에 감염되어 만들어낸 괴물인 것이다.

흡사 정신과병원 의사가 정신병을 얻은 것과 같은 모양이다. 대선자금을 공개하든 안하든, 3김시대의 청산으로 치유될 일인데 청산 시기가 언젠가는 여러분이 더욱 잘 알 것이다. 그렇다면 6·3항쟁의 당장의 목표는 군사정권이 초조하게 애걸하며 추진하고 있던 한일회담의 저지에 있었다. 그래서 중심 구호가 굴욕적 대일외교의 철폐였다. 1964년은 해방 후 20년이 안되었고, 반민특위사건이 있었던 15년 만이었고, 한국인을 생체 실험한 만주 731부대의 이시이石井 부대장이 설립한 일본 녹십자사의 지원을 받으며 6·25전쟁을 치른 지 10년밖에 안되었던 해였다. 그것을 특히 누구보다 잘 알 만주군과 일본군 출신자가 많은 5·16군부에서 10, 20년 전의 민족정서를 외면하고 굴욕적인 한일회담을 추진하였다. 그때 굴욕회담을 반대한 6·3항쟁이 없었다면 이미 먹칠당한 민족의 체면이나마 완전히 실종될 뻔하였다. 민족정기와 독립운동의 양심도 증발할 뻔하였다. 더구나 미국이 일본을 지원하고 있어 국제적으로도 외롭게 항쟁했지만, 또 이화여대 학생들이 단식투쟁 중에 워싱턴 데일리신문의 편집국장에게 보낸 항의서(65. 6. 27)처럼, 어쩌면 가냘프게 보였을지 모르지만, 그나마의 민족적 함성이 없었다면 민족의 뿌리조차 뽑힐 뻔하였다.

협정내용을 보아도 청구권문제, 어업협정문제, 재일동포의 법적지위문제, 문화재 반환문제, 전시수탈 보상 문제, 역사 기술문제 등, 어느 하나체면을 세워 담판한 것이 없었다. 그리하여 청구권문제는 액수의 고하간에 배상이 아니라 원조라는 모욕적인 것이 되었고, 법적 지위문제는 아직도 만족스러운 타결을 보지 못할 정도이고, 문화재 반환이나 '일본군'위안부문제 등도 결국 모욕적 처리로 끝날 염려가 완연한 오늘이 되고 말았다. 무엇보다 독도문제를 타결하지 못한 것은 역사적 질타를 면할 수 없는 것이다. 독도문제는 해방 후 SCAPIN 677호 등, 연합군사령부의 처리에서는 하등의 문제가 없었다. 그런 것을 1951년 9월 8일 샌프란시스코 대일강화조약 당시(1952. 4. 28 발효) 이승만 정권이 피난수도 부산에서 대통령 집권연장을 위한 직선제 구상에 골몰하는 가운데 실수하여 문제가 되고 말았다. 더구나 6·25전쟁 중이었는데 한심한 정권의 한심한 실수였다. 그의 미봉책으로 이승만은 52년 1월 18일 평화선을 선포했지만, 그것은 억지춘향이었다. 그 앞뒤도 모르는 군사정권은 놀랍게도 '제3국 조정안'을 제의하였으니 만일 그것을 일본 측이 받아들였다면 독도는 군사정부가 일본에 바치는 뇌물이 될 뻔하였다. 그 정도였으므로 식민사관에 의한 역사 기술문제를 바로 잡는 것은 기대할 수 없었다.

그렇게 보면 6·3항쟁이 한일회담 자체를 반대한 것이 아니라 그것을 앞뒤도 모르는 군사정권이 담당한다는 것, 특히 돈을 구걸하기에 바빠 굴욕적으로 진행하는 자세를 참을 수 없어 반대한 것이다. 지극히 당연했다. 한일협정의 비준을 앞둔 1965년 7월 12일 재경대학교수단의 반대성명의 내용은 회담진행이나 협정내용이 굴욕적이고 불평등하고, 식민지시기의 보상이 전면 무시된 채 오히려 구걸방식이고, 경제 예속성의 우려가 강하다는 것이다. 그래서 '매춘외교'란 말까지 나왔다. 6·3항쟁이 없었다면 민족주의가 분해되었을 것은 물론, 한국인이 통째로 천치가 되고 병신이 되었을 것이 아닌가?

1960년대는 세계적으로 민족주의의 시대였다. 그때 '세계화'를 외쳤다면 그것은 당연히 민족주의를 강화하는 세계화였다. 아프리카의 대부분 국가들이 독립한 것이 60년대였고, 미국이 BA정책을 강화하기 시작한 것이나, 드골이 NATO본부를 축출한 것도 그때였고, 공산권에서도 중소분쟁이 일어난 것이나, 루마니아 45차 공산당대회 결의문에서 Nation의 재해석을 선언한 민족주의의 추구도 그때의 일이었다. 그때 국제노선에서

사상계 긴급증간호 표지

맴돌던 북한에서 주체사상을 들고 나왔다. 그런데 남한에서는 세계 사조나 민족의 체면은 접어 두고, 굴욕외교를 강행하였다. 그러니까 재외동포 가운데 중도에 친북자세로 돌아선 사람이 나오게 된 것이다. 돌아선 시기를 추적해 보면 쉽게 알 수 있다. 그때 민족적 망신의 공백을 메워 준 것이 6·3항쟁이었다. 군사정부도 당시에 '민족 주체성'이란 것을 내놓고 있었다. 그러나 그것은 민족주의가 아니라 국가주의 성격이 강한 한계성을 가지고 있었다.

여기에서 필자는 1965년 7월 13일에 발행된 『사상계』(긴급증간호)를 소개해 둔다. '신을사조약의 해부'라는 부제가 붙은 이 책에는 당시 한국인의 지성이 집약되어 있고, 한국 민족주의의 주소를 알 수 있다.『우리는 또다시 노예일 수 없다』를 비롯한 시와 논설이 실렸고, 「개문납적開門納賊」을 이야기한 좌담과 '115인의 발언' 외에 기독교 교역자와 재경문학인과 대학교수들의 성명서와 민족주의의 정서가 넘치는 이화여대생의 『워싱턴·데일리紙 편집장에게 보내는 항의』가 실려 있다. 오늘날 읽어도 새 맛이 나고 교훈적인 것이다. 그래서 필자는 앞에서 이 책을 현대사의 고전이라고 말한 것이다.

오늘날 '세계화'를 외치고 있다. 세계화에 동조하지 않으면 대원군의 쇄국정책이나 척사유림의 보수주의와 같다고 떠들고 있다. 세계화에 반대하는 사람이 어디에 있겠는가? 방법과 내용이 문제란 말이다. 6·3항쟁 때

사상계 긴급증간호 내용

1965년 7월 긴급증간된 사상계 특집호의 다음과 같은 목차와 필자만 보아
도 강력한 민족적 저항이라는 것을 알 수 있다.

제 목	필자명
【卷頭言】韓·日協定調印을 廢棄하라	사상계편집 동인 일동
【連作詩】우리는 또 다시 奴隸일 수 없다	朴斗鎭·朴南秀· 趙芝薰
한국은 어디로 가는가–決定權은 結局 國民에 있다	함석헌
韓國의 近代化와 日本侵略	白樂濬
이제는 더 沈默할 수 없다 –急하다고 바늘 허리에 실을 맬 수 있을까?	李範奭
【鼎談】『開門納賊』의 韓·日協定–60年前의 「保護」가 「協力」 으로 둔갑했나	夫琓爀·劉彰順· 李克燦
韓·日協定文의 分析 基本關係條約–그 政治的 盲點을 批判한다	梁好民
韓·日協定文의 分析 「請求權·經濟協力」協定 등에 관하여–배주고 배속 빌어먹기	夫琓爀
韓·日協定文의 分析 韓·日漁業關係條約批判–完全한 양도로 끝난 去來	鄭文基
韓·日協定文의 分析 僑胞의 法的 地位에 관한 協定–누구를 위한 協定이냐	金哲
韓·日協定文의 分析 文化財 返還問題–數字의 愚弄·쓸모없는 종이뭉치	金元龍
知性人의 喊聲–宗敎人·文學人·敎授의 比准反對聲明	

도 한일회담에 반대한다고 쇄국주의로 몰았다. 그때도 회담 자체를 반대한 것이 아니라 굴욕적이고 매국적인 외교를 규탄한 것이다. 그때나 지금이나 본말을 전도하여 합리화하는 집권자의 버릇은 크게 달라진 것 같지가 않다. 세계주의와 국제주의도 분간하지 못하고 무턱대고 외친 구호가 오늘의 '세계화' 같기에 지적해 두는 것이다. 그러니까 민족주의와 국수주의를, 민족주의와 국가주의와 국민주의를 분간할 역량이 안 되는 것이다.

제국주의적 세계화는 세계의 종교를 하나의 종교로, 세계의 음악을 하나의 음악으로, 세계의 꽃을 하나의 꽃으로 만들자는 것이다. 그러나 진정한 세계화는 다양한 종교, 다양한 음악, 다양한 꽃이 조화되어 아름다운 화음을 내고 아름다운 화단을 이루는 것을 의미한다. 1995년 7월에 한국에 왔던 남아공화국의 만델라 대통령은 국회 연설에서 여러 색깔의 사람들이 무지개처럼 하나가 되어 인류공영에 이바지하자고 흑인 지도자 방식으로 말했다. 그런데 제국주의적 세계화를 강대국이 요구하는 것은 자기이익을 위한 것이니까 그렇다고 하지만, 후진국이나 개발도상국에서 외치다가 자칫하면 제국주의 침략의 통로를 만들어 주는 결과를 낳으므로, 외칠 때는 집안 단속을 철저히 해야 하는 것이다. 그래야 진정한 세계화를 달성하고 인류공영에 이바지하는 한국인이 되는 것이다. 6·3항쟁 당시의 사고와 논리처럼 '자기 중심을 세운' 세계화가 되어야 하는 것이다. 자기 중심을 세우지 못하면 세탁기에 들어간 세탁물처럼 원심력에 취하여 결국 자기 탈색, 자기 상실에 이르고 만다. 지금도 말은 그렇지 않다고 하면서도 정치나 교육정책을 보면 자기 상실을 추구하고 있는 것이다.

33주년의 반성

앞의 이야기에서 오늘날의 과제에 대하여 대강 말한 것으로 안다. 앞에서 이야기하지 못한 몇 가지를 추려서 말하고자 한다.

첫 번째는 6·3세대가 오늘날의 50대 인사들인데 군사정권 속에서 항쟁하던 그 양심을 실현할 적기를 맞고 있다는 점을 상기시켜 두고 싶다. 6·3 항쟁이 외친 민주주의와 민족주의의 본질은 인류양심과 사회 정의의 실현이다. 그런데 오늘날 정국이 혼란해지자, 식민지 근대화론이 대두하는가 하면, 1960~1970년대의 개발 독재를 위대한 건설이라고 미화하며 군사정권 현대화론의 목청이 높아 가고 있지 않은가? 한국 근현대사의 주류 주맥은 식민통치에 항거한 독립운동사와 해방 후의 반독재 민주화운동인데 거꾸로 식민통치 근대화론과 개발독재 현대화론이 고개를 들고 있으니 역사가 어디로 가고 있는가 말이다.

식민지근대화론은 해방 후 이승만 정권에 의한 민주주의와 민족주의의 실현의 실패로 말미암은 반사 심리의 소산이고, 군사독재 현대화론은 93정권의 개혁이 종국에 이르러 혼탁하게 된 결과에 대한 반사 심리의 소산인 것이다. 그렇다면 내일의 과제는 자명한 것이 아닌가? 93정권이 국민 90%의 찬성을 얻던 개혁을 잇고 발전시키는 것이다. 93정권은 그동안 누적된 모든 비리를 일시에 다 개혁하려고 욕심을 부리다가 역량이 모자라 부작용이 생겨나자 당황하게 되었다. 개혁의 화살이 자기를 향하자, 그것을 감당하지 못하여 결국 정국조차 혼탁하게 된 것이다. 그러나 후일의 역사는 그의 '역사 바로 세우기'를 위한 개혁을 높이 평가할 것이다. 바로 자신이 추진하던 개혁으로 자신도 희생양이 될지 모르지만, 그렇게 되더라도 그 자체가 93정권의 개혁이 만들어낸 결과이므로 대국적인 안목으로 보면, 역사 발전을 위한 희생양이라고 위로할 것이다. 다음 정권을 어느

굴욕적 대일외교를 비판하는 6 · 3항쟁의 모습

정당이 담당하더라도 93정권의 개혁을 충실하게 계승만 한다면 그것이 곧 일차적인 위로이다. 그것이 4 · 19, 6 · 3, 5 · 18, 6월 항쟁의 정신일 것이다. 그때 6 · 3세대의 역할이 여러 면에서 기대되는 것이다. 여기서 당부할 것은 명성을 탐하지 말고 명예를 탐하라는 말이다. 명성과 명예는 다른 것이다.

두 번째는 6 · 3세대라는 자만에 도취하지 않았는가를 묻고 싶다. 사람이 개인의 실패나 국가의 쇠퇴나 문명붕괴의 경우나 일차적 이유가 자기 우상에 있다. 패전 후 일본이 얼마나 부지런하고 얼마나 많은 책을 읽었고 또 읽고 있는가를 보아야 한다. 6 · 29 후에 5 · 16 잔존세력이 전락의 운명에서 헤쳐 나가기 위하여 선거 때마다 유행가 감상 같은 동정을 호소하며 시골 장터를 누비고 다니는 모습을 예사롭게 보았다면 자만에 도취되어 있었던 것이다. 그때 6 · 3세대들은 서울에 모여 호언장담이나 일삼지 않았는지 반성해야 한다. 역사를 돌이켜 보아도 그렇다. 자기 명분에 자만하다가 광해군이 된 반면, 명분이 약한 태종, 세조가 많은 업적을 수행했다고 평가받고 있다. 그 외 대개의 경우는 명분에 묻혀 안일하다가 무명의 군왕이 되고 말았다. 그런가 하면 명분도 역할도 높이 평가받는 정조 같은 군왕도 있다. 93정권은 어디에 해당하는가? 90%의 지지를 받았을 때 그들은 자만에 빠졌다고 역사는 기록할 것이다.

역사가 정권을 평가할 때는 발생가치와 역할가치로 나누어 보는 것이다. 그런 논리가 정치학에는 없다고 하지만, 없더라도 필자는 그 논리로 역사상의 정권을 평가하고 있다. 역할가치를 외면하고 6·3동지회도 명분에 함몰되어 있지나 않았는지 자성이 필요하다. 아울러 동지회가 중앙조직으로 한정되어 있지 않는지 검토되어야 한다. 대중 이론을 앞세우지 않더라도 지방시대를 맞아 6·3정신의 생명력을 위하여 검토할 문제이다.

세 번째는 6·3항쟁을 4·19혁명 선상에서 이해하고 그러한 이해 위에서 실질적 연대를 강구해야 한다. 4·19혁명을 기념하는 행사장에는 개인적인 친소관계나 정치 이해를 떠나, 당연히 6·3항쟁과 3선개헌 반대투쟁, 1970년대의 유신반대투쟁과 부마항쟁, 1980년대의 광주민주화운동과 6월 항쟁 등의 주체가 연대한 힘이어야 30여 년간 자라난 군사정권의 거대한 독버섯을 잘라낼 수 있는 것이다. 지금은 그 독버섯의 허리가 부러져 있을 뿐이다. 부러진 허리의 상처를 치료하며 재기의 칼을 갈고 있는 것이다.

4·19혁명에서 6월 항쟁에 이르기까지 넘고 넘은 민주화투쟁의 언덕들을 연결하는 튼튼한 다리가 놓여야 한다. 그것을 위하여 한국민주주의혁명기념회 같은 공동의 문화재단을 구상해 봄직도 하다. 다시 강조하지만 명성을 쫓지 말고 명예를 쫓아야 6·3동지회의 영광을 지킬 수 있는 것이다.

네 번째는 조국의 민주화가 달성되면 다음 수순은 당연히 통일문제에 이른다. 필자는 93정권이 통일문제에 접근하기를 바라지도 않았고 기대하지도 않았다. 그것은 5년 임기에 산적한 개혁 과제만 해도 벅차기 때문이었다. 그러나 이제는 내외 여건이 다르다고 생각한다. 그러므로 통일을 준비하는 여러분이 되어야 한다. 정치인에게 말하고 싶은 것은 정치에 골몰하다가 보면 공부에 등한하기 쉽고 책을 읽을 겨를을 얻지 못하고 변사로 전락할 염려가 있으므로 주의해야 한다는 점이다. 우리의 정치인들은 오랫동안 북한 정권과 북한 동포를 동일시할 정도로 미성숙한 소리를 해온 것이 사실이다. 철학을 실은 통일 이념을 갖춘 지도자여야 21세기의 지도자가 될 수 있고, 남들의 다양한 이론을 수용할 그릇이 될 수 있는 것이다. 그래야 통일도 평화적으로 달성할 수 있고, 통일 후유증도 최소화할 수 있는 것이다.

여러분들은 모두 그러한 큰 그릇이 될 것을 믿으며, 6·3항쟁 33주년을 축하하고 아울러 장도의 행운을 기원합니다.

4. 세계적 네오 내셔널리즘과 남북한 대응

1945년 제2차 세계대전이 끝나고 그 후의 세계는 미국과 소련을 정점으로 한 양극체제가 형성되고 있었다. 그 양극은 자유진영과 공산진영으로 구별된 냉전체제였고, 서방진영과 동방진영으로 대립한 패권체제였다. 그러한 양극체제가 1956년 소련 제20차공산당대회에서 스탈린을 격하하면서 중소분쟁이 시작되고, 그 무렵 프랑스의 드골은 파리에 있던 NATO본부를 추방하였고, 루마니아의 쵸세스쿠는 45차 공산당대회에서 사회주의운동에서 Nation의 개념을 재정립해야 한다고 천명하고 나섰다. 1955년 반둥회의에서는 그 동안 숨을 죽이고 있던 아시아-아프리카국가들이 제3세

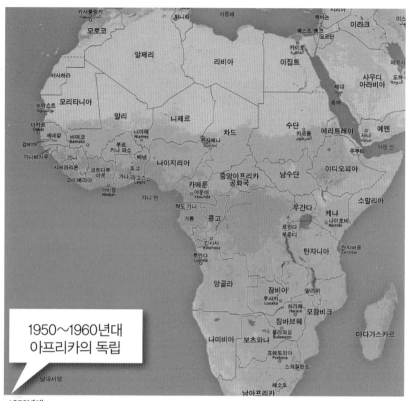

1950∼1960년대
아프리카의 독립

1950년대

1951	리비아
1956	수단, 튀니지, 모로코
1957	가나
1958	기니

1960년대

1960	나이지리아, 모리타니, 말리, 니제르, 차드, 어퍼볼타(현 부르키나 파소), 세네갈, 아이버리코스트(코트디부아르), 다호메(베냉), 토고, 중앙아프리카공화국, 콩고, 가봉, 마다가스카르, 소말리아
1961	시에라리온, 카메룬, 남아프리카공화국
1962	부룬디, 르완다, 우간다, 알제리
1963	케냐
1964	북부 로지디아(잠비아), 니아살란드(말라위), 탄자니아
1965	감비아
1966	보츠와나, 레소토
1968	적도기니, 스와질랜드, 모리셔스

계를 표방하면서 양극체제는 무너지기 시작하였다.

양극체제가 무너지면 자국이기주의가 부상하기 마련이고 자국이기주의는 세계적으로 잠복해 있던 내셔널리즘Nationalism의 부상을 촉구하게 된다. 그래서 시사평론가들은 그러한 사상풍토를 네오 내셔널리즘Neo-Nationalism이라 하는데 1960년대의 국제사상이라고 말할 수 있다. 그때 아프리카에서는 30개 이상의 국가가 독립하였고, 양극체제 속에서 평안하게 지나던 후진국가들은 무슨 명목을 세워서라도 독자노선을 추구해야 할 운명적 처지에서 북한은 주체사상을 표방하게 되었고, 남한도 주체성 확립을 제기하게 되었다.

주체사상이나 주체성 확립의 제창이 국내에서는 특별한 매력을 발휘하지 못했을런지 모르지만 해외의 국제무대에서 활동하는 사람에게는 박수를 받을만한 매력을 가지고 있었다. 1970년 필자가 독립운동사편찬위원회의 업무로 일본을 여행할 기회가 있었는데 일본에서 만난 재일동포 가운데 조총련계 인물은 한결같이 김일성의 주체사상을 찬양하고 있었다. 재일동포뿐만 아니라 일본인들도 찬양하는 소리를 했다.

5. 유신체제와 새마을운동

1970년 4월 22일의 지방장관회의에서 박정희 대통령이 새마을운동을 제창하여 주목을 끌었다. 1968년 1월 21일에 북한에서 밀파된 청와대습격대가 청와대 뒤 불과 500미터에서 제지된 사건이 발생했던가 하면, 이어 푸에블로호 납치사건이 벌어지고, 핵확산금지조약(NPT)문제가 국제적으로 부상한 속에서 아시아인의 아시아라는 구호를 앞세운 닉슨독트린이 발표

새마을운동

되면서 베트남전선에서 미군이 철수하기 시작하는 한편, 한국에서도 미7
사단이 철수하는 그때에 핵무기 개발을 제창할 박정희 대통령이 새마을운
동을 제창하였으니 안팎의 주목을 받지 않을 수 없었다. 1968년에는 국민
교육헌장이 발표되었고, 각급학교에 국민윤리 과목이 부과되고 군사훈련
이 강화되었다. 그리고 연말에 공화당의장 윤치영이 개헌논의를 발설하여
1969년에는 연중 3선개헌 문제가 정치이슈가 되어 9월 14일 삼엄한 경비
속에서 국회 제3별관에서 공화당 단독으로 변칙 삼선개헌이 있었다. 그와
같이 경색된 군사문화가 확산되는 가운데 제창된 새마을운동이라 누구든
지 일제강점기 1931년에 부임한 우가키 가즈히로宇垣一成 조선총독이 제창
한 농촌진흥운동을 연상케 했던 것이 무리는 아니었다. 그런데 그것은 2년
뒤인 1972년 10월 유신헌법이 나오면서 유신마을운동이라는 성격으로 알

게 되었다.

역사적으로 '유신維新'이란 낱말은 일본의 메이지유신에 의해 크게 보급되었는데 한국에서는 1904년에 송병준이 유신회를 만들어 알려졌으나 그것은 이용구의 진보회와 합작하여 일진회가 되어 좋은 인상을 남기지는 못하였다. 아무튼 1972년 이후에는 유신체제가 형성되어 갔으므로 새마을운동도 3선개헌과 함께 유신체제 확산운동을 면하기 어려웠던 것이다.

1977년 유신5주년을 맞아 한○○(연세대, 경제학), 김○○(서강대, 철학), 김○○(외국어대, 정치학)교수의 계도위원 학술발표가 있었는데 토론자로 나가라는 필자의 소속대학장의 엄명을 받고 나갔다. 잘 기억나지 않지만 발표 요지는 유신5주년의 결과로 GNP 10,000달러 달성, 자작농사회의 형성, 전국 98% 가정의 전기시설 완료, 한국 민족주의는 박정희로부터 시작됐다는 등의 내용이었다. 필자는 질문에서 전기발전량이 남북한 공히 500만 kW인데 북한이 그렇게 못살면 그 전기를 어디에 쓰느냐? 또 한국 민족주의는 박정희로부터 시작됐다면 그 전의 박은식·신채호·김구·안재홍 등의 민족주의는 실종했느냐? 라고 했더니 북한의 전기 100만kW는 소련으로 가고, 박정희 이전의 민족주의는 여명기의 민족주의로 민족의식 수준이었는데 박정희에 이르러 본 궤도에 올라서게 되었다라고 답변했다. 그들도 계도위원의 임무만 끝내면 그만이라는 태도였으므로 필자도 그 정도로 끝내고 말았다.

그러나 유신헌법에서 대통령은 국회의원 3분의 1을 임명할 수 있고, 대법원장과 법관의 임명권까지 가지니 입법·행정·사법 3권을 장악한 셈이다. 거기에 긴급조치권, 국회해산권, 법률안거부권도 가지게 되어 있었다. 그런 제왕적 대통령을 통일주체국민회의라는 기구에서 선출하게 했다. 대통령은 통일주체국민회의의 의장이기도 했다. 그렇게 만든 유신체제에서

유신계도위원의 영욕

1972년 10월 17일 발포한 유신헌법이 10월 27일 비상국무회의에서 의결되고 11월21일 국민투표에서 통과되자면 얼마 전에 3선개헌으로 민심을 잃은 형편이어서 달성되기 힘들었다. 그래서 중앙과 지방에 10명씩의 유신계도위원을 위촉하여 그들의 홍보로 소기의 목적을 달성하려고 했다.

그때 필자에게도 계도위원이 위촉되었는데 위원이 되면 1회의 강연, 1회의 방송, 1회의 신문투고를 의무적으로 해야 했다. 그런데 필자는 그 어느것도 하지 않았다. 그런데 그 이듬 해에 250만 원의 세금이 나왔다. 알아보았더니 선거관리위원회로부터 유신계도위원 수당을 받고 소득세 신고를 하지 않아 규정상 범칙금까지 합쳐 고지서를 발부했다는 것이다. 나는 그런 돈을 받은 적이 없다고 하자, 며칠 동안 옥신각신하다가 끝내 세금을 안내도 되었다.

도대체 얼마의 수당을 받아 세금이 250만 원이나 됐을까?

99.9%의 지지로 대통령에 당선된 박정희가 그 해 12월 27일 장충체육관에서 취임식을 가졌다. 이른바 체육관 대통령인 것이다. 그리고 이듬해 2월에 국회의원 선거가 있었다. 73개 지역구에서 공화당이 73석, 신민당이 53석을 차지했으나 대통령이 임명한 유신정우회 소속 73명을 포함하면 여당이 항상 3분의 2 의석을 초과했다. 그러니까 한국에서 국회의원을 했다는 경력을 자랑하지 말라는 소리가 나온 것이다.

유신체제는 유신 대통령이나 유신국회의원만 추적하면 진수를 파악할 수 없다. 5·16쿠데타와 유신체제와 새마을운동과 3선개헌을 하나의 울타리에 넣고 종합적으로 이해하여야 한다. 특히 그 무렵의 동백림사건이나 각종 생활법령을 보조자료로 보아야 한다. 가령 1969년에 가정의례준칙이 나왔는데 1973년 5월 17일에 개정 가정의례준칙 시행규칙이 공포되어 국민윤리 교육과 함께 유신체제의 내실을 기하는데 기여하였다.

유신체제는 1970년대에는 새마을운동에 힘입어 농촌 구석까지 스며들어 그를 주도한 박정희는 "단군 이래 처음 맞는 영웅"으로 부상하여 종신 대통령의 길을 열고 있었다. 그러나 기다리는 것은 종신 대통령이 아니라 10·26사태였다.

1970년에 제창하기 시작한 새마을운동은 아프리카나 인도처럼 사방에 흩어져 있는 집들을 모아 인공적으로 촌락을 만든 것이 아니라 수백년 내려오는 자연촌락에 길을 고치고 집을 다듬으면 새마을이 되는 것이다. 그리고 품앗이와 두레 풍속을 협동농업으로 정비하면 되는 것이다. "동창이 밝았느냐 노고지리 우지진다 소치는 아희들은 상기 아니 일었느냐 재넘어 사례 긴 밭을 언제 갈려 하느니"라고 외치던 전통시대 농요가 "노고지리 앞서가자 해가 뜨는 이 벌판 황소 굴레 풍경소리 자고 깨는 농부야 아주까리 기름머리 비맞으면 어떠냐"라고 고쳐 부르며 논밭을 가꾸었다. 그리하여 근면·자조·협동의 정신으로 무장한 새마을을 만든 것이다.

새마을은 마을마다 새마을지도자를 중심으로 운영하는데 대개 소외된 인물을 지도자로 추대하면 그들은 정성을 바쳐 봉사한다. 경우에 따라 자유당의 반공청년회 인물이 4·19혁명으로 배척됐다가 새마을지도자로 선발된 경우가 있는데 다시 기회를 만난 그들은 개과천선하여 종횡무진으로 뛰면서 새로운 인물로 부각된 경우가 많았다. 그런데 새마을운동은 1979년 10·26사태로 박정희 대통령이 저격당한 이후에는 갈 길을 찾지 못하고 급격히 쇠퇴하였다. 그리하여 1980년대에는 민간 체제로 전환했다. 그러니까 지도자를 잃은 망아지가 되어 이권운동에나 개입하다가 물의를 일으키는 등으로 더러워져, 1988년에는 중앙본부장 전경환이 구속되는 비운을 맞는다.

새마을운동은 1973년 중화학공업정책이 공표될 때를 전후하여 별도로 독자적 길을 열어 문화운동으로 전환되어야 했다. 농촌에서는 사회경제운동에서 목욕탕, 도서관, 통신관을 운영하는 등 문화 농촌건설운동으로 가야 했다. 그때 1914년 이래 내려오는 행정조직인 도·군·면·리에서 면을 없애고 면서기는 모두 리·동으로 분산시켜 문화농촌 실무자로 활동하게 했어야 했다. 그리고 행정은 조선시대 방식으로 군과 리·동을 직접 연결하는 것이 좋았다. 그것을 착안하지 못하고 줄곧 박정희식 새마을에 머물다가 파탄에 이른 것이 아닌가?

6. 1970년대 남북화해구도와 7·4남북공동성명

1960년대에는 국제적으로 확산된 네오 내셔널리즘Neo-Nationalism과 보조를 같이 한 주체사상 또는 주체성을 강조하다가 1970년을 전후해서는 남북한이 독자노선을 추구하지 않으면 안 되어, 결국에는 남북한이 접근하게 되었다. 그것이 미국의 닉슨독트린에도 영합되었고, 중소분쟁으로부터도 무관하게 무해무덕한 길이 되었다. 그것이 바로 1972년 7·4남북공동성명이다.

① 외세의 간섭 없이 통일은 우리민족끼리 자주적으로 달성하고
② 무력이 아닌 평화적 방법으로 실현하고
③ 이념과 사상을 초월한 민족 대단결을 도모한다.

성명은 통일3원칙으로 6·25전쟁 20년을 지난 혁명적 성명이었다. 흥분된 분위기만을 보고 이야기하면 당장에 통일이 이루어질 것 같았다. 그동안 휴전선을 기준하여 접적지구接敵地區라는 용어도 상대를 자극한다고 근접지역近接地域이라고 고쳐 일컫게 될 정도였다. 이것을 이후락 중앙정보부장이 평양을 오가며 이룬 것이어서 더욱 주목되었다. 곧이어 10월에는 유신헌법이 공표되고 비상계엄령을 선포하여 딴 세상을 만들었지만, 국민의 눈에 유신은 박정희 개인의 권력지향성의 산물이고 7·4공동성명은 민족문제 규정으로 서로 다른 것으로 보였다.

그러한 7·4공동성명은 1973년 6·23선언으로 평화통일의 원칙이 확립되고 1980년대를 경과하면서 남북의 불가침과 평화공존을 합의한 남북화해협력기본합의서를 교환함으로써 발전했다고 이해되어야 할 것이다. 이제는 1958년에 평화통일을 제창하다가 사형당한 조봉암의 진보당사건 같

1972년 7·4 남북공동성명

은 것은 옛이야기로 사라지게 됐다. 평화통일을 지향한 기본합의서 교환
이 88올림픽을 앞두고 가지 않을 수 없는 정치적 길이기는 했으나 그것이
공산당 토벌의 최고 지휘부인 중앙정보부가 추진한 결실이고 군사정권 마
지막의 소득이라고 생각하면 역사적 의의가 남다른 것이다.

　그런데 7·4남북공동성명은 남북의 정보부 당국자에 의해 이루어졌고,
남북화해기본합의서는 국무총리에 의해 교환된 것이다. 남북 정상이 이룩
한 것은 아니라는 말이다. 그래서 1993년에 김일성이 남북정상회담을 제
의하여 그 해 7월 25일 김영삼 – 김일성 정상회담이 열릴 계획이었다. 그
야말로 민족문제의 혁명적 발전을 보게 될 것이다. 그러나 급하게 서둔 탓
인가? 7월 8일에 김일성이 갑작스럽게 사망하여 뜻을 이루지 못해 여간
아쉽지 않았다.

9장

10·26사태와
신군부의 등장

1. 부마민중항쟁과 10·26사태

1970년대 후반 유신말기로 가면서 정국은 더욱 경색되어 갔다. 박정희의 단순 저돌적 성격이 고조되면서 김영삼과의 대립이 심각해져가고 있었다. 그 해 8월에 YH무역 여직원 사태 후 카터 미국대통령의 방한을 전후하여 한미관계가 악화되던 가운데 때 아닌 사대주의 논쟁이 불붙어 정국이 더욱 혼미해져 갔다. 결국에는 그 해 연말에 김영삼의 의원직 박탈로 이어져 부산 마산지역의 유신반대투쟁을 촉발하였다. 유신반대투쟁은 1970년 가을에 강원대, 대구 계명대, 서울대, 이화여대생의 시위로 격화되고 있었는데 10월 4일에 국회에서 경호권을 발동한 가운데 김영삼의 의원직을 박탈하여 13일에는 신민당 의원 66명이 의원직을 사퇴하며 항쟁했고 거기에 2명의 타당의원도 가세하였다.

1979년 10월 유신선포 7주년이 되었다. 그리하여 17일부터 부산에서 반유신 학생시위가 일어나 군대를 투입했으나 그를 막지 못하였다. 18일에는 5만 군중에 의해 파출소 21개, 경남도청, 중부세무서, KBS, MBC, 부산일보사 외에 차량 1대가 파괴되었다. 그때 정부에서 비상계엄령을 선포하고 2개 여단의 공수부대를 진주시켰으나 시위는 더욱 격화되고 있었다.

이러한 부산의 시위는 마산으로 번져 18일 경남대생을 선두로 노동자,

회사원, 수산물점원이 주축이 되어 2만 군중이 공화당사, 파출소, 신문사, 방송국, 법원 검찰청을 파괴하며 유신 반대와 김영삼 만세를 외치며 시위하여 밤늦게 군대를 투입하고 19일에는 1개 여단의 공수부대가 탱크를 앞세우고 진주하였다. 그리고 20일에는 부산·마산일대에 위수령을 발동하고 부산에서 1,058명, 마산에서 505명을 연행하여 부산에서 43명, 마산에서 46명을 군사재판에 회부하였다. 이것이 어떻게 정상적 국가운영인가?

이러한 비상사태에도 불구하고 10월 26일에는 청와대 옆 궁정동 중앙정보부 별관에 유신정권의 일인자들이 모였다. 대통령·비서실장·경호실장·중앙정보부장, 그리고 2명의 여자가 모인 자리에서 부마사태에 대한 대책이 논의되었는데 청와대 경호실장 차지철은 강경책을 주장하고 김재규 중앙정보부장은 온건론을 펴서 논란을 거듭하다가 예에 따라 박정희 대통령이 차지철과 뜻을 같이 하고 김재규를 나무라자 공기가 험악해졌다. 삼엄한 분위기 속에서 차지철이 다시 강경론을 강조하자 김재규가 총을 내들고 차지철을 쏘고 이어 박대통령을 향해 쏘았다. 부산과 마산의 총알이 궁정동에 날아온 것이다. 그리하여 유신정권은 종말을 고했다.

2. 12·12쿠데타와 신군부의 등장

10·26사태 후 10월 27일 김재규가 구속되고 국무총리 최규하가 대통령 권한대행을 맡았다. 그리고 12월 6일 유신헌법에 따라 최규하가 대통령에 당선되고 12월 10일에는 신현확이 국무총리가 되었다. 이어 12·12쿠데타가 있었다. 12·12쿠데타는 10·26사태를 계기로 계엄사령부 합동수사

본부장을 맡은 보안사령관 전두환을 중심한 50세 전후의 젊은 장성이 계엄사령관이며 참모총장인 정승화대장을 중심한 기성 군부에 대하여 감행한 하극상쿠데타를 말한다. 당시의 유신헌법에 의한 최규하 대통령과 국무총리 신현확은 그것을 사전에 알지도 못했으며 알았다고 해도 그들의 관료조직으로는 그것을 막거나 조종할 힘이 없었다. 그러므로 새로 등장한 젊은 장성들, 즉 신군부가 앞으로 정국 중심에서 활동하게 될 것이며 그들의 행보가 1980년의 역사에 가장 많은 영향을 미칠 것으로 예상되었다. 1980년 5월의 광주민주화운동에도 직접 관련을 가진 것은 당연했다.

1979년 12월 21일 최규하 대통령이 취임하면서 긴급조치 관련자 561명을 특별 사면하고 1,330명을 석방하였다. 그때 해직교수 19명이 복직되고, 759명의 제적학생이 복학되었다. 1980년 2월에는 윤보선, 김대중을 비롯한 687명의 정치인이 복권되어 앞날이 주목되었다. 그런 판국에 4월에 전두환이 중앙정보부장을 겸하여 대권에 한발자국 가까이 갔는가 하면 사북사태가 발생하였다. 사북사태는 5월에도 계속되었는데 광주민주화운동의 전주곡과 같은 것이었다. 그래서 5월 13일에 연세대생들의 가두시위를 선두로, 14일에 전국에서 6만 여 명의 학생이 시위를 벌였다. 그리고 15일 서울역전의 10만 명의 시민이 운집한 시위가 있었고, 16일에 전국총학생회장단 회의가 소집되어 정국을 긴장시켰다.

3. 1980년의 광주민주화운동

이러한 배경 하에서 광주민주화운동이 전개된 것이다. 5월에 전개된 광주 지방의 시위항쟁을 일자별로 보면 다음과 같았다.

5. 14 전남대생 6,000여 명이 시국대회를 열고 도청 앞에서 '민주화성회' 를 가졌다.

5. 15 전남대·조선대·광주교대·광주전문대 학생 1만 5천 명이 도청 광 장에서 '민주화성회'를 열었다.

5. 16 광주 시내 9개 대학 3만여 명 학생이 시국성토대회를 열고, 5.16화 형식을 가진 후 밤에 횃불시위를 가졌다.

5. 17 비상계엄령 전국 확대, 김대중·문익환을 소요 조종자로 연행, 김종 필은 권력형 부정축재자로 체포, 김영삼은 가택연금당한다.

5. 18 공수특전단 7여단 33, 35대대가 전남대 조선대·광주교대에 진입 하여 농성학생을 체포하고 전남대 정문 앞에 집결한 학생이 '계엄해 제, 전두환 물러가라'를 외치니 공수부대원이 학생들을 살상용 곤 봉으로 때려눕히고 피투성이 된 학생을 질질 끌고 다녔다. 학생들 은 금남로로 진출해 연좌농성을 벌였다. 20여 대의 트럭을 탄 공수 부 대원이 한 손에 대검, 한 손에는 곤봉을 들고 시위자뿐 아니라 남 녀노소를 불문하고 마구 구타했다. 길 가던 여학생도 잡혀와 상의와 브래지어를 찢기며 욕을 당했다. 노인들도 곤봉을 맞았고, 밤새 연 행되었다. 분노하지 않을 사람이 어디에 있겠는가?

5. 19 금남로에 3, 4천 명의 시민이 집결하여 시위하다. 공수부 대원은 집 집에 들어가 남녀 젊은이를 끌고 나와 양손을 뒤로 묶고 발가벗겨

5·18 광주민주항쟁

포복을 하게 했다. 시위대에 여러 계층 사람이 참가했다. 그들은 '성
난민중' '적극적 민중'으로 발전하고 있었다. 시민이 장갑차에 불을
지르려하자 총을 발사하여 고교생이 쓰러졌다.

5. 20　금남로 인파가 수만 명이 되었다. 5천여 군중이 도청을 향해 돌격했
　　　다. 차량을 앞세우고 쇠파이프와 화염병으로 무장한 시위군중과 최
　　　루탄을 쏘는 경찰과 군인 간에 도청을 사이에 두고 공방전이 벌어
　　　졌다. 금남로 군중은 20만 명으로 증가하였다. 밤에 시청 건물이 시
　　　위대에 의해 장악되고 이어 광주경찰서, 서부경찰서가 점거되었다.
　　　MBC가 불타기 시작했다. 계엄군이 총을 난사해 여러 곳에서 사상자
　　　가 발생했다. 신현확 국무총리가 광주사태에 책임을 지고 사퇴했다.

5. 21　신군부가 투입한 20사단이 작전을 개시하고 금남로에는 5만 군중이

모였다. 1시 정각에 사격이 시작되어 50여 명이 순식간에 사망했다. 시위대는 광주 부근 무기고에서 무기를 탈취해 시내로 들어왔다. 4시에 공수부대가 철수하기 시작하고 밤에 시위대가 도청을 접수했다.

5. 22 시민들은 금남로를 청소하고 정리했다. 시민궐기대회가 열렸고, 조비오, 홍남순, 송기숙 등의 5·18수습위원회가 계엄분소를 찾아가 사태수습 전에 군대를 투입하지 말고 연행자 전원을 석방할 것을 요구했다. 학생수습위원회도 구성되었다. 시위는 나주, 목포로 확산되고 있었다. 주남마을에서 무차별총격으로 버스 승객 15명이 즉사했다.

5. 23 10만여 시민이 도청 앞에 모였다. 수습대책위원회가 무기 2,500정을 회수해 절반은 회수한 셈이다.

5. 24 김재규의 사형이 집행되었다. 시민궐기대회가 열렸으나 열기가 식고 있었다.

5. 25 김종배를 위원장으로 새로운 학생지도부를 구성했다. 최규하 대통령이 국방장관을 대동하고 와서 계엄분소장의 보고를 듣고 갔다.

5. 26 새벽에 20사단이 탱크를 앞세우고 여러 방면에서 진군해 왔다. 민주수호범시민궐기대회가 종일 열렸다.

5. 27 새벽에 도청 방면에서 총성이 들렸으나 1시간 반 만에 전투는 끝났다. 계엄군 총병력은 6,168명이었다.

2001년 12월 정부 발표에 의하면, 사망자로 민간인 168명, 군경 27명, 부상자 4,782명, 행불자 406명(공식인정 70명)[1]으로 추산된다.

---

1 서중석, 「광주민중항쟁」 『한국현대사60년』, 역사비평사, 2007, 166~173쪽.

이상의 광주민주화운동 15일간의 일지를 보면, 전체를 총괄한 시위 지도부가 없었다는 것이 특징이다. 그리고 5월 중순에 집중되었고, 도청 앞과 금남로가 무대였다는 것이 자연적으로 분산을 막은 요인이 되기도 했다. 민주화운동으로 전개되었으므로 신군부가 집결한 곳이 시위현장이 되었고 시민과 학생운동의 연대가 이루어져 큰 힘을 발휘한 것으로 보인다. 어떻든 계획 준비한 시위가 아닌데도 민주화의 큰 물줄기는 흩어지지 않고 전진하여 한국민주화의 기초가 되었다는 의의는 소중한 재산으로 남을 것이다. 한국의 민주화가 일본의 경우처럼 맥아더 헌법이 가져다 준 것과 같이 남이 가져다 준 것이 아니라 아시아에서 유일하게 자력으로 민주화를 쟁취했다는 것이 자랑인데 그런 자랑이 우연하게 이루어진 것이 아니라 동학농민전쟁, 3·1혁명, 4·19혁명, 광주민주화운동 등에 의해 축적된 힘으로 이루어졌다고 이해하면, 그것은 모두 역사적 자랑인 것이다. 그렇게 생각하면 한국근현대사에서 그런 자랑스런 역사를 만드느라고 무수한 인명이 희생되었는데 그것도 값진 희생으로 자위해야 할 것이다.

10장

민주주의 개혁과
통일시대의 개막

1. 민간 정치인의 집권과 민주주의 개혁

1992년 3당합당으로 민자당 대통령후보에 오른 김영삼이 당선되자, 1993년 취임 초부터 개혁을 강행했다. 먼저 TK체제를 타파하고 군부의 하나회를 숙청하여 신군부를 무력화시키고 신군부에 의해 몰락했던 참모총장 출신의 정승화와 손잡고 12·12쿠데타를 반역행위로 규정하여 그의 대표인 전직 대통령 전두환과 노태우를 감옥에 보냈다. 그리고 공직자 재산등록제와 금융실명제 단행에 이어 지방자치제를 전면 실시하여 풀뿌리 민주화의 길을 열었다. "역사 바로세우기"를 외치며 수유리 4·19묘역을 국립묘지로 정비함과 동시에 조선총독부청사를 철거하고 광화문光化門을 복원하였다.

그가 대통령에 당선된 것은 지역주의에 의한 영남의 지원으로 가능하였지만 집권 후의 과감한 개혁으로 호남에서도 박수소리가 들렸다. 1994년에는 북한 김일성의 정상회담 제의를 수락하여 7월 25일 역사적 남북회담을 눈앞에 두고 있었다. 남북회담은 7월 8일 김일성의 급작스런 사망으로 무산됐지만, 그렇지만 않았다면 김영삼이 천행天幸을 맞았을 것이다. IMF 사태만 당하지 않더라도 그의 민주주의 개혁은 역사적 평가를 받았을 것이다.

문민정부 수립

역사 바로세우기(조선총독부 청사 철거)

그런데 뜻과 같지 않아 민주주의 개혁이나 남북회담의 공적은 뒤로 밀려, 그것은 다음 대권을 인수한 김대중이 차지하게 되었다. 김대중은 노동자 농민의 민주화 요구를 수용하면서 민주주의 개혁을 폭넓게 단행하였다. 그리고 일본과의 어업협정도 독도의 위험 때문에 반대자가 많았는데도 그것을 무릅쓰고 체결해, 노벨 평화상을 받을 정도로 국제적 주목을 받았다. 그 여세를 몰아 남북회담을 추진하여 2000년 6월 13일 평양에 갔다. 그리하여 6·15공동선언으로 안팎의 박수를 한 몸에 안았다.

TK와 하나회

TK란 대구 경북을 가리키는 말인데 동아일보 기자가 시사평론에서 사용한 후 일반화되었다. 5·16 특히 12·12 이후에 정치적으로 부상한 인물이 대구 경북출신자가 많아 붙여진 호칭이었다. 한편 하나회는 군부 내에 TK 출신자를 중심한 고급장교들의 친목모임을 말했는데 점점 파당으로 변질되어 군부를 세도하는 실세가 되었다.

1987년 대선을 앞둔 11월 말에 하나회에서 필자에게 특강을 요청하기에 용산구 삼각지 어느 한식당에서「독립운동 정신을 계승하는 정권의 존재 방식」이란 제목으로 특강을 했다. 그때 "이번 대선에서 민간정권이 탄생하여 5·16 이후의 군사정권을 마감해야 한다. 그렇지 않으면 군사정권을 마감할 때 피를 보게 된다."라고 했더니 30명 정도의 좌중에서 그것은 꿈같은 소리라고 반론을 제기했다. 나도 굽히지 않고 우겼더니 지금도 그때의 이야기를 하는 사람이 많다.

2. IMF 신탁의 경제위기

한국은 1960년대에 65달러의 국민소득이었는데 독일에 광부와 간호사를 파견하고 베트남전쟁에 군대를 파견하면서 달러를 모으고, 1970년대 중동의 달러까지 끌어모아 전통적인 농업사회에서 상공업사회로 전환하면서, 1977년에는 국민소득 1만 달러를 달성하였다. 1993년에 내한했던 남아프리카의 만델라 대통령이 국회 연설에서 "민주화와 경제발전을 동시에 달성한 한국"이라고 찬사를 아끼지 않을 정도였다. 그런 한국이 1997년부터 시들시들 힘을 잃고 있었다. 그 해 7월부터는 태국과 인도네시아와 함께 경제위기가 닥친 것을 느낄 수 있었는데, 끝내 11월 14일 IMF신탁을 결정하고 12월부터 IMF관리 하에 들어갔다.

IMF사태는 외채위기 때문에 닥쳤다. 1997년에 외채가 증가해 3-4분기를 마감한 9월 30일에 1,774억 달러였고, 그 중 1년 미만의 단기외채가 800억 달러를 넘었다. 단기외채의 채권국인 일본 등이 연기해 주지 않아, 한국은 IMF신탁 밖에 갈 길이 없었다. 정말 그길 밖에 없었던가? 그때 일본이 거부했던 이유는 무엇이었던가? 조선총독부 청사철거와 독도 접안장 시설로 김영삼에게 감정이 나빠진 일본이 그 보복으로 외채 상환을 연기해 주지 않았다는 이야기가 있다. 그것을 예측한 경제관리나 교수·학자 누구도 없었던 이유는 무엇이었던가? 800 : 1을 하던 환율이 2000 : 1에 육박하자 기업체가 도산하고 감원바람이 불어 실직자가 거리를 헤맸고, 노숙자가 서울역 지하실에서 새로운 풍경을 연출했다. 그리고 유학생들이 달러를 구하지 못해 줄줄이 돌아왔다. 필자도 유학하던 아들 딸이 있어서 고역을 겪었다.

그때에 이르러 사태의 심각성을 국민도 알게 되었다. 그리하여 금 모으기를 일으켰다. 상패 메달과 결혼반지나 목걸이를 바쳤고, 부모로부터 받은 세전 팔찌와 보물도 바쳤다. 1592년 임진왜란 때 나라가 박살나는데 정부는 전쟁을 총괄하는 전시본영이 없을 정도로 엉성한채, 의주 피난길에 올랐다. 왜군이 그곳까지 올라오면 압록강을 건너 명나라로 갈 예정이었다. 그런 판국에 전국에서 의병이 일어나 왜군을 무찔러 조선왕국의 패망을 건져냈다. 1910년 대한제국이 멸망하고 일제의 조선총독부가 설치될 때도 대한제국의 고관 76인이 일제의 조선귀족령에 따라 연금을 받는 귀족이 되어 호의호식했는데 삼남의 무명 청년들은 자신의 재물을 바쳐 대동청년당과 대한광복회를 만들고, 영호남의 선비들은 백산무역주식회사를 만들어 국내외에서 독립운동을 전개하였다. 그러한 노력으로 우리가 나라를 찾은 것이다.

백산상회가 사용했던 1920년 당시 봉투

정부와 공직자는 나라의 위기를 외면 또는 방관하고 있었는데, 백성과 민중은 나라를 구하는데 정성을 바쳤다. 1997년 IMF관리를 맞았을 때 금모으기로 나라를 구하려고 했던 것도 그러한 선례와 다르지 않았다.

3. 우주개발과 남북한의 인공위성

1957년 10월 4일 소련이 달을 향해 스프트니크SPTNIK1호를 발사한 것이 인류 최초의 인공위성이다. 그 후 남북한도 나란히 인공위성을 발사하였다. 남한은 두 개의 인공위성을 띄우고, 자체 발사시설을 완비하려고 전라남도 고흥군 나로도에 발사대 - 우주센터를 완공하였다. 한편 북한은 인공위성을 발사한 뒤에 2006년부터는 핵실험 단계에 들어섰다.

북한의 핵실험 추이는 제1차 2006년 10월 9일, 제2차 2009년 5월 15일, 제3차 2013년 2월 12일(11 : 57분)이다.

제3차 실험은 함경북도 길주군 풍계리 일대의 해발 200미터 고지대를 이용하여 지하 실험장을 만들어 발사했다. 지하 실험이므로 진도 5.0의 인공 지진으로 알고 그렇게 보도하였다가 시간이 경과한 후에 지하 핵실험

핵 보유국가

현재 핵확산금지조약(NPT)에서는 핵무기 보유국으로 미국, 러시아, 중국, 영국, 프랑스 등 5개국을 공식적으로 인정하고 있다. 국제사회의 위협이 될 수밖에 없는 핵무기의 감축은 이들 핵무기 5대 강국에 의해 주도되고 있다.

이 외에 인도(1974), 파키스탄(1998)이 핵실험에 성공했으며, 이스라엘도 비공식적으로 핵실험을 하여 국제사회에서 핵 보유국으로 간주되고 있다.

이들 국가의 핵무기 보유 규모는 2만 기를 훨씬 상회하는 것으로 추정되고 있다. 한편 북한과 이란이 최근 핵실험을 감행하고 있어 국제적 의구심을 사고 있다. 구소련에 속해 있던 벨라루스, 우크라이나, 카자흐스탄과 남아프리카공화국도 한때 핵무기를 보유했으나, 지금은 러시아에 반환조치하거나 폐기하였다.

이라는 것을 알고 바로 잡았다. 더욱 놀라운 것은 소형화와 경량화에 성공했다는 사실이다. 소형과 경량위성은 요격하기 힘들기 때문에 미국이나 일본의 요격 미사일에 폭파당하지 않는다는 이점이 있다. 그래서 2월 16일 김정일의 생일을 기념하여 무수단리에서 핵탄두를 실은 미사일을 발사한다는 소문이 있었다. 때마침 미국·러시아·중국·일본·한국 등 북한 주변의 주요국가 정상이 교체되는 정치적 과도기이므로 유엔 안전보장이사회가 나서서 강력한 비난성명을 채택하고, IAEA 외에도 전세계 50여 국가에서 비핵정책에 위배하는 것이라고 비난성명을 발표하였다. 그러나 효과는 미지수이다. 오히려 4·5차 핵실험을 할 것이라는 정보를 흘렸다.

그와 같이 북한은 속으로 쾌재를 부르며 겉으로는 대응하지 않는다. 북한의 비핵화는 물 건너 간 느낌이다. 이제는 일본과 대만이 핵개발을 추진할 것이고 그땐 한국도 핵개발을 서두를 것이다. 핵개발은 원래 한국이 먼저 시작했던 일이었다. 1970년대에 닉슨 독트린이 발표되고 주한 미군의 철수가 진행될 때, 대통령이 도미하여 미군철수를 막는 교섭을 했으나 실패하자 핵개발을 외쳤다. 결국 카터 정부와 미군철수를 중단하고 한국은 핵개발을 단념하도록 조종되었는데 앞으로 개헌을 서두르고 있는 일본까지 핵개발을 착수하면 한국도 동참할 것이 예상된다.

4. 지리와 환경변화에 따른 생활개혁

지구 온난화에 따른 아열대 형성에 대비한 종합적 특수 기구가 필요하다. 경남 창녕 우포늪에 아열대 조류인 물꿩이 살기 시작하여 11마리의 새끼를 낳아 기르고, 서해에 동해 어종인 오징어와 고등어가 놀고, 동해에 서해 어종인 민어가 잡히고 있다. 또한 남해의 해파리가 동해 고성 앞바다에 나타나고 남해의 적조나 청상어가 울릉도 바다에 나타날 정도로 동해의 수온이 31도를 기록할 정도로 상승하고 있다.

제주에 사과와 오렌지가 생산되고, 중부 북부지방에서 히말라야시다가 자라고, 목수국과 백일홍이 만발한다. 장마와 폭염으로 사망자가 나올 정도의 기후 변화에 따른 생활 정비가 시급하다. 2013년 8월 8일 제주도 어장에서 15톤의 광어가 폭염으로 폐사하고, 전국 곳곳의 가축도 집단으로 폐사하고 있다. 울산 전주 밀양은 38도를 넘었고, 서울, 대구와 강릉의 열대야가 10일을 초과했다. 중국 중부지방은 43도를 웃돌았는데 중국의 열대현상은 한국으로 밀려온다고 한다. 2013년 말복 전날인 8월 11일 중국·일본·한국의 낮기온이 40도를 넘어, 자동차도 고열을 못이겨 타이어가 터지고 실내에서 사람이 죽고 7만 명이 대상포진에 걸려 고생하고 있다. 일본에서도 열사병으로 52명이 죽었다고 한다. 한계에 다다른 전기공급을 어떻게 해결할 것인가? 최대 발전량이 1970년대의 10배인 8,050만 kW나 돼도 수요량이 많아져 전기사용 경계경보를 발령한다고 한다. 그렇다면 근본대책이 필요하다. 풍력발전, 태양광발전, 원자력발전 실태를 조종하고, 해양수력발전소와 소형수력발전소를 대량으로 개발해야 한다.

독일은 2022년이면 원자력발전을 중단하고, 산업이나 가정도 대체 에너지로 충당한다고 한다. 우리도 원자력 발전을 끝낼 방도를 찾아야 한다. 그리고 에너지 저장 장치를 갖추어야 한다.

원자력 방사선의 오염으로 농수산물을 정화하는 문제나 핵쓰레기 처리 문제가 심각하다. 일본 후쿠시마 원전사고의 여파로 방사능 오염수가 바다로 흘러드는 것을 방 지벽으로 차단해도 지하로 스며든 오염수가 바다로 새어들거나 차단벽을 넘어 들어가고 있어 수산물을 먹을 수가 없단다.

잦은 고장으로 문제가 되고 있는 고리원전

폭발한 후쿠시마 제1원전 4호기

후쿠시마 원전사고 전에 원전 시설의 이상이 전문가에 의해 제기되었는데 주관사인 도쿄전기가 점검을 미루다가 대형사고를 당했다고 한다. 우리의 원전부품 거래에는 문제가 없는가?

지구 온난화와 함께 전염병 만연으로 광견, 광우, 광조병(AI) 일본뇌염을 극복하고 식생활의 개선으로 원천적 극복방안을 모색해야 한다.

5. 한국 과학과 예술의 국제적 기여

한국이 100년 전에는 국민소득 50달러나 되었을까? 자동차 한 대도 없던 가난한 나라였다. 아울러 문맹율도 높고 문화수준도 낮았다. 그런데 21세기로 넘어가는 2000년에는 1900년에 비교가 안 될 정도로 발전하여 단 1명의 문맹자도 없고 국민소득 2만 달러의 자동차 강국으로 성장하였다. 1900년에는 여자들이 쓰개치마를 두르고 외출했는데 지금은 배꼽티를 입고 다닌다. 100년 전에는 양반·중인·상민·천민의 신분이 뚜렷하고 섬사람이 함부로 육지에 올라오지를 못했는데 지금은 섬사람이 대통령에 오를 정도가 되어 신분 차별은 사라졌다.

그와 더불어 학문이 발달하여 허준의 『동의보감』은 유네스코 기록유산에 오르고, 간염 백신을 개발하였다. 그와 같이 세계수준에 오른 의학으로 각국의 환자들이 한국병원에서 치료받기를 소원한다. 아울러 남북한 공히 인공위성을 발사하여 세계인의 주목을 받을 정도로 과학이 발달하였다. 학문뿐만 아니라 많은 여행객이 한국의 전통 가옥과 옷을 찾고, 냉면·국수·김치·된장·불고기·젓갈류 등의 음식을 찾는가 하면, 우주인의 식단에 오를 메뉴도 증가하고 있다. 1973년 통일벼 재배에 성공하여 4,000만

석 쌀생산을 달성하여 식생활이 넉넉하게 되었다.

1900년에 1,000만 명을 약간 넘던 인구가 1억 명을 향해 가면서 국세가 세계 10위권을 휘졌고 있다. 그런 분위기 속에서 민족예술이 크게 성장하였다. 먼저 음악에서 윤이상·조수미·백건우·정영훈·김영옥·장한나가 세계 정상급에 오르고, 세계 각국 박물관에는 한국의 금관이나 불상 같은 조각품 전시를 선호하고 있다. 숭례문을 국보 제1호로 지정한 후 국보로 지정된 문화재가 402종에 이른다. 박두진, 박경리, 조정래 등 노벨 문학상 후보에 오른 문학인 외에도 김연아는 피겨 스케이팅, 손연재는 리듬체조로 세계를 제패했고, 베니스영화제에 「씨받이」를 비롯하여 5회를 수상했고, 칸영화제에 「소풍」을 비롯하여 9회, 베를린영화제에 「마부」를 비롯한 7회, 토론토영화제1회, 로카르노영화제에 「달마가 동쪽으로 간 까닭은」을 비롯하여 5회, 시체스영화제에서 8회, 판타지아영화제서 8회, 로테르담영화제에서 8회의 각종 상을 수상한 외에도 국제 영화제에서 수상한 영화가 적지 않다.

이제는 어떤 국제행사에도 외면당할 이유가 없다. 오히려 수많은 국제행사를 개최할 처지에 있다. 1988년에는 올림픽대회를 개최하여 세계를 놀라게 했으며 그 여세를 몰아 축구를 비롯한 각종 경기의 월드컵대회를 개최하고, 2018년에는 강원도 산골 평창에서 동계올림픽을 개최할 예정이다. 1936년 일제강점기에 일장기를 달고 베를린 올림픽에서 마라톤을 뛰던 손기정을 생각하면 누구나 격세지감을 느낄 것이다. 축구나 야구에서 세계적 선수가 배출되는가 하면, 현대 종목인 골프에서 박세리, 최경주, 이선희, 박인비 등 세계 정상에 오른 젊은이가 부지기수이다.

그와 더불어 조남철趙南哲을 계승한 바둑계의 세계 왕자도 적지 않다. 조훈현, 이창호, 이세돌 등의 어린 재사가 한류의 새 바람을 일으키고 있다.

6. 남북정상회담과 6·15공동선언

1945년 해방과 동시에 미소가 38도선을 분할 점령하여 국토가 분단됐고, 그것은 1948년 남북의 단독정부 수립으로 국가분단으로 이어졌고, 다시 1950년 6·25전쟁으로 민족분단에 이르고 말았다. 그리하여 남북은 적대 관계에 놓이게 되었다. 이러한 비극을 극복하려고 그동안 통일운동이 꾸준히 전개되어, 1948년 남북협상이 추진되었고, 1972년에는 "아시아인의 아시아"란 구호 아래 닉슨 독트린을 맞아 7·4남북공동성명이 있었고, 1989년에는 남북화해협력기본합의서 교환이 있었다. 그런데 7·4공동성명은 급한 나머지 정보 책임자에 의해 마련되었고, 남북화해협력기본합의서는 국무총리급 인물에 의해 교환된 것이다. 정상의 결정이나 발표가 아니었다는 말이다. 그러한 한계를 고려하여 1994년 7월 25일 김영삼-김일성의 남북정상회담이 열릴 예정이었다. 그런데 직전인 7월 8일에 김일성이 사망하여 수포로 돌아갔다. 그러한 역사적 과제를 안고 대권을 장악한 김대중은 2000년 6월 13일에 평양에 갔다. 그리고 북한 실권자 김정일 국방위원장과 남북정상회담을 열었다. 남북의 정상급회담은 1948년 4월 19일 김구·김규식이 북행하여 김일성·김두봉과 협상회담을 가졌던 이후 52년 만의 일이었다.

김대중-김정일의 남북정상회담은 6월 15일 공동선언을 발표함으로써 성공적으로 끝냈다. 다음은 6·15공동선언 내용이다.

• 첫째는 남북이 통일문제를 우리 민족끼리 힘을 합쳐 자주적으로 해결해 간다는 것이다. 이것은 7·4공동성명의 계승이고, 남북회담 때마다 채택되는 대원칙인데 유엔이나 열국의 농간으로 역사를 그르친 우리의 과

2000년 평양에서 열린 남북 정상회담

거를 감안한 원칙이었다.

- 다음은 통일에 있어 그동안의 통일방안은 남쪽에서는 2국가 2정부 2체제를 유지하면서 상호협조연합한다는 연합제 통일방안이었고 북쪽에서는 1국가 2정부 2체제의 연방제 통일방안이었는데 거기에 공통점이 있다고 전제하고 북측의 연방제를 '낮은 단계'로 조종하면 상호 협력할 수 있다고 했다. '낮은 단계의 연방제'란 실제에 어떤 것이냐? 남북이 2정부 2체제를 유지하면서 군사권과 외교권은 1국가 방식으로 운영한다는 말로, 남측 양보로 이루어졌는지, 북측 양보로 이루어졌는지 모르나 통일로 가는 데는 대단이 중요한 합의였다.

- 다음은 이산가족 상봉문제와 비전향 장기수 문제로 종전부터 인도주의적 호소로 부분적으로 실현되고 있던 문제로 계속 추진돼야 할 일이다. 박근혜 대통령은 68주년 광복절 기념식 경축사에서 휴전선의 DMZ를

평화공원으로 조성하고, 추석 전후에 이산가족 상봉을 실현하자고 북측에 제의하였다.

- 남북의 경제협력과 사회적·문화적 교류를 활성화한다는 것으로 이것은 통일의 기반으로 중요했고, 통일의 성과로도 중요한 문제로 실제에 금강산 여행과 개성공단으로 나타났고, 학문연구의 교환이나 학자들의 교류와 많은 일반인의 교환방문도 이루어져 민족의 동질성 회복을 위한 뜻 깊은 합의였다.

- 마지막으로 남과 북은 이상과 같은 합의사항을 조속히 실현하기 위하여 홍수가 나도 넘치지 않게 제방을 쌓고, 끊어진 철도를 복구하고, 공동어로구역을 만드는 등, 할 일이 많으므로 빠른 시일 내에 당국자간의 대화를 개최하기로 했다. 이것도 명분만이 아닌 실천을 위하여 박차를 가하는 합의였다.

그때 6·15공동선언까지를 보고 필자는 감격한 나머지 환영하는 글을 신문에 발표하였다. 처음 정상회담이 열릴 때는 김정일이 1980년대에 신상옥, 최은희를 납치한 것으로 보아 위험인물로 생각하였다. 그리고 폐쇄적이요, 경색된 성격으로 추측하여 정상회담이 순조롭게 진행되기가 힘들 것으로 염려했는데 실제는 그렇지 않았다. 그의 재치있고 능숙한 언동과 넘치는 유머를 보고 내가 잘못 생각한 것을 알았고, 6·15공동선언을 보고 그렇게 반가울 수가 없어 나의 솔직한 느낌을 신문에 실었다.[1]

그렇게 감격스러운 일이었는데 문제는 다음 정부가 그것을 실천해 가느냐가 과제였다. 2007년 노무현정부에 의해 발표된 10·4공동성명은 충실

---

1 『문화일보』2000년 6월 18일자 및 『조동걸저술전집』제18권 241쪽 참조.

2007년 남북 정상회담

한 계승이고 발전이었다. 그 후 금강산 관광객의 죽음과 천안함 침몰사건, 연평도 포격사건을 전후하여 금강산 관광이 중단되고 개성공단의 철수로 이어져 냉전시대로 돌아가는 듯한 느낌이 있었다. 그것을 이명박 정부가 해결할 책임이 있었는데 그럴만한 능력이 없었다. 그리하여 박근혜 정부로 넘어왔는데 그의 인적 구성으로 볼 때 의문이다. 그런데 2013년 8월 7일 북한에서 개성공단 문제를 협의하는 제7차 회의를 8월 14일에 열자고 제의해 왔다. 7월 25일 6차 회의가 결렬된 후 20일만의 7차 회의다. 반가운 일이었다. 8월 14일 7차 회의는 신중하게 진행되어 저녁 7시 5분에 5개 항을 합의하고 끝냈다. 광복절 전일이고 사태발생 133일 만에 정상화를 합의한 것이어서 의미가 남다르다.

일본에서는 야스쿠니신사 참배 문제로 시끄럽고, 한국에서는 뒤늦게 시작한 친일재산환수 특별법에 따라 환수가 이제 막 끝났는데 총액 322억 달러라고 한다. 그것을 특별기금으로 관리한다는 소식이다. 한편 8월 14일을 세계 일본군'위안부' 기림일로 정하여 9개국 17개소에서 '위안부 소녀동상'을 세우며 위안부를 기리는 행사를 갖는다고 한다. 이렇게 주변이 민족문

개성공단 원경

제로 분주한 때 개성공단의 정상화가 이루어진다고 하니 의의가 있는 것 같다. 5개 항의 합의사항은 다음과 같다.

① 개성공단의 정상운영을 보장한다.
② 공단 종사자의 신변안전을 보장하고 사업 자산을 보호한다.
③ 국제경쟁력을 갖춘 공단으로 발전시킨다.
④ 위의 합의사항 이행을 위하여 남북 공동위원회를 설치한다.
⑤ 개성공단의 정상화를 위하여 남북이 공동으로 노력한다.

위의 합의에 의하여 8월 17일에는 개성공단 기업체들이 공단에 들어가 공장을 점검하고 18일에도 폐업했던 공단 내 사업체를 점검하였다. 북한은 박근혜 대통령이 광복절 경축사에서 제안한 이산가족상봉을 수락하면서 추가로 금강산 관광을 위한 회담을 제의해 왔다. 모두 잘 풀릴 것 같다.

25일 보도에 의하면 이산가족상봉은 추석 후에 실시하기로 합의했다고 한다. 개성공단은 9월 16일부터 운영한다고 한다.

한국근현대사
연표

1877년	11월	일본전권공사 하나부사花房義質 조선 부임
1878년	12월	부산 두모진 해관 폐쇄, 수세 일시 중지 – 일본, 손해배상 요구(부산해관 사건)
1879년	5월	원산 개항
1880년	5월	제2차 수신사(김홍집) 일행 방일, 김홍집이 황준헌黃遵憲의『조선책략朝鮮策略』을 가져옴
	12월	통리기무아문 설치
1881년	2월	영남만인소, 경상도유생 이만손 등이 상소를 올려『조선책략』추종자 공박. 신사척산소, 소두를 모두 귀양보내고 춘천유생 홍재학은 처형
	4월	일본에 신사유람단 파견
		별기군 창설하여 무위영에 배치, 일본군 소위 호리모토堀本禮造를 교관으로 초빙
	9월	김윤식 등 영선사 중국 파견
	10월	중신회의 : 조선책략 수용 결정
	12월	5군영 폐지, 2영(무위영·장어영) 신설
1882년	4월	조미수호통상조약 체결 : 신헌 – 슈펠트
	6월	임오군란
		제물포조약 체결 – 임오군란으로 일본에 가해한 배상
	8월	조청상민수륙무역장정 체결
	11월	독일인 묄렌도르프G. von Moellendorff를 외교고문으로 고빙
1883년	1월	인천 개항
	6월	전권대신 민영익 등을 보빙사로 미국에 파견
	8월	혜상공국 및 박문국 설치
	10월	조영수호통상조약 및 조독수호통상조약 조인
1884년	8월	선교사이자 의사인 알렌H. N. Allen, 미국공사관 관의 자격으로 내한
	12월	갑신정변
1885년	3월	거문도사건
	11월	부산에 일본재판소 설치(영사재판)
1886년	1월	『한성주보漢城週報』발간

	6월	육영공원 설립
	11월	경상도관찰사 이호춘이 방곡령을 실시, 부산거류 일본상인의 곡물반출을 금지
1887년	4월	광무국 설치
	7월	경학원 설치
1889년	4월	황해도관찰사 조병철이 방곡령을 실시
	9월	함경도관찰사 조병식이 방곡령 공포
	10월	조일통어장정 의정(10. 20), 제주도 어민의 반대투쟁. 일본과 통상장정속약 체결
1890년	7월	일본공사가 용산 일본상인 조차지 설치를 요청
1892년	12월	동학교도, 전라도 삼례역에 모여 교조신원 및 교도탄압 금지를 진정
1893년	3월	동학교도 보은취회
1894년	1월	전라도 고부 군민, 군수 조병갑의 탐학에 항거하여 전봉준 영도하에 민란 봉기
	3월	전봉준, 동학교도와 농민군을 이끌고 고부 백산 봉기, 4대 강령 발표, 동학군 → 부안·금구·전주 점령 및 포고문 발표(4월) → 조선정부 청국에 원병 요청하자, 청군 1,500명 인천 도착(5. 2), 일본 해군 군함 2척으로 인천 상륙(5. 6) → 전주화약 성립(5. 7) → 동학군 전국에 집강소 조직(6월) → 동학군 재차 봉기(9월) → 동학군 공주 우금치에서 일본군에 대패(10. 22~11. 12) → 전봉준 체포, 서울 압송, 동학군 해산(12월)
	6월	청일전쟁 발발
	7월	지방군제 개혁 : 각도의 병영·수영 폐지
	11월	군국기무처 해산, 제2차 김홍집내각 성립
	12월	광무황제 홍범14조를 반포
1895년	2월	교육입국조서 반포
	3월	을미개혁
		동학군 지도자 전봉준(1854~1895)과 손화중 등 처형
	4월	홍주 의병투쟁

	11월	독립협회의 해산과 주도인물의 검거를 명함
1899년	5월	한성전기회사, 서대문 – 청량리간 전차궤도 완공으로 시운전(17일 개통식)
	8월	대한제국 국제 반포
	9월	한청통상조약(청국과 대등하게 맺은 최초의 조약) 체결, 비준(12. 14)
		인천 – 노량진간 철도 33.2km 완성(한국 최초의 철도)
1900년	3월	충남 홍주·연산 등지에 활빈당 1,000여 명 활동 – 광무농민운동 전개
		러시아에 마산포 조차를 허용(거제도협약)
1901년	5월	마펫S. A. moffett, 馬布三悅, 평양에 장로회신학교 설립
	9월	경부철도주식회사, 부산 초량에서 경부철도 남부 기공식 거행
	10월	방곡령 해제를 공포(11. 15 실시)
1902년	8월	국가國歌 제정(독일인 에케르트 작곡)
	12월	제1차 하와이 이민 100여 명 출발(1903년 1월 13일 하와이 도착) – 해외
		이민의 효시
1903년	5월	러시아, 용천에 진주, 용암포 토지매수, 삼림채벌. 25일 병력 200명, 용암포
		에 증파, 포대 설치
	10월	황성기독교청년회(YMCA) 창립
1904년	1월	한국정부, 러일개전에 앞서 국외중립 선언
	2월	러일전쟁 발발
		한일의정서 늑약 – 일본에 군략지 제공
	3월	장지연 등이 정부에 시정개혁에 관한 50조 건의
	7월	『대한매일신보』 창간(사장 : 영국인 베델)
	8월	송병준, 친일단체 유신회 조직 → 이용구의 진보회와 합쳐 일진회로 개칭
		(8. 20)
	11월	경부철도 완공(1905. 1. 1 영업 개시)
1905년	2월	최익현, 일본침략을 상소하다가 일본헌병에게 체포
	4월	미국 샌프란시스코에서 공립협회 조직
	5월	주영대리공사 이한응이 영일동맹에 대해 엄중 항의하고 자결
	8월	대한매일신보』의 자매지 영문판 『The Korean Daily News』 창간
		의병장 원용팔 원주에서 기병

11월	을사늑약 체결
	장지연, 『황성신문』에 「시일야방성대곡」 게재
	시종무관장 민영환(1861~1905), 조병세, 홍만식 자결 순국
12월	이토伊藤博文, 한국통감에 임명(~1909. 6. 14)
	최익현, 노성 궐리사집회 개최, 항일구국투쟁 결의
1906년 1월	시위대를 근위대로 개편
	『런던타임즈』 을사늑약 체결이 강요에 의한 것임을 보도
3월	홍주 민종식의병 1차 봉기
4월	대한자강회, 임시 개회
	신돌석, 영해에서 100여 명의 군사로 봉기
6월	최익현의 태인의병, 무성서원에서 거의, 순창에서 진압됨, 최익현·임병찬
	등 서울로 압송
	재판사무에 관한 법령 공포
	국민교육회, 국사교과서 『대동역사략大東歷史略』 발간
8월	의병장 최익현·임병찬 등 9인, 대마도에 유배
9월	평양 숭실학당 대학부 설립
10월	박은식·이갑·정운복 등 서우학회 조직
	보성·휘문·양정 등 문명학교 개교
1907년 1월	최익현, 대마도 유폐 중 순국
	서우학회와 한북흥학회가 합하여 서북학회 조직
	서상돈·김광제 등 국채보상운동 일으킴
	미국 하와이 공립협회 지도부가 캘리포니아 리버사이드에서 대한신민회를
	발기
3월	재동경대한유학생회, 『대한유학생회학보』 창간
4월	이준 등, 광무황제 친서를 휴대하고 헤이그 만국평화회의 참석차 출국
	양기탁·안창호,신민회 창립, 비밀결사로 활동
5월	계동학교, 블라디보스토크 신한촌에 설립됨
6월	헤이그특사, 일본의 한국국권 유린과 한국외교권 탈취 등을 고발 호소
7월	이준, 헤이그에서 자정 순국

	7월	황제양위식, 중화전에서 거행(융희황제 즉위, 경운궁 → 덕수궁)
		한일신협약(정미7조약)체결, 군대해산 결정
		보안법 공포, 집회·결사의 자유 제한, 무기휴대 금지
	8월	대한제국 군대 강제해산, 시위1연대 제1대장 박승환이 이에 반대하며 자결
		순국, 시위대는 일본군과 충돌
	9월	하와이에서 한인합성협회 설립
		고광순, 담양에서 의병 일으킴
	10월	이석용·전해산, 진안에서 의병 일으킴
	12월	허위·이인영·이강년·민긍호 등의 의진을 주축으로 양주에서 13도창의군
		결성(대장 이인영, 군사장 허위, 관동창의대장 민긍호)
		각 외국어학교 관립한성외국어학교로 통합
		이승훈, 정주에 오산학교五山學校 설립
		유인식·김동삼, 안동에 협동학교 설립
1908년	1월	13도창의군 군사장 허위, 김규식·연기우와 함께 선발대 300명을 이끌고
		서울진공작전 단행
	2월	최봉준, 블라디보스토크에서 『해조신문』 창간
	3월	전명운·장인환, 샌프란시스코에서 스티븐스를 사살
	4월	김약연, 간도 화룡현에서 명동의숙 설립
	8월	사립학교령, 학회령 공포
	10월	한일통어협정 조인
	12월	동양척식주식회사 설립
1909년	2월	미주 공립협회와 하와이 한인합성협회, 통합하여 국민회로 발족
	5월	대한협회, 『대한공보』를 『대한민보』로 개제(대한협회 기관지)
	7월	기유각서 체결(사법 및 감옥사무 박탈)
	9월	일제, '남한대토벌작전' 시작(~10. 30)
	10월	안중근, 하얼빈에서 이토 히로부미 사살
		백산 안희제, 서상일·이원식·남형우 등과 함께 대동청년당 조직
1910년	3월	안중근, 여순감옥에서 사형순국
	5월	미주 국민회, 이대위 주도로 대동보국회와 통합하여 대한인국민회로 발전

	6월	유인석·이상설 등, 블라디보스토크에서 13도의군 조직하고 유인석 도총재 취임
	8월	이완용·데라우치寺內正毅, 일본의 한국합병조약 조인
		합병조약 공포. 일제 조선총독부 설치
		헌병경찰제 실시
		이만도·황현·김도현 등 50여 명 자결 순국
1911년	1월	일제, 보안법위반사건'을 날조하여 애국투사·청년·학생 등 수백 명을 체포
	3월	대종교의 서일 등이 북간도 왕청현에 중광단 세움
	4월	김대락·이상용·이회영, 서간도에서 경학사와 신흥학교 개교
	6월	사찰령 공포
	7월	안악사건 피의자 공판, 경성지방재판소에서 종신형부터 유배형까지 선고됨
	8월	조선교육령 공포
		토지조사령 공포 시작(~1918)
	9월	경무총감부, '105인사건'(신민회사건) 조작, 신민회원 등 600여 명 총검거
	11월	만주 하얼빈에 대한인국민회 만주지방총회 설립
	12월	『경성신문』 창간
		이상설·이종호·정재관·김학만·유인석·최재형·김도여·김립·윤해·한성권·신채호·이동휘 등 블라디보스토크에서 권업회 조직(~1914)
1912년	7월	동제사, 상해에서 조직(이사장 신규식, 총재 박은식)
	10월	동경 유학생들, 학우회 창립
1913년	1월	달성친목회 윤상태·서상일 등이 중심이 되어 결성
	5월	흥사단, 샌프란시스코에서 안창호·송종익 등이 창립, 8도위원 선출
	7월	대한인국민회, 대한국민을 기반으로 한 자치정부임을 선포
	10월	이동휘의 주창에 따라 대한광복군정부를 조직
	11월	독립의군부 임병찬, 광무황제에게 「관견」을 작성하여 상소
	12월	채기중·유창순·유장열 등 13명, 풍기에서 광복단 조직
1914년	4월	동경 유학생학우회, 『학지광學之光』 창간(편집인 최팔용)
	5월	평양에서 김영윤 등, 대성학교 출신 청년들이 기성볼단 조직
	6월	박용만, 하와이에서 국민군단 조직

	9월	신흥학교 청년 370명 백두산록에 백서농장 창설(농장장 김동삼)
1915년	1월	윤상태·서상일·이시영 등 30여 명, 달성친목회를 비밀결사 조선국권회복단으로 개편
	3월	유동열·박은식·신규식·이상설 등, 상해 영국조계에서 신한혁명당 조직
	8월	함경도 단천에서 방주익·김성익·박승혁·강명환 등, 단천자립단을 결성
	9월	조선총독부 조선물산공진회 개최
	11월	조선학회 조직(동경유학생 이광수·신익희·장덕수 등)
1916년	5월	대한인국민회, 하와이에서 『국민보』 발행
	9월	대종교 교주 나철, 구월산에서 일제폭정을 통탄하고 자정순국
1917년	1월	홍승로·이종대·이기동·한윤동 등, 일본에서 동경노동동지회 조직
	3월	장일환·배민수·백세민·김형직 등, 평양 숭실학교와 평양신학교 출신자를 중심으로 조선국민회 결성
	7월	조선수리조합령 공포
	8월	신규식 등, 상해에서 조선사회당 조직, 스톡홀름 만국사회당대회에 조선독립요구서를 제출하여 승인됨
	10월	조선인거류민회, 간도 두도구에서 조직됨
		박용만, 하와이 국민총회에서 뉴욕 세계 약소민족회의에 한국 대표로 선출 참석
		광복단, 각지의 부호들에게 국권회복운동자금을 요구하는 통고문을 보냈다가 발각(광복단사건)
	12월	김립·윤해·문창범 등, 전로한족회중앙총회 조직
1918년	1월	김철훈·오하묵 등, 이르쿠츠크에서 이르쿠츠크공산당 한인지부 결성
	5월	전러한족회중앙총회, 재러한인의 정치적 중립을 선언
	6월	이동휘·박진순·박애 김립 등, 하바로브스크에서 한인사회당 창당
	8월	여운형·장덕수·조동호·신석우 등, 상해에서 신한청년단(일명 대한청년당, 신대한청년당) 조직
	10월	제주도 법정사 승려 김연일과 선도교 수령 박명수 등 승려·불교도·선도교·농민 등 수십 명, 일제를 구축하고 국권회복 운동을 위해 항일투쟁 시작
	12월	재미한인전체대표회, 이승만·정한경을 파리강화회의에 파견할 것을 결정

1919년	2월	여준 등 중광단 인사 39명, 만주에서 대한독립선언서 발표
		동경유학생 600여 명, 동경기독교청년회관에서 조선청년독립단의 명의로 독립선언서 발표(2·8독립운동)
	3월	광무황제의 국장 거행
		민족대표33명, 태화관에서 독립선언서 낭독하고 독립국 선언, 3·1운동 전국으로 확산
		노령의 대한국민의회, 독립선언서 발표
		연길·화룡·왕청현 한인, 간도대한민회 조직(회장 구춘선)
		파리장서사건, 전국 유림 대표 곽종석·김복한 등 137인, 독립청원서를 김창숙을 통해 파리강화회의에 우송
	4월	각계대표자들, 인천에서 비밀회합하여 정부(한성임시정부)수립 내외선포, 집정관총재 이승만, 국무총리 이동휘 등 선임
		상해 프랑스조계에서 제1회 임시의정원 개원, 이동녕 의장 선출, 대한민국임시헌장 10개조 채택
		재미한인, 필라델피아에서 자유한인대회를 개최하고 독립축하행진 거행
		만주 통화현의 이회영계, 남만거주 한인지도자와 회동하여 서로군정서를 조직하고 자치단체 한족회를 설치
	5월	통화현 소재 서로군정서계 신흥학교, 신흥무관학교로 개편 개교(교장 이회영, 교관 이청천), 길림에서는 김원봉 중심으로 의열단 출범
	6월	안창호, 임시정부 내무총장 취임
		박용만, 북경에서 군사통일회 조직
	7월	국무원령 제1호로 임시연통제 실시 공포
	8월	서일·김좌진 등 정의단을 군정부로 개편하고 9월에 북로군정서로 개칭
		안창호·김석황 등 임시정부신문 『독립獨立』을 창간
		워싱턴에 구미위원부 조직
	9월	노인동맹단의 강우규, 남대문역에서 총독 사이토에게 폭탄 투척

9월	임시의정원, 헌법개정안과 정부개조안 통과. 제1차 개헌. 대통령제개헌에

9월 임시의정원, 헌법개정안과 정부개조안 통과. 제1차 개헌. 대통령제개헌에
따른 초대 각료 발표. 대통령 이승만, 국무총리 이동휘, 외무총리 박용만,
학무 김규식, 참모 유동열, 교통 문창범, 내무 이동녕, 재무 이시영, 법무 신
규식, 군무 노백린, 노동총판 안창호 등
임시정부 사료편찬위원회, 『한일관계사료집』 전4권 편찬 완료
재상해한인사회당 조직, 기관지 『자유종』 등 발행

10월 미국 샌프란시스코에서 한인친우회 조직
애국부인회, 상해 프랑스조계에서 조직됨(회장 이화숙)

11월 겸이포제철소 직공, 총파업 후 헌병과 충돌
상해에서 '대한승려연합회선언서' 발표

12월 임정 구미위원부, 독립공채 50만 달러 모집 착수

1920년 2월 민원식 등의 국민협회, 한인의 참정권 청원서를 일 중의원 의장에게 제출
노백린·김종림 등, 미국 캘리포니아주에 한인비행사양성소 설립

3월 조선일보 창간
북간도 지방의 독립군 200여 명, 두만강을 건너 일본군과 교전

4월 동아일보 창간
조선노동공제회 창립(박중화 등 발기인 286명, 회원 687명)
모스크바에서 한인노동자대회 개최(55개 단체 대표 참석)
임시정부 독립신문사 『한국독립운동의 진상』 발행

6월 대한국민군, 홍범도 지휘로 봉오동전투에서 일본군에 대승
천도교청년회 이돈화 등, 『개벽』 창간

7월 이륭양행 주인 아일랜드계 영국인 조지 쇼우George L. Show, 연통제 조직을
도운 혐의로 신의주에서 일경에 체포

9월 일제, 만주출병 구실을 만들기 위해 마적을 매수, 혼춘성을 습격(제1차 훈
춘사건)
북경에서 군사통일촉성회 개최

10월 일본군, 북간도 일대 교포의 11월말까지 대학살 시작(감도참변)
홍범도·김좌진·최진동 연합부대, 화룡 청산리에서 일본군, 300여 명 살상
(청산리대첩)

	12월	북만주 밀산에서 대한독립군단 결성(서로군정서·북로군정서·대한독립단, 총재 서일)
		박은식, 『한국독립운동지혈사』 간행
1921년	1월	국무총리 이동휘, 위임통치 문제로 대통령 이승만과 의견대립 사임
		이득년·김한·홍증식·김사국·이영·장덕수·김명식·오상근·한신교·윤자영 등, 서울청년회 조직
	2월	양근환, 동경에서 친일파 민원식을 사살함
		이동휘 등 상해파공산당, 하바로브스크에서 한족공산당 결성
	3월	신익희·이유필 등, 중국 장사에서 중국인 주검추周劍秋·오산吳山 등과 한중호조사 조직
	4월	천도교청년회 동경지회 발회식 개최
		뉴욕에서 북미대한인유학생총회(회장 이용직, 부회장 조병옥) 결성
	5월	안창호 등, 상해국민대표회기성회 조직
		한명세 등 이르쿠츠크파고려공산당 결성
	6월	러시아 적군, 자유시에 집결한 한국 독립군을 공격(자유시참변)
	7월	이승만·민찬호 등, 호놀룰루에서 동지회 조직
	10월	이승만, 태평양회의에서 한국독립청원서를 미국대표에 제출
	11월	재일한인 아나키스트단체인 흑도회, 동경 기독교청년회관에서 창립대회 개최
	12월	워싱턴에서 개최된 군비축소회의 한국특파원 이승만·서재필, 국내 13도 260군 대표와 각 사회단체 대표가 서명한 '한국인민치태평양회의서' 제출
1922년	1월	대한인국민회 북미지방총회가 새로운 '헌장'을 발표. 명칭도 '대한인국민회총회'로 변경
		모스크바에서 극동민족대회 열림, 한국대표 56명 참가
	2월	이광수·김윤경 등 11명 흥사단계 수양동맹회 조직. 후에 수양동우회, 동우회로 개칭
	3월	조선여자기독교청년회(YWCA) 발기회 개최
	5월	조선노동공제회, 최초의 메이데이기념 강연회를 개최
	6월	임시의정원, 임시대통령 이승만과 국무원에 대한 불신임안 결의

	6월	조선물산장려회 창립(평양 조만식 중심)
	7월	여운형, 상하이에서 시사책진회 조직
		일본 니가타新潟현 발전소 건설공사에서 한인 노동자를 혹사, 100여 명을 학살(니가타사건)
	8월	광복군사령부·한족회·광복군총영·광한단 등의 단체 대표들, 환인현에서 대한통군부로 통합, 통의부로 개편
	11월	『신생활』 필화사건
	12월	고려공산당 해체, 코민테른 극동총국 산하에 고려국 설치
1923년	1월	상해에서 국민대표회 개최, 130여 명 대표 참가. 임시정부의 고수파·개조파·창조파의 대립으로 결렬
		의열단원 김상옥, 종로경찰서에 투탄
		도쿄 유학생 김약수 등, 사회주의 단체인 북성회 조직
		신채호, 조선혁명선언(의열단 선언) 작성
	2월	서울경운동천도교당에서 조선물산장려회의 첫 강연회개최
	3월	조선민립대학기성회 발기 및 창립총회
		독립군 단체, 남만에서 참의부 결성
	4월	경남 진주, 형평사 창립총회 개최
	5월	전북 익산군 이리, 동인회조직(최초의 형평사 지방 지회)
	7월	홍명희, 신사상연구회 조직(화요회로 개편)
	8월	전남 무안군 암태도 소작인 등, 암태소작회 결성 및 소작쟁의
	9월	관동대진재로 조선인 6,600명 이상 학살됨
		무정부주의자 박열 등, 도쿄에서 천황부자 살해미수 혐의로 검거
	11월	조선물산장려회 기관지인 『산업계産業界』 창간
1924년	1월	조선 의열단원 김지섭, 도쿄 궁성 이중교에 투탄의거
		북로군정서, 육군주만참의부에 가담
	2월	서울청년회·조선청년연합회와 연합으로 조선청년총동맹 발기회 개최
	3월	상해교민단, 단장에 여운형·인성학교장에 조상섭을 선임
	4월	조선노농총동맹 창립
	6월	동우회 기관잡지 『동우同友』 발간

	7월	길림에서 재만 각 독립단체의 통일을 위한 전만통일회의주비회 발기회 개최
	8월	상해교민단 100여 명 국치기념식 거행
	10월	남만주 통의부·군정서·의성단·광정단·길림주민회·노동친목회·대한독립 등 대표자들 모여 통합기구 정의부를 설립
	11월	신사상연구회, 화요회로 개칭
	12월	임시정부, 차정신·이빈 등 한인청년들을 황포군관학교에 입학시킴
1925년	1월	용천 불이농장에서 소작쟁의 발생
	3월	임시의정원, 임시대통령 이승만탄핵안을 상정
		대한독립군단·대한독립군정서·북만지역민선대표·국내단체대표 등 중국 영안현에서 신민부 조직
	4월	비밀결사 조선공산당 창당(책임비서 김재봉)
		일본경찰의 전조선민중운동대회 개최 금지에 항의, 종로에서 시가행진(적기사건)
	5월	치안유지법 공포
	6월	고려공산동맹 조직
	7월	하와이에서 개최된 태평양문제협의회에 조선대표 신흥우·송진우·서재필 등 참가
	8월	경북 예천형평분사 창립2주년 기념식 거행, 예천사건 발생
		조선프롤레타리아예술가동맹(KAPF) 결성(~1935)
	9월	이상룡, 임시정부 국무령에 취임
		조선학생과학연구회 조직(사회주의 학생단체로 6·10만세운동 주도)
	11월	제1차 조선공산당사건이 발생, 책임비서 김재봉 이하 30여 명 검거됨
		조선공산당만주총국, 9월 코민테른의 인가를 받아 11월에 설립 추진
	12월	제2차 조선공산당 조직(책임비서 강달영)
1926년	1월	정이형·양세봉·현익철 등에 의해 정의부 조직, 군민대표회헌장공포
	2월	평양 고무공장 직공 280여 명, 평양고무직공조합 창립
	3월	정이형의 발의로 김봉국·이동락·고활신·이일심·주진수·김광희 등 고려혁명당 조직

4월	병인의용대 김영진 등, 상해 일본총영사관에 폭탄을 던짐
	송학선, 창덕궁 앞에서 국수회지회장 사토佐藤虎次郎를 총독 사이토齋藤實로
	오인하고 저격(금호문사건)
5월	조선공산당 만주총국 창립총회 개최(책임비서 조봉암)
6월	융희황제의 국장 거행 / 6·10만세운동, 전국각지에서 전개
10월	북경에서 한국독립유일당 북경촉성회 결성
11월	장재성·왕재일·박인성 등 광주고보 및 농고생 10여 명, 독서서클 성진회 조직
	정우회, 정우회선언 발표
12월	김구, 임시정부 국무령에 취임
	의열단원 나석주, 식산은행과 동양척식주식회사에 투탄 의거

1927년
1월	한인 공산주의계 여성운동의 조직인 (재)동경조선여자청년동맹 창립
2월	서울 YMCA에서 신간회 창립(회장 이상재)
	중국 남경에서 동방피압박민족연합회 결성(회장 김규식)
3월	대한민국임시약헌(제3차 개헌) 공포, 관리정부형태인 국무위원제 채택
4월	안창호, 재만동포의 산업교육발전을 위해 길림성에서 농민호조사를 조직
5월	근우회 창립
9월	조선프롤레타리아 예술동맹 결성
	김준연, 조선공산당 책임비서에 선임
10월	전북옥구 이엽사농장 소작인, 소작료불납운동 전개

1928년
2월	조선공산당·고려공산청년회원 32명 일경에 검거됨. 제3차조선공산당사건
	(ML당사건)
	하의도 소작쟁의
3월	제4차 조선공산당 성립(책임비서 차금봉)
5월	정의부 외 18개 재만민족운동단체 대표 39명, 길림 화전현에서 회합, 유일
	당촉성문제 등을 협의
	조명하 대만에서 육군대장 구미노미야久邇宮邦彦 처단하려다가 체포
	형평사 대표 이동환, 일본 교토의 수평사대회 참석
6월	서울 양정고보생들 일인교사 배척, 교우회 자치 등
	4개항 요구 동맹휴학

	9월	간도공산당사건(고려공산청년회 만주총국 동만도 관계자 72명 검거)
	11월	용천의 불이서선不二西鮮농장 소작인, 개간비·수리조합비·고율 소작료에 항의하여 쟁의 돌입
	12월	코민테른, 조선공산당 승인을 취소하고 재건명령 하달(12월 테제)
1929년	1월	원산 노동자 2,000여 명 총파업 단행
	4월	정의부·참의부·신민부 3부 대표, 만주 길림성에서 통일회의 개최하고 3부를 통합하여 국민부 조직
	5월	조선형평사 기관지『정진正進』발행
		조선공산청년회 결성, 김일성 첫 등장
	6월	제5차 공산당사건(일본·만주 등지에서 입국, 공산당을 재건하려던 인정식 등 70여 명이 검거)
		신간회 전국복대표전체대행대회 개최
	7월	신민부군정파 김좌진·정신 등, 만주 영안현에서 한족총연합회를 조직
	8월	통영 조선제강주식회사 여공 200여 명, 임금인하 반대 파업
	10월	조선어연구회 유진태 등 108명, 한글날을 맞아 조선어사전편찬회 조직
	11월	광주학생운동, 전국으로 확산됨
	12월	서울시내 각급학교에 전면휴교령
1930년	1월	상해한인단체연합회 조직
	1~3월	광주학생운동에 동조하여 전국적으로 만세시위와 동맹휴학
	2월	조성환·이천민 등 북평에서 한족동맹회 조직
	3월	안창호·이동녕·이시영·김구 등 상해프랑스조계에서 한국독립당 조직
	4월	유자명·장도선·정해리·유기석 등 남화한인청년연맹결성
		조선프롤레타리아예술동맹, 내부조직을 개혁하고 명칭을 '카프(KAPF)'로 약칭
	5월	간도 5·30폭동. 간도 공산당원 김근 등 항일투쟁 일으킴. 60여 명 피살
	7월	홍진·이청천·민무·안훈·황학수·신숙 등, 한족자치연합회, 한국독립당과 한국독립군을 조직
	8월	평양고무공장 노동자 1,800여 명, 동맹 파업
	9월	프로핀테른(국제적색노동조합연맹), 혁명적 노동운동으로 전환 촉구(9월 테제)

10월	시카고에서 재미한인사회과학연구회가 창립됨
12월	조선어연구회, 한글맞춤법 통일안 제정을 결의
	신간회 평양지회, 신간회 해소를 결의

1931년	1월	정평적색농민조합사건으로 농민 125명 피검[제1차 정평농민조합사건]
	2월	천도교, 청우당 조직
	4월	임정, 대외선언을 발표하고 삼균주의를 건국원칙으로 천명
	5월	신간회 해소
	6월	제1차 카프사건(박영희·김기진·임화 등 70여 명 검거)
	7월	만보산사건의 보복폭행이 평양 등지에서 발생
	9월	일제 만주침공
	12월	대한인국민회 등 미주한인연합회 선언서 발표
		김구·안공근·엄항섭 등, 한인애국단 조직
		조선혁명군 간부 이호원 등 30여 명 신빈에서 일본군에 체포(신빈사건)

1932년	1월	제주해녀 항일운동 시작
		이봉창 의거
		상해한인청년당결성
	3월	조선혁명군 총사령 양세봉, 중국의용군 양석복梁錫福 부대 등과 합작하여 신빈현에서 일본군 대파
		김구·김철·조소앙 등, 중국인 서천방徐天放 등과 한중항일대동맹 조직
	4월	한인애국단, 최흥식·유상근·이성원·이성발을 대련大連에 파견, 일본군 관동군사령관 폭살 기도
		윤봉길 의거, 한인애국단원 윤봉길이 상해上海 홍구공원에서 일본군 사령관 시라가와白川義則 대장 등을 비롯하여 여러 명을 폭살
	5월	대한민국임시정부, 상해에서 가흥嘉興을 거쳐 항주杭州로 이동
	9월	한국독립당, 광동지부 설치 및 기관지 『한성韓聲』 발행
	10월	의열단, 중국 남경南京 중국군사위원회간부훈련반 내에 조선혁명정치간부학교(교장 김원봉) 개교
	11월	재만한국독립당의 한중연합군, 제2차 쌍성보전투 승리
	12월	한중연합토일군, 일만연합부대 2,000여 명을 경박호 부근에서 격파, 대승

1933년	2월	하와이 대한인교민단이 해소되고 대한인국민회가 복설됨
	3월	조선혁명당 한중연합군, 흥경현성의 일만연합군을 공격, 점령
	4월	중연합토일군이 일만연합군 1개 사단 격퇴(사도하자 전투)
	5월	임시정부 국무령 김구, 장개석蔣介石과 낙양군관학교 한인훈련반 설치에 합의(11월 설치)
	6월	대전자령 전투: 한중연합토일군, 대전자령에서 나남부대를 섬멸
	7월	남경에서 김원봉을 중심으로 조선민족혁명당 결성
	11월	남궁억, 비밀결사 십자당 사건으로 검거
1934년	2월	만주한국독립당 기관지『진광震光』창간
	4월	최현배,『중등조선말본』간행
	5월	진단학회 창립
		조선혁명군 총사령 양세봉 전사하여 김활석 후임
	10월	임시의정원, 항주에서 개원식 거행
1935년	2월	한국대일전선통일동맹, 선언서 등을 발표.
	5월	조선프롤레타리아예술동맹(KAPF) 해체
	7월	한국혁명단체 대표회의, 남경에서 선언서 발표
		의열단·한국독립당·조선혁명당·신한독립당·대한독립당 등 5개단체, 민족혁명당 창당
	11월	이동녕·이시영·김구 등 항주에서 한국국민당 조직(이사장 김구)
1936년	1월	평양 숭실전문 및 숭실학교장 윤산온, 신사참배를 정식으로 거부
	2월	나운규 제작 '아리랑' 개봉
	3월	한국국민당 기관지『한민韓民』창간
		김일성, 동북항일연군 제1로군 제2군 3사의 사장師長이 됨
	7월	박차정·이성실 등, 남경조선부인회 창립
	8월	손기정, 베를린올림픽대회에서 마라톤 우승
		동아일보, 일장기말소사건 발생
	10월	조선어학회, 한글반포 490주년 기념식 개최 및 조선어 표준어 선정 및 발표
	12월	조선사상범보호관찰령 시행
1937년	2월	박윤옥朴潤玉 등 평양에서 독립운동단체 열혈단 조직

4월	평양조선물산장려회 총독부 명령으로 강제해산
6월	동북항일연군 내 김일성부대, 함북 갑산군 보천면 주재소 습격(보천보 전투)
7월	북경 노구교사건 – 중일전쟁 발발
	조선총독부, 각 도에 전시체제령을 통첩
8월	한국국민당 · 한국독립당 · 조선혁명당 · 한인애국단 및 미주 6개단체, 한국광복운동단체연합회 결성 선언
12월	좌익 진영인 조선민족혁명당 · 조선민족해방동맹 · 조선혁명자연맹, 조선민족전선연맹 결성

1938년	2월	조선육군특별지원병령 공포
	5월	남목청사건, 한국독립당 · 한국국민당 · 조선혁명당 대표들, 장사 남목청 조선혁명당 본부에서 통합문제 협의 중 이운환의 저격으로 현익철 사망, 김구 중상
	7월	임시정부, 장사長沙에서 광동성 광주廣州로 이전, 이어 유주柳州로 이동
		조선총독부, 국민정신총동원 조선연맹 조직
	10월	중국 국민정부군사위원회 · 조선민족전선연맹, 무한武漢의 조선민족혁명당원과 중국군관학교 출신 180여 명을 규합 조선의용대 창설
		강원도 춘천공립중학교생 8명, 한인학생 차별에 항의, 맹휴계획중 사전발각
	12월	호놀룰루에서 중한민중동맹회(Sino-Korean People's League) 조직

1939년	1월	미국 LA 대한인국민회 대표대회 개최
	2월	유주에서 한국광복진선청년전지공작대 조직
		임시정부 유주에서 기강으로 이전
		한국 광복진선 3단체와 조선민족전선 4단체 대표, 중국 기강綦江에서 통일회의 개최 – 7당 회의
	7월	국민징용령 공포
	8월	안도현에서 동북항일연군 제2 · 3방면군이 연합하여 일만군경 100여 명 사살(대사하전투)
		기강에서 7당(한국국민당 · 한국독립당 · 조선혁명당 · 조선민족혁명당 · 조선혁명자연맹 · 조선민족해방운동자동맹 · 조선청년전위동맹)이 참여한 통일회의(한국혁명운동통일7단체)회의 개최 – 통합 실패, 5당 회의도 실패
		미주에서 '조선의용대후원회' 성립

11월	중국관내 무정부주의자 연맹활동자들 중경에서 전지공작대 결성 → 중국 제
	34집단군의 지원을 통해 세력 확대, 한인청년 대상으로 병력 모집 → 광복군
	편입(1941년 1월)
	임시의정원, 이청천·차이석의 제안으로 매년 11월 17일을 '순국선열기념
	일'로 제정
12월	이관술·김삼룡·권오직 등 서울콤그룹 조직

1940년	1월	육군통제령 및 해군통제령 공포
	3월	동북항일연군 제1로군 제2방면 부대가 마에다 토벌대를 전멸(홍기하전투)
	4월	한국광복운동단체연합회 산하 한국국민당·한국독립당·조선혁명당, 한국
		독립당으로 통합을 선언
		호놀룰루에서 재미한족연합위원회 조직(미주지역 독립단체 통합)
	7월	국민정신총동원 경성연맹, 신사참배 강화책을 각 연맹에 통첩
	9월	김구(주석 겸 한국광복군창설위원회 위원장), 「한국광복군창군선언문」발표,
		중경의 가릉빈관에서 한국광복군총사령부 성립전례식 거행(총사령 이청천,
		참모장 이범석)
		임정, 기강에서 중경重慶으로 이전
	10월	부산 중학생들, 군사훈련편파실시반대시위항쟁(일명 노다이사건)
	12월	춘천농업학교 독서회 발각

1941년	1월	조선어학회, 「외래어표기법통일안」 간행
	2월	한국광복군의 기관지 『광복光復』 창간호 발행
		조선사상범 예방구금령 공포
	3월	총독부, 학도정신대 조직(근로동원 실시)
	6월	한중문화협회, 중경에서 조직
	7월	조선의용대 화북지대 성립
	11월	임정 국무회의, 대한민국건국강령 제정 발표
		전국에 14세이상 40세 미만의 청장년을 대상으로 국민등록 실시
	12월	국민노동보국협력령 공포
		일제의 진주만 공습으로 태평양전쟁 발발

	12월	주석 김구와 외무부장 조소앙 명의로 일본에 선전포고('대한민국임시정부 대일선전 성명서') 발표
		조선의용대, 일본군의 습격을 받아 호가장에서 전투
		재미한족연합위원회, LA에 한인국방경위대 '맹호군' 편성
1942년	2월	워싱턴 D.C.에서 한인자유대회(Korean Liberty Conference) 개최 (2. 27~3. 1)
	5월	태항산전투에서 조선의용대를 지휘하던 진광화·윤세주 전사
		외무부 산하에 외교연구위원회(회장 조소앙, 부회장 신익희)를 설치
	7월	김두봉·최창익 등, 연안에서 화북한인들의 통일전선 조선독립동맹 결성
		조선의용대, 개편선언 발표하고, 광복군 제1지대로 편입, 군사적으로 좌우 통합 달성. 태항산의 조선의용대는 독립동맹 당군으로 독립
		중국 동북항일연군교도려(소련88여단) 조직
	10월	조선어학회사건, 이중화·장지영·최현배·이극로·한징·이윤재·이희승· 정인승·김윤경·권승호·이석린 등 투옥됨
	11월	국내·만주에서 대종교 주요 간부 21명 구속(임오교변)
1943년	1월	보국정신대 조직하여 징용 강화
	3월	징병제 공포, 8월 1일 시행
	4월	친일문화단체 통합한 반도문인보국회 결성
		전시학도체육훈련실시요강 발표
	8월	광복군, 인도주둔 영국군의 요청에 의해 사관1대를 인면전구공작대로 파견 하여 영국군과 인도 버마 전선에서 공동작전 수행
		조선민족해방연맹 결성,건국동맹 조직
	9월	진단학회 해산
	10월	학병제 실시
	12월	카이로선언, 한국의 독립을 결의
1944년	2월	총동원법으로 전면 징용 실시
	3월	일본 유학생 출신 하준수, 학병 출전을 거부하고 경남 산청 계관산에 입산 하여 보광당普光黨 조직

	5월	광복군 제2·3지대, 미군 웨드마이어 장군의 원조로 OSS 특수 낙하산 부대를 창설훈련 실시
	6월	재미한족연합위원회의 워싱턴사무소 개설
		미곡 강제 공출제 시행
	8월	대구 24부대에서 학병탈출의거
		여자정신근로령 공포(12~40세 미혼 여성을 각지로 징용)
	9월	여운형, 비밀독립운동단체 건국동맹 결성
	12월	평양사단 입대중이던 한인 학병 김원룡·박성화·최정우·전상엽 등 70여 명 학병 거부 항쟁
1945년	1월	손양섭, 노병한 등, 인도네시아 자바섬에서 암바라와의거 일으킴
		중국 안휘성 부양阜陽에서 훈련받은 장준하·김준엽 등의 한국광복군 훈련반 졸업생들, 임시정부 도착
	7월	조문기 등이 조직한 대한애국청년당 서울 부민관의거
	8월	해방
		38선 설정으로 국토분단
		조선건국준비위원회 발족
	9월	미군정 시작
		김일성 원산으로 귀국
		한국민주당·조선국민당 결성
	10월	이승만 귀국
		김일성 조선공산당 북조선분국 설치
	11월	김구 등 임시정부와 한국독립당 요인 귀국
	12월	모스크바 3상회의, 신탁통치안 발표
		신탁통치 반대운동 시작
		임시정부, 국자國字 1호, 2호 공표
		송진우 암살
1946년	1월	김구 – 하지 반도호텔 회담
	2월	북조선임시인민위원회 출범

	3월	제1차 미소공동위원회 개최
	5월	조선정판사 위조지폐 사건
	10월	대구10월항쟁 발발
	12월	남조선과도입법의원 개원
1947년	5월	제2차 미소공동위원회
	7월	여운형 암살
	11월	유엔총회서 남북총선거를 통한 정부수립 결정
1948년	1월	유엔 한국위원단 내한
	4월	남북협상
		제주도 4·3항쟁
	5월	제헌국회 선거
	8월	대한민국정부 수립
	9월	반민족행위처벌법 공포
		조선민주주의인민공화국 수립
	10월	여수·순천 항명 사건
	12월	국가보안법 공포
		유엔 총회 대한민국 승인
1949년	1월	반민특위 발족
	6월	농지 개혁법 공포
		국회푸락치사건
		반민특위 사무실 습격으로 폐쇄
		김구 암살
1950년	1월	애치슨 선언
	6월	6·25전쟁 발발
		남한정부, 대전 → 대구 → 부산 피란
	9월	인천상륙작전
		서울수복
	10월	중공군 참전
	12월	유엔한국재건(UNKRA) 발족

1951년	1월	1·4후퇴
	3월	국민방위군 사건
	7월	제1차 휴전회담 개시
	12월	자유당 창당
1952년	1월	이승만정부, 평화선 선포
	5월	거제도 포로수용소 좌익계 폭동사건
		부산정치파동
	7월	발췌개헌안 통과(대통령 직선제 규정)
1953년	3월	박헌영 등 남로당 핵심인물 간첩협의로 체포
	6월	반공포로 석방
	7월	휴전협정 조인
	10월	한미상호방위조약 조인
1954년	1월	독도에 영토표지 설치
	6월	아시아 반공민족회의
	11월	4사5입 개헌 파동(초대 대통령 중임금지규정을 없앰)
1955년	1월	이정재 언론인 테러사건
	9월	민주당 창당
	12월	국회 불온문서 사건
1956년	5월	민주당 대통령후보 신익희 사망
	6월	텔레비전 방송국(HLKI) 개국 및 방영
	12월	북한, 천리마운동 시작
1957년	3월	한미군사회담 개최
	10월	한미우호통상조약 비준
1958년	1월	진보당 사건
	12월	신국가보안법 파동
1959년	4월	경향신문 폐간
	7월	조봉암 사형
	9월	태풍 사라호 강타
	12월	재일교포 북송 개시

1960년	3월	제4대 정부통령선거 - 3·15부정선거
	4월	4·19혁명 발발
		이승만 하야
	6월	내각책임제 개헌안 국회통과
	8월	장면정부 출범
	12월	지방자치선거
1961년	2월	민주당 분당 - 신민당 창당
	5월	민족통일전국학생연맹 남북학생회담 제안
		5·16 군사쿠데타
	6월	중앙정보부 발족
	7월	장도영 반혁명사건
	8월	한국노총 결성
1962년	1월	제1차 경제개발 5개년계획 성안
	2월	국토건설단 창단
	3월	정치활동정화법 공포
		윤보선 대통령 하야
	11월	김종필 - 오히라 메모
	12월	개헌안 국민투표 실시 가결
		북한 4대 군사노선 채택
1963년	2월	민주공화당 창당
	10월	박정희 윤보선 대통령 선거 대결
		광부 독일 파견(10,000명)
	12월	박정희 제 5대 대통령으로 취임(제3공화국 출범)
1964년	2월	삼분폭리 사건
		새나라 자동차 의혹 사건
	3월	대일 굴욕외교 반대 데모
	6월	한일회담 반대 학생시위(6·3 사태)
1965년	5월	정부, 베트남파병을 결정
	6월	한일협정 조인

	8월	서울에 위수령 발동
		간호부 독일 파견(10,000명)
	10월	청룡부대를 시작으로 한국군 베트남 파병
		기능노동자 중동 파견
	12월	공화당 항명 파동
1966년	7월	한미행정 협정 조인
	9월	김두한 의원 국회 오물투척 사건
1967년	2월	신민당 창당
	7월	동베를린 간첩단 사건
1968년	1월	1·21 사태(김신조)
		푸에블로호 피랍 사건
	4월	향토예비군 창설
	11월	주민등록증 발급
	12월	국민교육헌장 공포
1969년	6월	삼척 주문진 무장공비 사건
	7월	경인고속도로 개통
	9월	삼선개헌안 국회변칙통과
1970년	4월	와우아파트 붕괴사건
		새마을운동 개시
	7월	경부고속도로 개통
	9월	김대중 신민당 대통령 후보 지명
	11월	전태일 분신
	12월	호남고속도로 개통
1971년	3월	고리 원자력발전소 기공
	4월	대통령 선거
	5월	신민당 진산 파동
	8월	경기도 광주단지 항쟁 사건
		남북적십자회담
		실미도 공군특수부대원 난동 사건

1972년	7월	7·4남북공동성명
	8월	8·3조치(기업 사채동결령)
		남북적십자회담
	10월	10월유신 선포
	12월	통일주체국민회의 개설
1973년	1월	중화학공업화 선언
	6월	평화통일외교선언(6·23 선언)
	8월	김대중 납치사건
	10월	제1차 오일쇼크
1974년	1월	긴급조치 제1호 선포
	4월	긴급조치 제4호 선포(민청학련, 인혁당 사건)
	8월	육영수 여사 저격 사망
		서울 지하철 1호선 개통
		김영삼, 신민당 총재 당선
	12월	동아일보 광고해약사태
1975년	2월	유신헌법 찬반 국민투표 실시
	5월	긴급조치 제9호 선포
1976년	8월	판문점 도끼만행 사건
1977년	3월	카터 미 대통령, 주한미군 철수 발표
	4월	고리원자력발전소 점화
	7월	의료보험 실시
	8월	박동선 사건
	12월	수출 1백억 달러 돌파
1978년	11월	한미연합사 발족
1979년	8월	YH사건
	10월	김영삼 의원 제명
		부마 폭동시위 사태
		중동 건설 수익 4년간 205억 700만 달러(수출액의 40%)
		박정희 대통령 피살 사건

	12월	12·12 군부쿠데타 – 신군부의 등장
1980년	5월	5·17 비상계엄 전국확대
		5·18 광주민주화운동
	11월	언론기관 통폐합 조치
	12월	KBS 컬러 TV방송개시
1981년	1월	민주정의당 창당
	8월	해외여행 자유화
1982년	1월	통행금지 해제
	3월	부산 미문화원 방화 사건
		프로야구 개장
	5월	이철희·장영자 사건
	7월	일본 역사교과서 파동
1983년	6월	KBS 이산가족 찾기 방송
	9월	KAL기 피격 사건
	10월	버마 아웅산 폭파사건
1984년	5월	민주협 발족
	6월	올림픽고속도로 개통
	9월	북한의 수해 구호품 인수
1985년	2월	2·12총선 – 신민당 돌풍
	3월	정치활동 규제자 전원 해금
	5월	미문화원 농성
	9월	남북고향방문단 상호교류 및 예술단 교환
1986년	2월	민추협 1천만인 개헌 서명
	7월	부천경찰서 성고문 사건
	9월	제10회 아시안게임 개막
1987년	1월	박종철 고문치사 사건
	4월	4·13호헌 조치
	5월	통일민주당 출범
	6월	6월항쟁

	6월	6·29 선언
	8월	독립기념관 개관
	10월	신민주공화당 창당
	11월	평화민주당 창당
		KAL 858기 폭파 사건(김현희)
	12월	대통령 선거 노태우 당선
1988년	2월	노태우 6공 출범
	4월	전두환 국가원로자문회의 의장직 사퇴
	9월	서울올림픽 개막
	11월	5공비리 청문회 시작
		전두환 전대통령 백담사 은둔
1989년	2월	헝가리와 국교 수립(사회주의 국가와의 최초 수교)
	3월	문익환 목사 방북 사건
	5월	부산 동의대 사건
		전교조 결성
	6월	임수경 밀입북 사건
	11월	폴란드와 국교 수립
	12월	전두환 국회 5공 특위에서 증언
1990년	1월	민자당 3당 합당
	9월	소련과 국교 수립
		남북 총리회담
	10월	내각제 합의서 파동
1991년	9월	남북한 UN 동시가입
	12월	남북기본합의서 채택
1992년	8월	우리별 1호 발사
		중국과 국교 수립
	12월	14대 대통령 선거 김영삼 당선
1993년	2월	김영삼 대통령 취임
	3월	재산공개 파동

	3월	하나회 숙청. 전두환 노태우 대통령 구속
		조선총독부 청사 철거, 광화문 복원
	8월	대전 엑스포 개막
	12월	쌀시장 개방
1994년	7월	김일성 사망
1995년	6월	지방자치선거 전면 실시
1997년	1월	한보철강 부도사태
	12월	IMF에 긴급구제금융 요청
		전국민의 금모으기운동 일어남
		15대 대통령 선거 김대중 당선
1998년	2월	김대중 대통령 취임
	9월	북한 김정일 체제 출범
		김대중 대통령, 일본과 교류 증진으로 노벨평화상 수상
2000년	6월	평양에서 남북정상회의 개최 - 6 · 15공동선언
2002년	5월	한일 공동 월드컵대회 개막
2003년	2월	노무현 대통령 취임
		남북교류 지속 발전
2008년	2월	이명박 대통령 취임
		4대강 사업 강행
2009년	5월	노무현 대통령 자택에서 자결
2013년	2월	박근혜 대통령 취임

ㅊ

한국
근현대사
개론

1판 1쇄 인쇄 2014년 5월 10일
1판 1쇄 발행 2014년 5월 15일

글 쓴 이 조 동 걸
펴 낸 이 주 혜 숙
펴 낸 곳 역사공간
　　　　　121-842 서울특별시 마포구 동교로 142-11 (서교동, 플러스빌딩 3층)
　　　　　전화 : 02-725-8806~7, 02-325-8802
　　　　　팩스 : 02-725-8801, 0505-325-8801
　　　　　e-mail : jhs8807@hanmail.net
등록　　　2003년 7월 22일 제6-510호

ISBN 978-89-98205-99-7 93900

＊이 도서의 국립중앙도서관 출판시도서목록(CIP)은 서지정보유통지원시스템 홈페이지
　(http://seoji.nl.go.kr)와 국가자료공동목록시스템(http://www.nl.go.kr/kolisnet)에서
　이용하실 수 있습니다.(CIP제어번호: CIP2014010500)

가격 18,000원